Coole Websites | Volume 1

Die 333 coolsten Online-Adressen

Herausgegeben
von Jörg Krichbaum und
Jens Fricke

mit Texten von
Nicole Anten, Beate Bongardt, Patricia Drewes,
Clemens Dreyer, Jens Fricke, Christian Gruber,
Steffen Heemann, Romina Kochius, Jörg Krichbaum,
Christiane Kroll, Simone Langner, Laurenz Lenkewitz,
Manfred Luckas, Kris Lukezic, Margit Negwer, Gabi Netz,
Anja Nowka, Olaf Salié, Tanja Senicer,
Susanne Speth, Cläre Stauffer, Hella Strümpell,
Josef Weiß und Nicole Wille

Redaktion
Jens Fricke

Grafik und Screenshots
Stefan Laubenthal

Internet-Service
Yvonne Salms

vectrum.de
Der deutsche Suchkatalog

D1664069

Impressum

Die Deutsche Bibliothek - CIP-Einheitsaufnahme

Coole Websites
hrsg. von Jörg Krichbaum und Jens Fricke
(Bearb. von Jens Fricke) – 1. Auflage, Köln: Edition Arcum, 2000
ISBN 3-930912-93-7
NE: Krichbaum, Jörg (Hrsg.)

1. Auflage
© 2000 Edition Arcum
in der Arcum Medien GmbH, Köln

Idee und Konzeption: Jörg Krichbaum, Köln
Endredaktion: Jens Fricke
Grafik: Stefan Laubenthal, Köln
Herstellung: DFS Druck und Verlag, Köln
Gedruckt auf Profistar 135 gm²

Das Internet ist Spielwiese sowohl für seriöse Unternehmen als auch für Freaks und Fans. Die „Coolen Websites" tragen vor allem dem letztgenannten Aspekt Rechnung und zeigen in fortlaufender Reihe, was es im Web an Schönem, Aufregendem, Neuem und Verrücktem gibt.

Die Reihe wurde ursprünglich vom Arcum Verlag Ende 1999 in regelmäßiger Folge gestartet. Gesucht wurden die zwölf besten Seiten des WWWs, die Auswahl erfolgte unter den Aspekten der Tagesaktualität, des Informationsgehalts, des Designs und natürlich gnadenlos subjektiver Kriterien der zuständigen Redakteure. Denen gingen bei ihren täglichen virtuellen Beutezügen derart viele dikke Fische (manchmal auch dicke Hunde) ins Netz, dass man sich entschloss, daraus ein Kompendium zu erstellen. Gedruckt und leicht zu handhaben, mit Sammlerwert, ein ständiger Begleiter und des Surfers treuester Freund.

Voliá, hier sind sie, die verrücktesten Adressen des Webs. Witzige Domains mit idiotischen Namen stehen neben wunderschönem Webdesign, Fan-Foren finden sich neben kommerziellen Anbietern mit dem gewissen Etwas, engagierte Initiativen neben den liebevoll erstellten Homepages von Amateuren. Alles z.T. nur einen Klick voneinander entfernt.

Dass man sich beim Beschreiben der einzelnen Adressen eng an das jeweilige Sujet hielt, versteht sich nahezu von selbst. So geben die vorliegenden Bände nicht nur wertvolle Hilfestellung beim Ausloten der Grenzen Absurdistans, sie verfügen auch über einen ironischen Duktus, der die Reise in die wunderbaren virtuellen Welten zu einem schwerelosen Unterfangen werden lässt: Lesevergnügen pur.

Kein Medium verändert sich so rasend schnell wie das Internet. Weswegen wir keine Garantien dafür übernehmen, dass die vorliegenden Adressen zum jetzigen Zeitpunkt noch aktuell sind. Wie gerade der Bereich „Very Special" zeigt, der Themen-Specials beinhaltet, die in manchen Fällen überholt scheinen. Genauso wenig verantwortlich zeigt sich die Arcum Medien GmbH hinsichtlich der Inhalte von Seiten: Wir sind bloß das Medium, das den virtuellen Wahnsinn kommentiert.

Die „Coolen Websites" bieten eine Navigationshilfe beim Durchforsten des Internet nach Stellen, die sonst auf keiner virtuellen Landkarte zu finden sind. Nur wir waren bereit, für Sie in die Abgründe von Subsites abzutauchen, um die Nuggets aus dem Schlamm zu fischen. Wir sind sicher, dass die zu Tage geförderten Schätze nichts von ihrem Glanz verloren haben. Es ist ein dreckiger Job, doch irgendeiner muss ihn ja machen....

Jens Fricke
Köln, im September 2000

INHALT

4

KIDS-ZONE 37

LIFESTYLE 43

Die Russen kommen: here

http://here.ru

Die Russen kommen! Was früher ein Ausruf des Entsetzens war, ist heutzutage Ausdruck wohliger Wonnen. Denn die Ostblocknationen sind in den Bereichen Internet und Webdesign teilweise sehr viel weiter als die verwöhnten westlichen Stubenhocker. Die Silikonschmieden der ehemaligen Sowjetunion gelten als besonders trickreich und effizient, so lehren z.B. die Prozessor-Entwickler von „Elbrus" dem Marktführer „Intel" derzeit das Fürchten. Doch auch andere Talente drängen mit Aplomb auf den Markt. Unter unglaublichen Arbeitsbedingungen tüfteln die Hinterhof-Heroes an Webauftritten, die sich sehen lassen können. So wie diese prima designte Homepage von here. Die Revolution hat ihre Kinder entlassen, und die toben sich im Web richtig aus: Da zuckt, flasht und pixelt es dermaßen, dass man vor lauter Kyrillisch glatt vergisst, worum es eigentlich geht. In Ermangelung der Kenntnis über derartige Schriftzeichen konzentrieren wir uns auf die Oberflächen, die allein ihrer Außergewöhnlichkeit wegen schon einen Extra-Bookmark wert sind. Lasst die Russen ruhig mal kommen, denn wir können viel von ihnen lernen.

Buchstäblich: Fontastic!

http://people.wiesbaden.netsurf.de/~kikita

Wer buchstäblich etwas Besonderes sehen möchte, sollte einmal die Homepage von La Kikita besuchen. Unter dieser Adresse kann man bequem die Buchstabensuppe anderer Leute auslöffeln: neue Fonts, neue Typografien, neues Textlayout. Die Free- und Shareware kann zwar häufig nur gezipped heruntergeladen werden, was angesichts der anschließenden Möglichkeiten aber das geringste Problem sein sollte. Texte, Mails und Grüße lassen sich von nun an in exklusivem Design verschicken, Flyer u.ä. Ankündigungen können dank der außergewöhnlichen Lettern professioneller erstellt werden. Man muss nur ein bisschen Zeit mitbringen – derweil kann man sich ja in aller Ruhe auf seine vier Buchstaben setzen.

Klick für Klick zum großen Glück: Pixeljam

http://pixeljam.com/core/index.html

Jetzt geht's rund, denn es wird bunt: Wer vor lauter Farben den Bildschirmhintergrund nicht mehr sieht, hat dennoch den vollen Durchblick. Pixeljam brennt vor des Users Augen ein wahres Bit-und-Byte-Feuerwerk ab, wer einmal dem irisierenden Reigen zugeschaut hat, will noch mehr. Und bekommt das Gewünschte unfreiwillig serviert: Hat man sich erst einmal vom bunten Gewusel der Startseite verabschiedet, geht es ab in die Dunkelkammer. Da man den Lichtschalter nicht findet, klickt man auf blauen Dunst (vor schwarzem Hintergrund). Der Herr sprach „Es werde Licht!", doch das Folgende wollten wir nicht: ein flirrendes Bild aus laufenden Streifen. Doppelklick darauf, und die Site treibt's noch bunter: Die Streifen werden breiter und schillern in allen Spektralfarben. Die Artisten unterm Zirkusdach: ratlos. Erneuter Klick, erneutes Glück: Flächen in Schwarz, Weiß und Gelb. Die dann von wild wuchernden Strukturen abgelöst werden. Das Spielchen könnte ewig so weitergehen, doch vor dem virtuellen Kunstgenuss am absolut Außergewöhnlichen hat das Orakel von Telekom eventuell noch keine Flatrate gesetzt. Weswegen wir uns an dieser Stelle zurückziehen, um Ihnen das Feld zu überlassen. Bestellen Sie es gut, die Ernte ist üppig.

Moderner Münchhausen: 2advanced

http://www.2advanced.com

Webdesign darf heutzutage nicht mehr im 08/15-Outfit daher kommen. Das muss es flashen, krachen, knistern und glitzern, was das Zeug hält. Eric Jordan hält das, was andere Versprechen: Bei ihm flasht, kracht, knistert und glitzert es gewaltig. 2advanced.com heißt die Adresse, unter der er residiert. Sein virtuelles Portfolio kann sich wirklich sehen lassen, ein kleines Beispiel der hohen Kunst des Webdesigns wird im 2advanced-Trailer geliefert, andere Exempel kann man per Referenzliste abrufen. Dabei enttarnt sich der Mastermind als moderner Baron von Münchhausen, denn seine Kreationen sind gekonnt, die Referenzadressen allerdings gefakt. Wie dem auch sei: Es ist prima arrangiert. Ob man nun mit den einzelnen Fenstern Schlitten fährt oder der eigenproduzierten Musikstücken lauscht: Man sieht und hört, dass Mr. Jordan sein Handwerk versteht. Der AmbientHouse-Experte mit der grafischen Begabung hat alles fest im Griff. Wenn er so weitermacht, bald auch die Konkurrenz.

M&Ms: 52mm
http://www.52mm.com
Was kann man mit 5,2 Zentimetern (umgerechnet: 52 mm) alles anstellen? Im Internet eine ganze Menge: Man kann z.B. Webinstallationen der besonders schönen Art anfertigen. Wie im vorliegenden Fall: Zunächst erblickt das Auge einen Flickenteppich aus lauter Ms. Wenn man M und M zusammenzählt, erhält man nicht (wie vielleicht vermutet) M&Ms, sondern Aus- und Einblicke in die tiefergehenden Sphären exquisiten Webdesigns. Verschiedenste Awards zeugen davon. Ob nun „Impulse", „Labor" oder „Motive": Es gilt die Loreley-Maxime „Ich weiß nicht, was soll es bedeuten..." Definitive Lösungsvorschläge können von unserer Seite also nicht erwartet werden, nur so viel: Als Screensaver oder Hintergrundmotive sind die Exponate der 52mm-Page nahezu unschlagbar!

Schall mit Seele: Audioforce
http://www.audioforce.de
Namen sind Schall und Rauch. Doch es gibt einen Namen, den Sie sich merken sollten: Audioforce. Denn hier erhält der Schall eine neue Seele. Die Berliner Spezialisten für Sounddesign geben Ihnen nicht nur was auf die Ohren, sie überzeugen auch durch erstklassige Optik (der Auftritt wurde wiederum von Elephant Seven designt). Düstere Rhythmen lassen Unheilvolles ahnen, doch es kommt ganz anders: Vor dunkelblauem Hintergrund greift Audioforce in die Trickkiste, alles zum Wohle des besseren Klangs. Die Kundenkreise sind vielfältig, klassische Musik- und Jingleproduktion steht neben Funkwerbung und TV-Spots. Dass Audioforce die Aufgaben hörbar gut meistert, davon zeugen die akustischen Kostproben der Homepage. Im Bereich der Filmvertonung sind „Godzilla" und „Fräulein Smilla" die Bekanntesten, für SAT.1 wurden zahlreiche Fernsehaufträge abgewickelt. Allen, denen Hören und Sehen noch nicht vergangen ist, empfehlen wir, den Spot von „callacleaner.com" ein Ohr zu leihen. Der rundet die audiovisuelle Meisterleistung nämlich ab.

Alien-Sex: Bam-b
http://www.bam-b.com
Faiyaz Jafri hat einen sonderbaren Humor: Der Webdesigner gibt seiner Homepage einen Namen, der an ein weltbekanntes Rehkitz erinnert. Doch unter der Oberfläche geht es (spielerisch) etwas heftiger zur Sache – wer immer schon mal wissen wollte, wie Alien-Sex funktioniert oder aussieht, der sollte sich die netten dreidimensionalen Animationen nicht entgehen lassen. Die metallisch anmutenden Wesen ähneln in der Physiognomie der menschlichen Spezies, doch innen sieht es anders aus, wie einzelne Clips eindrucksvoll beweisen. Die Wesen bestehen als Zwitter aus Alien, Mensch und Tier – dagegen sieht das „echte" Bambi ganz schön alt aus.

Die Milch macht's: Cossette Interactive
http://www.cossetteinteractive.com
Mitunter gerät man schon in Verzückung wenn man sieht, was Multimedia-Designer so alles anrichten. Das Menü, das von Cossette Interactive serviert wird, ist mit mehreren Gängen äußerst üppig ausgefallen und macht garantiert süchtig. Die formidablen Pixel-Produkte der „Interaktiven" enthalten all das Gute, was auch in einem Glas Milch zu finden ist. Nicht von ungefähr dient ein solches Milchglas auch als roter Faden, der die Seiten der Designer durchzieht. Wenn man beispielsweise die Milchtüte öffnet, ergießt sich eine wahre Flut an virtuellen

Köstlichkeiten, garniert mit Sound-Zutaten. Die Kanadier haben hauptsächlich Unternehmen ihres Heimatlandes webtechnisch auf die Sprünge geholfen, die beeindruckende Zwischenbilanz zählt Projekte für Bell Canada, das Toronto Filmfestival und Nike auf. Auch General Motors, McDonald's und Coca Cola zählen zu den satten Gästen dieses einzigartigen Cyber-Restaurants, dass fortan fünf Sterne in jedem Webdesign-Gourmetführer bekommt.

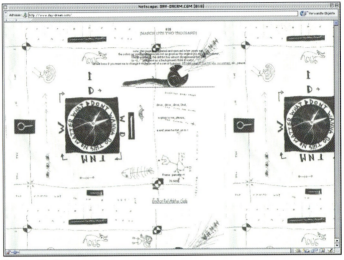

Homepage Day Dream

Retina sprengend: Day Dream
http://www.day-dream.com
Vergessen Sie alles, was Sie bisher an festen Sehgewohnheiten hatten. Day Dream wird Sie lehren, dass nichts unmöglich ist. Das Multimedia-Projekt von David Opp hält wahrlich Sprengstoff für die Retina parat. Über unzählige Ebenen steigt man ins Grafik-Nirwana auf, jede Sektion verfügt über flächige Strukturen, gepaart mit Collagen, Texten, Sounds und Animationen. Ständig ist man bestrebt einzugreifen, doch eine unsichtbare Hand geleitet den hektischen Surfer immer genau dorthin, wo er hin soll. Dem allgewaltigen Schöpfer im Hintergrund kann man lediglich das Mandat entziehen, in dem man selbstständig die Panik-Buttons, die entweder ins Bild integriert sind oder als Menüleiste am Rand erscheinen, drückt. Doch diese Links führen nur auf die nächste bewusstseinserweiternde Stufe, bis man sich geschlagen gibt und atemlos den nächsten „Objector" ansteuert: Optischer K.o. nach 17 Runden.

Eye like it: Eye 4 U
http://www.eye4u.com
Der Webauftritt mit dem ganz großen „Wow!": Eye 4 U heißt lautmalerisch die Webagentur, die multimedial im Jahr 2000 den Hammer schwingt und draufhaut. Aufs Auge nämlich, denn das, was die Media-Aktivisten bieten, ist schier atemberaubend und fast zuviel für die Netzwand. Wirbelnde Formen und Lettern, unterlegt mit einem hypnotischen Ambient-Sound, begleiten den User auf seiner rastlosen Tour durch den Eye4U-Kosmos. Der Psychotrip der angenehmen Art geleitet einen zum Showroom, bei dem der Bildschirm zu bersten droht. Anschließend wird der Blick frei für die Projekte, die Eye 4 U erfolgreich gemacht haben: Die Ford Motor Show 2000, Fondex Vermögensmanagement, die Unimark AG aus der Schweiz und Wiedemann Kerzen, um nur einige zu nennen. Besondere Gimmicks sind u.a. „das Löffelspiel", bei dem man einzelne Löffel in ein Glas bugsieren muss, oder ein Heavyflash-Video, bei dem die Animationskünstler die gesamte Palette ihres Schaffensvermögens auffahren und den Surfer minutenlang vor Kaskaden an Farben, Bildern und Formen bannen, das Ganze mit einem neuen

Stück Musikbeschallung. Eye 4 U: Eye like it, we like it, everybody likes it! Ein Augenschmaus der delikaten Sorte.

Hölle auf Erden: Hellbureau
http://www.hellbureau.de
Die Hölle auf Erden erwartet den Besucher auf den Seiten des Hellbureaus. Die Webagentur nimmt jeden User zunächst einmal ins Fadenkreuz – ist das Visier erst einmal eingestellt, kann man selbst entscheiden, wohin man zielt. Zum Beispiel auf das abstrakte Gebäude oben links in der Ecke oder das „Sonique Equinox 7" Project". Das Multimedia-Ereignis der experimentellen Art wartet gleich mit drastischen Bildern aus Tierversuchslaboren auf, um experimentelle Multimediaprojekte selbstironisch zu geißeln. Derlei Humor ist nichts für jedermann, soll es auch wohl nicht sein. Die Site selbst eröffnet sich nicht jedem, Flash-User sind eindeutig im Vorteil. Wer einmal Hölle und zurück bucht, landet (gemäß Vorgabe) entweder auf den Seiten assoziierter Partner ... oder wieder in der Hölle des Hellbureaus. Also heißt es höllisch aufzupassen, dass man schnell den richtigen Dreh raus hat. Allen Höllenfeuern zum Trotz: eine teuflisch gute Site!

Zeitgemäße Nostalgie: Hi-Res
http://www.hi-res.net
Wer seinen Atari schmerzlich vermisst, wird die Hi-Res-Site lieben. Die Figuren, die von der Londoner Agentur auf die Mattscheibe gezaubert werden, erinnern fatal an die Pixelwesen der Methusalem-Rechner. Spaß bringen sie obendrein: Wer erst einmal der virtuellen Band beim Musizieren zugeschaut hat, gönnt sich den ein oder anderen Loop bevor es mittels „Quit" weitergeht. Was folgt, ist ein 1a-Webauftritt. „Pretty pictures straight outta London": Die Hi-Resler übertreiben wahrlich nicht. Was auch die Industrie erkannt hat – Iceland Air, Sony und BMG sind namhafte Klienten der Briten. Besonders nett: die so genannten „idents". Das sind Logos von Unternehmen, deren unverwechselbares Design von Hi-Res konzipiert wird. Banner für Banner, Bild um Bild und Schicht für Schicht entschlüsselt sich das Prinzip, nach dem die Homepage aufgebaut ist. Die Gesamtpräsentation fußt auf dem Turmbau zu Babel, klickt man einen Würfel an, eröffnen sich umgehend zahlreiche neue Varianten. Alte Grafik in neuem Gewand: zeitgemäße Nostalgie.

Platzhirsch: Zum goldenen Hirschen
http://www.hirschen.de
Einen satten Zwölfender-Auftritt hat die Werbeagentur Zum goldenen Hirschen mit dem Relaunch ihrer Site hingelegt. Wer den Web-Wald vor lauter Bäumen nicht mehr sieht, braucht nur durchs Gehölz zu brechen, um auf einer Lichtung den goldenen Hirschen röhren zu sehen. „Dont'let advertising influence your madness!" wird man vor Eintritt in die Subsites gewarnt. Genauso wahnsinnig geht es dann weiter: Die Hirschen-Crew bemannt eine Rakete und zeigt im Orbit ihr wahres Gesicht, das Sprachlabor des „Dr. G. Heimrath" arbeitet auch an den absurdesten Kundenwünschen (z.B. der Rücknahme der Rechtschreibreform), und eine monotone Computerstimme verkündet die Firmenphilosophie, die u.a. „Initiative heißt Mut zum großen Wurf!" lautet. Die Referenzliste als virtuelle Dia-Show und die Vorstellung der kreativen Chefetage in Herzblatt-meets-Cyberspace-Manier sind weitere Abschnitte, die – hintereinander geöffnet – schon bald den gesamten Platz Ihres Bildschirms beanspruchen. Schön auch, dass man die auf die Dauer nervende Drum'n'Bass-Hintergrundmusik ausblenden kann. Als Preis für einen der besten Webauftritte winkt der Agentur ein goldener Hirsch.

Krümelmonsters virtuelle Enkel: McVities Jaffa Cakes
http://www.jaffacakes.co.uk
„Kekse, Kekse, Kekse" schrie dereinst unser aller Lieblings-Krümelmonster in der Sesamstraße. Die „Tang Gang" schreit nicht, macht aber trotzdem allerlei Unfug. So wollen die puscheligen orangefarbenen Wesen den gesamten Vorrat an McVities Jaffa Cakes auffressen. Dieses gilt es natürlich zu verhindern, schließ-

lich ist nicht nur der Umsatz der Firma in Gefahr, sondern auch die Gaumenfreude der Keks-Aficionados. So bleibt es dem User überlassen, McVities von allem Tang-Gang-Übel zu befreien: Mittels eines interaktiven Spiels kann der Keksfreund seine Leib- und Magenspeise vor dem vollständigen Verzehr seitens der agilen Wuselwesen retten. Und die arbeiten mit zahlreichen hinterhältigen Tricks und gehen einem so gehörig auf den Keks. Und hat man sich erst mal zum Retter aller Cookie-Welten aufgeschwungen, warten schon neue Abenteuer. Die Website von McVities gehörte zu Recht zum Kreis der Award-Finalisten in der Sparte „Innovation".

And the winner is...: KMGI
http://www.kmgi.com
Nicht unbescheiden: Eingangs begrüßt den geneigten Surfer gleich einmal ein Award, der die Site zur besten der Jahre 1999/2000 kürt. Dass die Auszeichnung berechtigt ist, erfährt der User dann umgehend: In einem (im positiven Sinn gemeinten) wahrhaften Inferno stürzen Bilder, Geräusche, Animationen und Musikstücke auf den faszinierten Betrachter ein. KMGI.com schafft es mit großem Aufwand, die Messlatte in puncto Web-Mercials wahnsinnig hoch zu legen. Mittels zahlreicher verspielter Exempel wird dem Zuschauer ein Spektrum an Darstellungsweisen und Formen von Internet-Werbung präsentiert, dass es einem schier den Atem raubt. Mini-Spots, die TV-Format haben, in perfekter, volldigitalisierter Animation dargeboten, oder schlichte Jingles mit dem gewissen Etwas fordern zweierlei heraus: Zum einen den Neid der Konkurrenz und zweitens ein dickes Portemonnaie des Users, denn die Telefonrechnung wird bei stundenlangem Verweilen auf den Seiten von KMGI.com das Normalmaß weit übersteigen. Einziger Wermutstropfen: Die Site ist durchgängig auf Englisch, was aber nur am Rande interessiert, da hier eindeutig die Bilder dominieren. Und die sprechen für sich!

Homepage KMGI

Lügt Werbung?: Knittel & Völkel
http://www.knittel-voelkel.de
Werbung lügt. Werbung lügt? Um das herauszufinden, bedarf es wenig, lediglich ein paar flinke Finger und eine nervöse Hand, die den Mauszeiger rotieren lässt und an der richtigen Stelle stoppt. Ist man einmal angekommen, begrüßt einen die Werbeagentur Knittel & Völkel (in der Virtualität wird der Namenszug klein geschrieben) mit der Frage, ob Werbung lügt. Die Antwort darf sich jeder selbst geben, ein Abstimmungszettel liegt bereit. Die Berliner, die hier Werbung in eigener Sache betreiben, verstehen sich als Full-Service-Werbeagentur für

Dialogmarketing und Below-the-line-Maßnahmen (was auch immer das sein mag). Seit 1999 bearbeiten Reinhold Knittel und sein Team das Werbe-Umfeld, in dem sie jetzt neue Maßstäbe setzen wollen: Zwar nicht jeden Tag eine gute Tat, aber immerhin jeden Monat eine neue Startseite. Und das bedeutet: Monat für Monat neue Kunden-Überraschungen. Wir lassen uns überraschen, was den raschen Überraschern demnächst Überraschendes einfällt.

Schön nass: Less Rain
http://www.lessrain.com
Da man sich nicht zu früh festlegen sollte, legen wir uns fest: Das ist die beste Site des Jahres – des vergangenen zwar, aber das mindert die Qualität nicht im Geringsten. Less Rain heißt die Multimediatruppe, die offenbar aus Deutschland stammt (zumindest lässt man ab und zu deutsche Namen und Begriffe wie „Walter", Achim" oder „Erdgeschoss") und den User zum virtuellen Tänzchen bittet. Wobei Less Rain den Takt vorgibt – und der wechselt mitunter schnell: Rasend formieren sich fliegende Fische zu einer bildschirmschonenden Formation, lateinamerikanisch instrumentiert führen Wischmopps ein Ballett mit anschließender Wohnungsräumung in der „Lounge" auf, und der hektische Presslufthammer „Dietmar" vollführt eine Rock'n'Roll-Drum'n'Bass-Show erster Güte, indem er sich selbst per Mausklick multipliziert. Wem diese Schilderung zu verworren erscheint, der muss sich schon selbst von dieser fantastischen Site einseifen lassen. Wir haben die Pages jedenfalls mit einem lachenden und einem weinenden Auge gesehen; Tränen des Glücks, versteht sich – darüber, die Site entdeckt zu haben.

Genießbar: Litwin, Münich & Partner
http://www.litwin-muenich-partner.de
Ausnahmsweise fängt auf dieser Site der Fisch nicht an, vom Kopf her zu stinken – obwohl er unappetitlich aussieht. Provokation gehört zum Geschäft der Werbebranche: Litwin, Münich & Partner verdienen durch gezieltes Provozieren ihre Brötchen. Primär geht's auf den Seiten um Nahrhaftes – gleichsam für Auge und Hirn, in Zukunft auch für den Magen. Und weil schließlich das Auge mit isst, reduzieren sich die virtuellen Speisen auf dem Kantinentablett jedes Mal, wenn man einen der sprichwörtlichen Menüpunkte angesteuert hat. Die Kichererbsen kichern, verschwinden und geben anschließend den Blick auf das frei, was die Agentur kann: Auf ausgewählte Arbeitsproben, z.T. in bewegten Bildern. Als Musterbeispiel für Effizienz sollte diese Webpage jedem Creative Director bis zum Erbrechen vorgeführt werden.

Männchen machen: Man At Work
http://www.manatwork.com
Welcher Mann hier die Arbeit verrichtet, bleibt zunächst unklar. Klar hingegen ist, dass er ganze Arbeit leistet. Die Webagentur Man At Work besteht aus drei Spezialisten, womit auch der einzige Schwachpunkt einer ansonsten außerordentlichen Website aufgedeckt wäre: Wenn Männer im Englischen Männchen machen und sich dabei auch noch zu einer Gruppe zusammenschließen, heißen sie „men". Doch da sich bereits vor den Man at Work andere Männer zu einer (Pop-) Gruppe formierten und sich „Men At Work" nannten, blieb für unsere Helden der Arbeit nur der Singular für den Unternehmensnamen. Das Männchen machen vor dem großen Namen ist auch der einzige Kompromiss, den die Agentur eingeht. Der Rest ist die gnadenlos gute Umsetzung pfiffiger Ideen. Den Männern bei der Arbeit zuzusehen, bereitet unglaublichen Spaß. Schließlich haben sich die Webdesigner ganz dem Flash verschrieben, so dass jeder Auftritt – sei es der eigene oder von Kunden (Referenzliste anbei) – zum einem Oscar-verdächtigen Mini-Movie der pixeligen Art gerät. Dass die Platz sparenden Interfaces schon eine Kunst für sich sind, beweisen die drei Blitzableiter in Aufsehen erregender Manier: Im „Funstuff"-Kino darf über die „Box Story" oder „Miky In Spaze" gelacht werden, das Portfolio wartet mit zusätzlichen Spielereien in gezeichneter Form auf. Nach An- und Durchsicht dieser Seiten kann man nur noch eins tun: Männchen machen.

Pixel-Pillen auf Rezept: Matinee

http://www.matinee.co.uk

Die Revolution beginnt hier: Der Webauftritt schlechthin kommt von Matinee. Revolution, Evolution, Solution, Action. Von Letztgenannter gibt's reichlich, denn das Auge des Betrachters schwelgt in einem wahren Pixelsturm. Motto: „The web is whatever you make it" – recht so. Wenn die Verabreichung von Pillen (und solche verschießt Matinee auf dieser Page reichlich) dermaßen unproblematisch verläuft und die einzige Nebenwirkung grenzenloses Staunen ist, dann will man so etwas auf Rezept. Jede Subsite ein Hochgenuss, alles in allem die abwechslungsreichste Präsentation seit langem. Und nicht nur das: Auch die Musik kann sich sehen lassen. Beziehungsweise hören lassen: Breakbeats vom Feinsten und Didgeridoos im Big-Beat-Rausch. Hüpfende Blasen, alles verschlingende Supernovas und – so ganz nebenbei – erstklassige Referenzen in Form von Arbeitsproben: Chrysalis, Bullfrog & Co lassen den Ride zu einem Endlostrip durch die Weiten des virtuellen Raumes werden.

Deckt Desktops: Ozone

http://www.ozones.com

Wer glaubt, Fotopainting für den PC sei langweilig, wird auf Doctor Thaddeus Ozones Webseiten eines Besseren belehrt. Hier gibt's Zucker für den eigenen Rechner, sozusagen Deckung fürs Desktop. Hintergründe, Tools, Images, Links und – ganz wichtig – ein Online-Tutorium, damit man das Gesehene auch in Heimarbeit auf den Bildschirm zaubern kann. Doc Ozone ist eines der Schwergewichte der Branche, und wer dem schmalen „Arzt" beim Praktizieren zusehen möchte, der klickt sich zunächst zum biografischen Teil. Ganz wie es das Gesundheitsministerium (bestimmt nicht) empfiehlt, kann man Doc Ozone sprichwörtlich zum Rauchen und Kaffeetrinken animieren. Derlei Gags sind integraler Bestandteil einer Site, die vor allen Dingen durch ihren unmittelbaren ästhetischen Nutzfaktor besticht. Man schaue sich bloß einmal das umfangreiche Archiv der Backgrounds an, schon weiß man um des Doctors Kunst: ob Steine, Wellen, Kaffeebohnen oder Hitzeflimmern – Ozone bringt es auf den Schirm. Und wir es auf den Punkt: Screen-Tuning at it's best!

Bitte anschnallen und das Rauchen einstellen: Planetpixel

http://www.planetpixel.de

Bei Planetpixel muss man sich schon anschnallen, denn sonst wirft einen der Einfallsreichtum der Webdesigner dieses außergewöhnlichen Studios aus der Bahn. Wenn man denn Platz genommen hat, hebt die Machine mit Zielrichtung „Gallery" auch schon ab: Ob „Svarnetics", Fotoarbeiten oder eine „RGB-Galerie" – jedem grafischen und akustischen Detail nähert man sich mit Schallgeschwindigkeit. Der helle Wahnsinn dieses multimedialen Meisterwerks presst einen förmlich in den Sitz, doch die Macher behalten kühlen Kopf und servieren beim Überfliegen der Subsites diverse Snacks in Form von erstklassiger Artwork. Die Arbeitsproben der Artisten machen süchtig auf einen Anschlussflug, und bevor man den Abflug probt, sollte man noch einen Zwischenstopp in der Game-Sektion machen, wo „Killing Zone" oder „Sensomat" einem den Jetlag versüßen.

Zwischen Pils und Rosenkavalier: Radeberger

http://www.radeberger.de

Ein richtig beschwingter Webauftritt: Zu den Klängen klassischer Musik betritt man von der Portal-Page der Braumeister von Radeberger das Entree der (virtuellen) Semper-Oper zu Dresden. Dort hat man die Möglichkeit, sich eine kurze Web-Soap, den „Rosenkavalier", anzusehen. Das allein rechtfertigt schon den Besuch der Site: Die gesamte Story auf drei Seiten gerafft und unterlegt mit allerhand Gags und Grafiken. Das Firmenporträt und andere News poppen als Untermenüs auf, und im Shop warten allerlei schöne Sachen auf Abnehmer. Alles stilvoll, alles ästhetisch. Die derartig gut animierte Homepage wurde zu Recht in die Auswahlliste für den Deutschen Multimedia Award genommen, und zwar in der Kategorie „Business to Consumer".

Lichtstrahl im Dunkel virtueller Welten: Ray of Light
http://www.rayoflight.net

Yasuto Suga heißt der Mann, der Licht ins Dunkel virtueller Welten bringt. Und Ray of Light (=Lichtstrahl) heißt seine Site, die zum Besten gehört, was in puncto Webdesign jemals hervorgebracht wurde. Seit dem Sommer 1998 – zu dem Zeitpunkt, als das legendäre Titel gebende Album „Ray of Light" von Madonna erschien – werkelt der Meister an einer Homepage, die ihresgleichen sucht und mit allen möglichen Varianten grafischer und akustischer Reize aufwarten kann. Da fällt virtueller Schnee vom pixelstarken Nachthimmel, ein Luftschiff schneidet per Lichtstrahl eine Schneise ins Firmament und allein nach dem langen Intro fühlt sich der User schon in höhere Sphären versetzt. Doch das war längst noch nicht alles: Weiter geht die ruhige Fahrt in Form von Comic-Einspielungen mit Begleittexten. Einzelne Spots beleuchten die Highlights dieser erhellenden Site, Suga & Co werden uns in dieser Form hoffentlich noch recht lange heimleuchten. Weltklasse!

Homepage Ray of Light

Rote Augen, rote Ohren: Red Bean
http://www.redbean.com

Bohnen haben im Internet Hochkonjunktur. Kürzlich reüssierten die „Beenz" als Web-Währung, jetzt kommt eine Site, die ein Fest für die Sinne ist: Red Bean versüßt das Dasein mittels optischer Stimulierung. Nette grafische Animationen im Stile althergebrachter Kohlestiftzeichnungen beschreiben eine neue Form des Webdesigns, deren Gehalt schon so manche Jury überzeugte – Red Bean wurde bereits mit dem „Netdiver Design Forte Award" ausgezeichnet. Neben der Optik besticht die Homepage durch zahlreiche Animationstricks, die Auge und Ohr des Betrachters unter permanenter Spannung halten. Nicht umsonst ist die URL in die Rubriken „Sense" und „Nonsense!" unterteilt: Sinnliches und Über-Sinnliches dicht nebeneinander. Wer einen der hektisch blinkenden Menüpunkte im unsinnigen Teil der Website ansteuert, erlebt einen kleinen, aber feinen Mikrokosmos der Flash-animierten Art: Vorbeiziehende Wolken, frohe Botschaften und außergewöhnliche Typografien verschaffen dem User ein Glücksgefühl der internetten Sorte. Das Goldene Zeitalter des Webdesigns hat begonnen.

Multimedia-Stakkato aus Nippon: Shift
http://www.shift.jp.org

Es klopft ganz leise, dann explodiert der Bildschirm: So stellt sich Shift vor. Multimedia-Artist David Oppenheim alias Day-Dream hat sich einmal wieder intensiven (Tag-)Träumerein hingegeben und realisierte die Cover-Arbeit dieses

Multimedia-Magazins aus Nippon. Zur Belohnung gab's gleich ein ganzes Interview mit dem Webdesigner, der nebenbei auch Musiker und Regisseur ist. Die Japaner halten vieles parat, was Fachleute zum anerkennenden Kopfnicken zwingt und Laien erstaunt. Unzählige Links führen ins Webdesign-Nirwana, jede Agentur, die etwas auf sich hält, hält bei Shift an. Die Präsenz lohnt sich: Hier entsteht ein Mikrokosmos, durch den zu surfen sich absolut lohnt. Nur die Lautsprecher sollten ein wenig heruntergefahren werden, denn der Stakkato-Trommelwirbel aus Bildern und Tönen überfordert zuweilen das Aufnahmevermögen.

Laufendes Partyzelt: Sodaconstructor
http://www.sodaplay.com/constructor/index.htm
Der diesjährige Sommer, der keiner war, ließ so manche Gartenparty buchstäblich ins Wasser fallen. Diejenigen, die sich trotzdem nach draußen trauten, hatten mit starken Windböen zu kämpfen, die ihnen die Partyzelte umwehten. Das sah dann in etwa so aus wie beim Sodaconstructor. Die Software ermöglicht es, zweidimensionale Objekte zu animieren: Das Fallbeispiel unter dieser Adresse zeigt wie's geht. Das sich bewegende Objekt sieht aus wie ein laufendes Partyzelt, die einzelnen Linien werden durch Knotenpunkte miteinander verbunden. Klickt man einen dieser Punkte an, verändern sich Gestalt und Bewegungsablauf. So kann man das Objekt z.B. in die „Luft" wirbeln oder die Vorderläufe einknicken lassen. Wenn man besonders gehässig ist, lässt man eines der Objektglieder im Raum schweben, so dass der gesamte Bewegungsapparat eingeschränkt ist und das „Zelt" sich nur noch kriechend fortbewegen kann. Immerhin bewegt es sich „freiwillig", wohingegen die echten Partyzelte unfreiwillig vor Wind und Wetter kapitulierten und den Abflug machten.

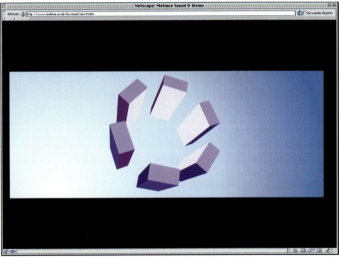

Homepage Matinee (s.S. 16)

Schriftprobe: yU+co
http://www.yuco.com
Wer die Schrift in ihrer gewohnten Form einmal atomisiert erleben möchte, der sollte einen Besuch bei yU+co wagen. Nach langer Shockwave-Downloadzeit bietet sich dem absolut verwirrten Auge des Betrachters ein Zeichensalat besonderer Güte, der durch Anklicken der einzelnen Icons zu einer Einheit geformt wird – und somit einen Sinn ergibt. So erfährt der faszinierte User alles über den Werdegang von Garson Yu, dem Initiator der Site. Mr. Yu hat schon so manche Titelsequenz eines Films oder Teasers optisch veredelt, Kostproben seine umfangreichen Könnens liefert er hier zuhauf ab. Was der coole Creative Director aus Kalifornien hauptsächlich anbietet, sind Fonts, d.h. Typografien, die in die-

ser Form einzigartig sind. Kleine Schriftproben kann man sich hier bereits ansehen oder auch downloaden (z.B. White Russian). Wer möchte, kann sich auch
zum interaktiven Multimedia-Kiosk durchklicken, um dort vollends Yus virtuelle
Buchstabensuppe auszulöffeln.

COMEDY

Von o auf 100: 100% Comedy
http://www.100comedy.de

Witzischkeit kennt keine Grenzen, erst recht nicht im Internet. Deswegen ist man
sich nie zu 100 % sicher, ob die Seiten, die unter dem Gütesiegel „Comedy" laufen, auch wirklich Komisches beinhalten. 100 % Comedy schafft Abhilfe: Unter
Federführung von Steffen Heisterberg produziert Cyoshi Crucial New Entertainment seit 1996 Witze am laufenden Meter. Seitenweise Spaß und Fun, die allseits beliebten Topten-Listen neben Aktionen wie der Herausgabe von Sonder-
marken mit speziellen Britney-Spears-Motiven, Kinotipps, dem Wetterbericht
und, und, und. Professionell gemachter Humbug, sehr erheiternd bis hin zum
Kleingedruckten. Kostprobe? Frage: Was gefiel Ihnen dieses Silvester am besten?
Antwort: 16 %: Das farbenfrohe Feuerwerk; 21 %: Die lauten Böller; 63 %: Die
freundliche Behandlung in der Notaufnahme!

Bielefeld bläst zum Angriff: Attacke!-EXPO
http://www.attacke.com/expo

EXPO, einmal anders: In Bielefeld wird zur Attacke geblasen und eine Gegen-
veranstaltung zur Weltausstellung in Hannover initiiert. Federführend fürs Projekt
ist das Satiremagazin „Attacke!", schon eingangs wird klar gemacht, dass es sich
zwar um Satire, aber nicht um eine bloße Witzseite handelt: „Für humorige
Inhalte kontaktieren Sie bitte Kalle Pohl." Ansonsten bemühen sich die Macher,
die offizielle EXPO-Homepage in puncto Design und Aufbau eins zu eins zu übertragen. Bis hin zu den Pavillons: Der ukrainische Beitrag erinnert an einen Atom-
pilz und somit an das Tschernobyl-Unglück, das liechtensteinische Haus ist einem Geldkoffer nachempfunden – Parallelen zum realen christdemokratischen
Leben sind durchaus erkennbar. Besonders hübsch: Der Freimaurer-Pavillon in
Pyramidenform, mit schwebendem Auge über dem Kegel und ohne erkennbaren
Ein- und Ausgang. Der Clou: Die weiterführenden Links, die tatsächlich auf offizielle Homepages von Fürstentümern oder Geheimbünden verweisen. Des
Weiteren lockt „Exporio's World" mit Comicstrips, das EXPO-Cafe mit per
Livestream übertragenden Songs, Lesungen, Vorträgen etc., und eine WebCam,
die live vom Klo sendet oder Attacke!-EXPO-Leiter Szirniks beim T-Shirt-Wechsel
beobachtet – was im Schnitt alle 14 Tage vorkommt!

Das geht ins Auge: Autsch!
http://www.autsch.de

Was darf's sein? Der MÄNNER-Container neben dem Altglas? Der Viagra-gedop-
te Liegestützer? Die Hörprobe zwecks Dokumentation des eigenen Stimmbruchs?
Bebilderte Witzchen über Don Kohleone und Schäubletto? Der Stier, der den
Torero auf die Hörner nimmt und ihn so dazu zwingt, die Hosen runterzulassen?
Die Explosion im Dixie-Klo (mit anschließender „Gewinn-Ausschüttung")? „Help
me" vor dem Traualtar? Verschiedene Versionen des Ausrufs „Autsch!"? Ganz
egal, was Sie wollen oder wie Sie sich entscheiden (Bild, Ton oder beides):
Autsch.de hat es. Und noch viel mehr. Eine Website, die buchstäblich ins Auge
geht: Sie besteht zu 30 % aus Nonsens, zu 20 % aus Witz, zu 15 % aus Fun, zu
25 % aus Komik, zu 3 % aus Sarkasmus und zu 7 % aus purer Freude. Das Gebräu
bildet eine hochexplosive Mischung, die Zwerchfelle angreift und unmittelbare
Lachattacken zur Folge hat. Zu Risiken und Nebenwirkungen befragen Sie auf
keinen Fall die Packungsbeilage und verklagen Ihren Arzt oder Apotheker.

Der etwas andere Österreicher: Herbert Feuerstein
http://www.billybillybillybilly.de

Billy heißt die Kanaille, die sich von Feuerstein bürsten lassen muss. Billy ist das Objekt der Begierde, um das sich alles auf Herbert Feuersteins furchtbar unanständigen Internetseiten dreht. Hier sehen sie die schockierende Wahrheit über Billys Wonnen in der Wanne, wahrlich viehische Wasserfolter, die Billy stets mit einem trockenen „Wuff" zu kommentieren weiß. Wen explizite Feuerstein-Darstellungen schockieren, oder wer nicht mindestens 18 Monate alt ist, dem empfiehlt das Bundesamt für Strahlenschutz (alternativ die FSK) sich schleunigst einen Atombunker zu suchen und... sich mit Feuersteinchens internetten Seiten zu vergnügen! Feuersteins Reisen, bereits erfolgreich von kulturbeflissenen Sendern ausgestrahlt, ein Horoskop (natürlich von Billy erbellt) oder die offizielle Feuerstein-Biografie („bisher nur als Geheimdruck in Zoohandlungen erhältlich") sind Zutaten einer Mixtur, die kein Zwerchfell unbeschadet lassen dürften. Im Stile einer großen deutschen Boulevardzeitung aufgemacht, lockt der etwas andere Österreicher Sie u.a. ins Land erotischer Fantasien, indem er uns zeigt, „wovon Frauen träumen". Die Wahrheit ist auch hier schockierend, aber doch so naheliegend.

Wigalds Welt: Wigald Boning
http://www.boning.de

Wigalds wilde Welt dreht sich seit kurzer Zeit nur noch um das Eine – das Moorhuhn. Seitdem der schrille Entertainer mit der extravaganten Konfektion im Fernsehen nicht mehr so recht zum Zuge kommt, muss er neue Wege beschreiten. Ein Mann, ein Mord: Die virtuellen Tontauben, die glupschäugig daherflattern und zum Abschuss freigegeben sind, haben es dem schlagfertigen Nordlicht besonders angetan. Und so hat unser Mann im Tarnanzug gleich einen ganzen Song dem Federvieh gewidmet, „Gimme More Huhn" lag wochenlang in Charts ganz vorne. So sind denn auch die Flattermänner auf Wigalds Internet-Präsenz überproportional vertreten. Was gut für Bonings Kontostand ist, geht zu Lasten des Humors: Uns gefiel jedenfalls die alte Version seiner Homepage mit Telefonsex-Anbieterin Renate Struse („Ruf mir an!") und ähnlich schrägen Sachen deutlich besser. Aber wenn der Moorhuhn-Boom abflaut und Herr Boning sich anderweitig beschäftigen muss, widmet er sich (hoffentlich) verstärkt der eigenen Domain. Und findet so vielleicht zu alter Klasse zurück....

Mann steht drauf: Chauvi-Seite
http://www.chauvi-seite.de

Ob Herbert Grönemeyer wirklich wusste, von was er in seinem Lied „Männer" sang? „Männer sind einfach unersetzlich" heißt es da. Im Grunde hat er recht. Oder hätte man Ina Deters Postulat von den neuen Männern, die das Land angeblich braucht, zustimmen sollen? Man(n) weiß es nicht. Beziehungsweise: weiß es genau. Nachzulesen auf der Chauvi-Seite, einer Homepage, die vornehmlich (aber nicht nur!) für Männer konzipiert worden ist. Hier bekommt man endlich einmal den Unterschied zwischen Frauen- und Männersprache erklärt: Wenn eine Frau „Ja" sagt, meint sie „Nein"; wenn ein Mann sagt „Ich liebe dich!", meint er „Lass uns f..., jetzt!" Aha, so einfach ist das. Derlei Späße sind mitunter reichlich abgedroschen, doch hält die Site einiges an Kurzweil parat, so z.B. die Sammlung berühmter männlicher Genitalien. Die sind wirklich witzig.

Bildschön: Cool Pix
http://www.cool-pix.de

Nachsicht ist geboten bei Ansicht dieser Bilder: Andy aus Wathlingen bei Celle hat fleißig gesammelt, über 3.300 Bilder zieren seine Homepage. Hier gibt es alles, was es sonst nicht gibt – die besten Momentaufnahmen des Netzes. Bekannte Politiker und andere Persönlichkeiten (zuweilen etwas derangiert), schräge Comic-Passagen und wüste Witze. Microsoft und Bill Gates werden dem branchenüblichen Spott ausgesetzt, vor manchen Rubriken warnen FSK-ab-18-Schilder vor dem Zutritt. Die expliziten Fotodokumente eint das Prinzip des „Humor ist, wenn man trotzdem lacht"; politisch Korrekte sollten diese Site auf jeden Fall meiden. Für Foto-Enthusiasten und manische Versender virtueller Grüße ist es jedoch das reinste Eldorado, hier findet man reichlich Stoff zum Downloaden.

Bergerhoff statt Berghoff: FreitagNachtNews
http://www.freitagnachtnews.de

FNN, dieses Kürzel könnte schon bald Kultcharakter haben. Es steht für FreitagNachtNews, die etwas anderen Nachrichten bei RTL. Begnadete Kalauer sind es, mit denen das Moderatorenteam seine Zuschauer in seinen Bann zieht. Die Moderatoren, das sind (bzw. waren) Anja Bergerhoff, deren heimliche Leidenschaften schnelle Autos, Snickers und Harrison Ford sind, Henry Gründler, dessen dramatischste Fehlentscheidung es war, einen Computer zu kaufen, und Volker G. Schmitz, dessen Lieblingsreiseland die Bluse seiner Freundin ist und der seine gegenwärtige Geistesverfassung „auf mittlerer Höhe" ansiedelt. Alle möglichen Nachrichten, die die Welt zwar nicht braucht, auf die sie aber umso gespannter wartet, kann man auch auf dieser exzellenten Website nachlesen, die sich aber keineswegs mit der Präsentation der besten Sprüche zufrieden gibt, sondern aus dem Vollen schöpft, angefangen mit den Trailern, die beim Öffnen der einzelnen Seite eingespielt werden, bis hin zu kurzen Videoeinspielungen, die von entwaffnender Komik sind. Und wie Frau Berghoff im Ersten, zog auch Frau Bergerhoff im ersten Privaten die Konsequenz und verabschiedete sich. Weswegen jetzt eine Nachfolgerin gesucht wird. Heißeste Kandidatinnen: Uta Orang, Grace Kelle, Frau Zeichnung und Ruth Moschner.

Homepage Chauvi-Seite

K. lauert: Oliver Kalkofe
http://www.fruehstyxradio.de/kalkofe.htm

Der Schrecken aller Volksmusikschunkler hält auch im Netz, was seine TV-Präsenz verspricht: Bissige Kommentare und heftige Seitenhiebe rund ums Medienbusiness. Die Banalität des Alltäglichen wird bei „Onkel Hotte" bis zum absurden Exzess übersteigert, so dass unser Lieblingsscharfrichter bei jedem Schlag, zu dem er ausholt, auch garantiert ins Schwarze trifft. „Fernsehen macht doof!", so die programmatische Aussage, die „Kalkofes Mattscheibe" vorauseilt(e), und Oli K. (Verwechselungen mit noch amtierenden FC-Bayern-Torhütern sind ausgeschlossen!) dringt immer noch in die dunkelsten Tiefen medialer Aborte vor, um seine These bestätigt zu finden. Dass Fernsehen nicht doof ist, verdanken wir nicht zuletzt dem niedersächsischen Wonneproppen, der auch im Internet eine gute Figur abgibt. Möge er auch zukünftig uns mit News aus Absurdistan vortrefflich unterhalten! Alternativ zur genannten Adresse können „Kalkofes letzte Worte" auch unter http://www.tvspielfilm.de abgerufen werden.

Muppetmonstermovies: The Henson Company
http://www.henson.com

Jetzt tanzen alle Puppen, macht auf der Bühne Licht. Macht Musik bis der Schuppen wackelt und zusammenbricht. Ja, jetzt kommt die Super-Muppetshow: Applaus, Applaus, Applaus! Die Lieblinge der 70er- und 80er-Jahre betreten nun auch die virtuelle Bühne. Jim Henson, verstorbener Mastermind der Plüsch-puppen, hat nicht nur die Sesamstraße mit seinen Filz-und-Fell-Figuren berei-chert, sondern auch die anarchistische Puppenshow um Kermit, Fozzy und Miss Piggy kreiert. Auf der Site der Henson-Company finden sich neben den Muppets auch noch weitere, hier zu Lande bislang unbekannte Serienstars ein, so z.B. die „Mopatops" oder der „Bear in the Big Blue House". Dazu gibt es Features zu kom-menden Projekten und Verweise auf die SciFi-Show „FarScape" und den „Ody-ssey Channel". Mit entsprechender Software können auch einige Filmsequenzen angeschaut werden oder am „Muppet Monster Art Contest" teilgenommen wer-den. Kleiner Wermutstropfen: Die Homepage ist rein Englisch verfasst.

Homepage The Henson Company

Four-Letter-Words: Ingo Appelt
http://www.ingo-appelt.de

Der Mann kennt kein Erbarmen: Alles, was Ingo Appelt zum Thema macht, gerät ihm irgendwann in den Bereich, den Intellektuelle gerne verschämt „unterleib-szentriert" nennen. Dass der Kölner Komiker darüber hinaus über ein unglaub-liches Reservoir an Parodien verfügt, geht im allgemeinen Trubel zumeist unter. Der Meister des wüsten Witzes ist natürlich auch im Internet präsent und liefert auf seiner Homepage einige Kostproben seines stilsicher gesetzten „stillosen" Humors ab. Dass sich „Uns Ingo" auch auf den eigenen Seiten nicht von einer an-deren als der bisher gewohnten Seite zeigt, versteht sich von selbst. So startet die Appelt-Page verständlicherweise mit einem von Ingos Lieblingswörtern, und in der Folge erfährt der geneigte User einiges darüber, was man mit dem bösen F-Wort alles anstellen kann. Eine üppige Bildergalerie und eine umfangreiche Bio-grafie dokumentieren den Werdegang des gelernten Konditors und Maschinen-schlossers: Vom ersten Applaus (kurz nach seiner Geburt) bis heute, wo der Mann, der die Haifischflossen-Frisur salonfähig gemacht hat, inzwischen ganze Stadien füllt. Verdienter Lohn: Seit Kurzem ist er mit eigener Show auf Pro 7 vertreten.

Verbale Flachpässe aus der Tiefe des Raunens: Late-Net-Show
http://www.late-net-show.de

Late Night Show war gestern, Late-Net-Show ist heute. Die Websendung mit den heißen Moderatoren, die leider nur schemenhaft zu erkennen sind, nimmt sich der wirklich wichtigen Fragen der Gegenwart gewissenhaft an. Fußballkaterstimmung in Deutschland? Nicht doch, dafür hat man die LNS. Hier geht's zu Sache, da wird kein Zweikampf gescheut und manngedeckt, schließlich dauert ein Spiel ja 90 Minuten und die Sendung runde 20. Um die Zeit zu nutzen, verbreiten die beiden Namenlosen pausenlos gute Laune, der – wie es im Fußball nun mal so ist – zwischen Welt- und Kreisklasse schwankt. Da findet so mancher verbale Flachpass aus der Tiefe des Raunens keinen Abnehmer. Nebenbei zeigen die Sportfreunde den Netizens die besten Websites zum Thema, wobei die Auswahl gnadenlos subjektiv ist und nur unter Comedy-Gesichtspunkten erfolgt. Wem der Sport nicht zusagt, findet anderweitig Themen zur Erbauung: Furzen, rülpsen, Liebe und Tiere im Netz, kurz: Trash (so auch der Titel der fünften Sendung). Seit Anfang Juni geistern die Plaudertaschen durch die Webwelt, demnächst auch auf Ihrem Screen.

Abschied von gestern: Michael Mittermeier
http://www.mittermeier.de
„Zapped" war gestern, „Back to Life" ist heute: Michael Mittermeier kommt mit neuem Programm und neuer Website. Die Click-Rates dürften schon jetzt das Normalmaß um ein Vielfaches übersteigen, gemessen an den Verkaufszahlen von Michis neuer Tournee. Im Februar gastierte er rund zwei Wochen in Köln: ausverkauft. Danach das Heimspiel in München, ebenfalls über mehrere Tage: ausverkauft. A-U-S-V-E-R-K-A-U-F-T!!! Was dem hyperaktiven Comedian mit den funny bones neben den Bocksprüngen und Verrenkungen auf der Bühne auch einige Freudensprünge entlockt haben dürfte. Der Mann hat es verdient, schließlich ist das neue Programm genauso gut wie sein Vorgänger, nur dass sich der Gagfex diesmal vom angestammten Sujet – dem Medium Fernsehen – entfernt, und mehr gesellschaftliche Beobachtungen in den Mittelpunkt seiner schrägen Revue stellt. Wer die Gelegenheit hat, sollte einen Live-Auftritt des Bajuwaren auf keinen Fall verpassen, denn allein seine Anmerkungen zu Fußballprofis und ihren Sexualgewohnheiten forcieren Lach-Flashs. Denjenigen ohne Karten sei diese Homepage wärmstens empfohlen.

Homepage Michael Mittermeier

Nussknacker im Maßanzug: Jay Leno's Tonightshow
http://www.nbc.com/tonightshow
Die Sommerpause ist nirgends langweiliger als im Fernsehen: Olle Kammelen werden zum x-ten Mal hervorgekramt und dem abgestumpften Fernsehvolk als „Tipp des Tages" serviert. Die Comedyshows bilden da keine Ausnahme: Harald S. fährt in die Ferien, Stefan Raab sonnt sich nicht im eigenen Glanz, sondern

ganz woanders und Bully liefert eine Zusammenfassung seiner bisher geleisteten Arbeit. Zeit, sich anderweitig umzusehen. Der Fernseh-Gott hat ein Einsehen und liefert das sowieso viel bessere Original zu den teilweise recht blassen Kopien im deutschen Seicht-TV: Jay Leno. Der Mann mit dem Nussknackerkinn hat einen noch schärferen Witz als Dirty Harry und Metzgermeister Raab zusammen, was er allabendlich bei NBC unter Beweis stellt. Der gelernte Automechaniker hat es so zum Superstar unter den Late-Night-Talkern gebracht, weit abgeschlagen rangieren David Lettermann und Conan O'Brien auf den Plätzen. Weswegen sich die wahren Fans schon seit Längerem um Leno scharen. Auch im Web ist der Anarcho-Komiker mit den Maßanzügen einen Klick wert: Die Highlights der vergangenen Sendung(en) und alles Wissenswerte rund um die Tonightshow findet sich unter dem virtuellen Dach von NBC versammelt. Schlicht in der Aufmachung, ätzend hinter der Fassade. So gesehen ist nur noch die Bundesliga-Sommerpause langweiliger....

Nuhr mal so ...: Dieter Nuhr
http://www.nuhr.de
Neulich wurde er schon als der „George Clooney der deutschen Comedy" angekündigt. Das so beschriebene lecker Kerlchen ist „gelernter" Kabarettist, der nach der Ochsentour durch Gemeindehäuser und Jugendfreizeitheimen nun mittlerweile zu verdientem Starruhm gekommen ist, und sich folgerichtig verstärkt der „Comedyzialisierung" zuwendet: Die Rede ist von Dieter Nuhr. Tagtäglich stürzt sich unser Mann fürs Feine im Groben in das waghalsigste Abenteuer unserer Zeit, genannt „Leben". Das Schöne ist: Nuhr findet immer was, worüber es sich zu referieren lohnt. Sei es Tour-Tagebuch oder Turnschuhkauf, Tourneedaten (stets aktualisiert) oder sein Trauma, nicht mehr hip zu sein. Um dieser einschneidenden Lebenserfahrung des selbsternannten „alten Sacks" (kurz vor 40!) vorzubeugen, bittet er seine Fans, ihm doch zu mailen. Und allein die elektronische Post bietet ausreichend Stoff für ein neues Programm. Das alles nuhr mal so, nuhr am Rande....

Auspack und freu: Pommesbu.de
http://www.pommesbu.de
Wer im Internet-Chinesisch schon die Krise bekommt, der fällt bei Gebrauchsanleitungen – vornehmlich aus Fernost – erst recht von einer Verlegenheit in die nächste. Gerade erst hat man sich an die kryptischen Beschreibungen skandinavischer Möbelhersteller gewöhnt, schon muss man seinen neuen DVD-Player oder die Mikrowelle für 69.90 DM installieren. Was nach dem Studium der Bedienungsanleitung unendlich schwierig erscheint. Kleine Kostprobe? Bei einem Nadeldrucker muss man nur *„Fur eine gefallige Einlauf die Papiere halten die Papier einwege streng gerade aüs nd drucken si der Taste TOF. Falls nicht gefallige Einlauf die Papiere dann schalten aüs die Drückerei nd drehen der Handrad invers in Direction von Einlauf die Papiere. Dann schalten on die Drückerei und wiederhole die ProzeB."* Alles unklar? Kein Problem, dafür ist die Pommesbu.de da: Die Initiatoren sammeln nicht nur Stilblüten der Konsumgesellschaft, sie werten diese sogar aus. Uns hat am besten der Auftaktsatz zur Beschreibung eines Weihnachtskerzenansteckers gefallen: *1. Auspack und freu.* Tun wir: Wir freuen uns über eine äußerst kurzweilige Site.

Lachmuskel-Zerrung: Promis.de.cx
http://www.promis.de.cx
Eine Zerrung der besonderen Art erwartet die Amüsierwilligen auf dieser Homepage: Hier kann man Prominente aus Politik, Sport und Unterhaltung bis zur Kenntlichkeit verzerrt betrachten. Oder selber verzerren. Das Prinzip folgt den Zerrspiegeln, wie man sie vom Jahrmarkt her kennt. Die Ergebnisse sind absolut sehenswert: Pamela Anderson mit Übergewicht, Rudolf Scharping als schnellster Nager Deutschlands oder Helmut Kohl – noch birnenförmiger als zu aktiven Spendenzeiten. Zwei Slideshows zeigen die Möglichkeiten an neuen Perspektiven, wer möchte, kann selbst ins Geschehen eingreifen und seinem Lieblingspromi ein neues Profil verschaffen.

Gelbe Gefahr: Die Simpsons
http://www.prosieben.de/simpsons

Bei Pro 7 ist der Bart noch lange nicht ab. Beziehungsweise weg: Die Rede ist von Bart Simpson, einem Mitglied der wohl populärsten Zeichentrickfamilie der westlichen Hemisphäre. Was die chaotischen Quälgeister dieser absolut durchschnittlichen, amerikanischen White-Trash-Sippschaft auch anstellen, sie können gewiss sein in den USA, Deutschland und anderswo auf rege Gegenliebe zu stoßen. Die Simpsons sind Kult und sorgen zu Recht für hohe Einschaltquoten. Die Fans von Bart, Maggie, Homer & Co versüßen sich die Zeit des Wartens auf den nächsten Sendetermin zuweilen mit einem Ausflug ins Internet, wo der Clique unter dem Dach von Pro 7 eine eigene Homepage eingerichtet wurde. Was die Massen elektrisiert, findet sich hier in komprimierter Form. So z.B. die für Fans unabdingbaren Antworten auf alle Fragen („Ist Smithers homo- oder bisexuell?") oder wichtige Fakten, Fakten, Fakten. Wie die Tatsache, dass nur hier – weltexklusiv – Maggie ihr Schweigen bricht und die darbende Gemeinde mit Familieninterna aus „742 Evergreen Terrace, Springfield NT49007 USA" bestens versorgt. So sorgt die gelbe Gefahr für Anarcho-Spaß in bundesdeutschen Wohnzimmern.

Homepage Pommesbu.de

Maschendrahtzaun: TV total
http://www.tvtotal.de

Darauf hat die Nation gewartet: TV total goes online! Heim(seiten)leiter Stefan Raab ist mit seiner zum Kult avancierten Sendung der Einzige, der Harald Schmidt ernsthaft Konkurrenz machen kann. Doch innerhalb der „Senderfamilie" wird so etwas geräuschlos geregelt, so dass die Zuschauer demnächst montags bis freitags die volle Dosis Comedy bekommen - zu unterschiedlichen Sendezeiten! Dem gelernten Metzgermeister mag niemand so recht böse sein, auch wenn Regina Z. mittlerweile mit den Nerven am Ende ist (die Medien berichteten ausführlich). Die Dame bescherte uns eine Renaissance der Countrymusic in Form eines Nummer-eins-Hits namens „Maschendrahtzaun", dargeboten von Stefan Raab und Truck Stop. Nicht der erste Schlager, der die Produktionsstätte der „Metzgerei Raab" erfolgreich verließ: Der TV-Clown machte schon die „Ö La Paloma Boys" zu Popstars und komponierte als „Alf Igel" Guildo Horns Festivalbeitrag „Piep, piep, piep", bevor er dieses Jahr selbst als Spontifex in den Ring stieg, um beim Schlager-Grand Prix Deutschland würdig zu vertreten. Alles nachzulesen (und vor allen Dingen zu hören) auf der Website des Kölner Spaßmachers, wo sich neben Highlights wie „Raab in Gefahr" (wir sagen nur: Zoo) und der „Bürgy-Initiative" alle Faxen aus den bisherigen Sendungen versammelt finden. Wer derzeit zwischen Montag (Ausstrahlung) und Samstag (Wiederholung) seine tägliche Fun-Dosis braucht, kommt um einen Besuch im virtuellen TV-Studio von TV total nicht herum.

Die Drei von der Zankstelle: Mitternachtsspitzen
http://www.wdr.de/tv/mitternachtsspitzen

Kabarettisten gehören in einer durch und durch comedyzialisierten Welt zu einer aussterbenden Spezies. Das harte Brot, das (z.T. im Halse stecken bleibende) Gelächter des Publikums, ist immer schwieriger zu verdienen – zumal das Fernsehen keine Anstalten macht, um attraktive Programmplätze für Scharf-züngiges frei zu räumen. Eine Sendung hat überlebt: die Mitternachtsspitzen des WDR. Auch im Web tritt Moderator Jürgen Becker dickbebrillt als kölscher Heimathirsch vor die Zuschauer, um seine Beobachtungen aus dem „Biotop für Bekloppte" kund zu tun. Wer hier nicht mitkommt, kann im „Lexikon" nach-schlagen, um auf dem Laufenden zu bleiben. Stets an seiner Seite: Wilfried Schmickler, der als notorischer Schreihals verbale Nackenschläge nicht nur an Parteispender verteilt. Der Dritte im Bunde ist kein Geringerer als Herbert Knebel, die nölende Rentner-Primadonna aus dem Ruhrpott. Und als wäre das nicht ge-nug, laden sich die Drei von der Zankstelle auch noch Gäste ein, die dem kaba-rettistischen Menü die nötige Würze verleihen. Geschmacksrichtung: scharf, aber unterhaltsam.

Homepage Mitternachtsspitzen

Beste Wohngemeinschaft Deutschlands: Zimmer frei!
http://www.wdr.de/tv/zimmer.frei

Bei den Öffentlich-Rechtlichen blüht so manches zarte Pflänzchen im Verborgenen. Die WDR-Sendung „Zimmer frei!" ist ein solcher Exot: Jahrelang fri-stete die telegene Wohngemeinschaft ein beschauliches Dasein im Schatten der Quoten. Doch mit zunehmender Verkabelung und dem Fortschreiten des Satelliten-Fernsehens wächst auch die Fangemeinde der schrägen Show. Ange-führt von Herbergsvater Götz Alsmann, der moderatorischen Allzweckwaffe mit dem Charme und Humor eines abgeklärten Zynikers per excellence, und der hin-reißenden Christine „Baby wann heiratest Du mich?" Westermann müssen jeden Sonntag zu später Stunde prominente Kandidaten sich als WG-tauglich erwei-sen. Grundvoraussetzungen: Man muss austeilen (Gesangseinlagen, wahlweise Tanzperformance) und einstecken (essen, trinken, Götz' Sprüche) können. Dann darf man mit Christine das anvisierte Zimmer teilen und muss sich dem Bilderrät-sel stellen. Zwischendurch schaut schon mal die nervige Nachbarschaft vorbei (Frau Hülschrath!), und wenn man gar zu hüftsteif agiert hat, dann gibt's vom

Publikum zum Schluss die Rote Karte: kein Zuzug möglich. Hier steht auch nachzulesen, wer die nächsten Promis sind, die sich um einen Platz in der besten Wohngemeinschaft Deutschlands bewerben.

Danke, Anke!: Die Wochenshow
http://www.wochenshow.de

Aus und vorbei, kein Dankeschön, kein „Auf Wiedersehen": Anke Engelke ist aus der Viererbande der Wochenshow entlassen, auf Ricky's Popsofa räkelt sich nun Annette Frier (schöner Imperativ!) als Sabrina aus dem Big-Brother-Haus. Nicht schlecht, aber nur halb so gut wie das, was Deutschlands Comedy-Queen Nummer eins zu bieten hatte. Der Rest der coolen Combo ist aber nach wie vor dabei, und so heizen uns Moderator Ingolf Lück (Thommy Gottschalk immer eine Nasenlänge voraus) sowie die netten Pummelchen Bastian Pastweka und Markus Maria Profitlich ordentlich ein. Immer am Wochenende, immer zur besten Sendezeit, immer im Kuschelsender Sat.1. Oder heißt der jetzt Sat.1ja!? Egal. Sollte einmal Sommer- oder Winterpause sein, Herbststürme oder Frühjahrsputz anstehen, so sind die Spaßmacher aus dem Kölner Capitol immerhin noch durch „Wochenshow-Classics", „Wochenshow-Kult-Classics" oder „Wochenshow-Kult-Classics-Spezial" präsent. Im Internet kann man die Comedians rund um die Uhr betrachten, ohne lästige Werbepausen und mit reichlich Hintergrundinfos bestückt.

Öfter mal was Neues: Die Harald Schmidt Show
http://www.wogehobeltwirdfallenspaene.de

Der Titan der Unterhaltung ist im Netz ein kleines Licht. Trotz steten Bekundens, dass die Slashs seine Welt seien, hat es Monate gedauert, bis man Harald Schmidt allein die Funktion des Doppelklicks erklärt hatte. Jetzt kann man sich von den Computerkünsten des Lästermauls selber überzeugen, denn die relaunchte Website der Schmidt-Show bietet nun auch den Service einer WebCam. Die hängt mal am Kaffeeautomaten, mal im Büro des neuerlichen Fußgängers (Schmidts Audi A8 ist geklaut worden!). Weiterhin neu: Man kann jetzt im Web schon vor der Ausstrahlung der Sendung die Highlights daraus begutachten – schneller geht's nimmer. Apropos „schnell": Der Talkmaster war einer der ersten, der sich für die Inder stark gemacht. Die personifizierte Greencard heißt Mr. Singh und verkündet allabendlich die Adressen lohnenswerter Websites. Und während des Seitenumbaus hat uns Mr. Singh auch eindrucksvoll gezeigt, wo der Hammer hängt. Viele Wege führen zu Dirty Harry: wem die oben genannte Adresse zu lang erscheint, hat die Möglichkeit sich unter http://www.schmidt.de oder http://www.harald-schmidt-show.de einzuloggen. Mittlerweile weiß selbst der letzte schwäbische PC-Legastheniker, wie das geht.

Mann der tausend Masken: Olli Dietrich
http://www.zdf.de/unterhaltung/olli

Der Mann der tausend Masken hat eigentlich ein ganz harmloses Gesicht. Und dennoch kann er sich öfter verstellen als Tom Cruise in „Mission Impossible". Sei es als „Dr. Holz", der Arzt, dem niemand vertraut, oder als „Zuhälter Hansen", den die Alltagsprobleme schier erdrücken, der aber stets die passende Küchenphilosophie parat hat oder als irgendein x-beliebiger Prominenter, wie z.B. Rudolph Moshammer. Der Mann, der anderen Profil verleiht, heißt Olli Dietrich und ist Comedy-erprobt. Als „gelernter" Stand-up-Comedian tingelte er einst durch die Lande, bevor die RTL-Samstagnacht-Show zum Mega-Erfolg wurde, in deren Fahrwasser er zusammen mit seinem kongenialen Partner Wigald Boning als Blödelduo „Die Doofen" Karriere machte. Nach seinem Außenreporterdasein für „Wetten, dass..." hat das ZDF Olli jetzt seine eigene Show gegeben, wo er das Prinzip des „Zwei Stühle – eine Meinung" leicht variiert genüsslich auswalzen kann. Dietrich in immer neuen Masken zu sehen ist schon eine wahre Augenweide mit garantierter Lachmuskelzerrung, zumal der Komiker einigen Figuren immerwährenden Platz (s.o.) einräumt. Die Webpage zu „Olli, Tiere, Sensationen" verwöhnt Dietrichs Anhängerschaft mit Porträt und Interview des Künstlers und natürlich mit zahlreichen Ausschnitten aus der Sendung.

Meinungsfreiheit: 20 Minuten Köln
http://www.20minutenkoeln.de

Ende vergangenen Jahres erlebte die Stadt Köln einen noch nie da gewesenen Pressekrieg. Schritt eins: Der schwedische Verlag „Schibsted" schickte eine kostenlose Postille an den Start, die den klangvollen Namen „20 Minuten" trug (und immer noch trägt). Viel länger, so impliziert es der Titel, brauche der Leser kaum für die Lektüre dieses Boulevardmagazins. Die zweite Runde der Auseinandersetzung wurde dann von den arrivierten Verlagsanstalten eingeläutet, die Springer-Presse und der Kölner EXPRESS verteilten Gratis-Blätter und übten sich im Schulterschluss, um gegen die schwedischen Yellow-Press-Invasoren juristisch vorzugehen. Den nächsten Schlagabtausch bildete somit ein gerichtliches Intermezzo, das vorläufig mit einem Urteil zugunsten der 20 Minuten ausfiel. Womit wir beim Status quo wären: „20 Minuten" wird weiterhin kostenlos verteilt, die Etablierten schäumen vor Wut und das Grundrecht auf Meinungsfreiheit erfuhr Bestätigung von höchster Stelle. Wir sehr die kecken Skandinavier die Alteingesessenen irritieren zeigte die Schlagzeile des EXPRESS am Tag nach Urteilsverkündung: „Was nex koss, ess nex" röhrte der Platzhirsch von der Titelseite. Auf Hochdeutsch: „Was nichts kostet, ist nichts." Was von der Verkennung der Sachlage zeugt, denn schließlich gewinnt man über Inhalte seine Leserschaft. Der Rest der Republik amüsiert sich über ein Modell, das Schule machen könnte – demnächst vielleicht in Ihrer Großstadt.

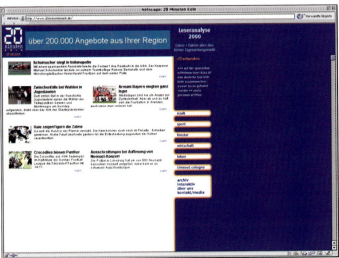

Homepage 20 Minuten Köln

Web-Währung: Beenz
http://www.beenz.com

Das Jahrtausend geht, der Euro kommt – wenn auch mit Verzögerung. Doch was kommt nach dem Euro? Bohnen vielleicht. Keine blauen Bohnen, auch keine echten, sondern virtuelle. Die Hülsenfrüchte dienen schon jetzt in vielerlei Hinsicht als Währung. In Großbritannien sind die kleinen roten Dinger der Renner, funktionieren sie doch wie neuzeitliche Rabattmarken: Man surft durchs Web, probiert hier, nascht dort, testet und kauft überall da, wo das Beenz-Symbol zu finden ist. In der Kitney-Währung, versteht sich. Der „Bohnus" wird vom Beenz-Konto abgebucht, das man vorher in der Beenzworld eingerichtet hat. 100 Beenz gibt's als Startkapital, bei jedem Kauf kann man sein Bohnen-Kontigent aufstocken. Die Site lohnt nicht allein der Bohnen wegen, sondern besticht in der Flash-Version durch ihre bezaubernde Clip-Ästhetik, untermalt von einem wunderbar kaputten Heimorgel-Sound. Wen das alles nicht die Bohne interessiert, der kann natürlich weiterhin nach seinem Gusto shoppen.

Nicht gekifft und aufgepasst: PDS
http://www.bekifftficken.de

Das Rennen um den beklopptesten Domainnamen ist entschieden. Sieger: die PDS. Unter der obszönen Adresse bekifftficken.de raten einem die „roten Socken" (und ihre Partner im Netze), nicht „den gleichen Fehler wie die Jungliberalen" zu machen, und sich um seine Domains zu kümmern – und „mögen sie noch so bescheuert sein...". Hintergrund: Die „JuLis" Schleswig-Holsteins, also der regionale Nachwuchs der FDP, haben unter der Domain http://www.bekifftficken.de ein Kampagne unter dem programmatischen Titel „Lieber bekifft ficken als besoffen fahren" initiiert, in deren Verlauf man erfährt, dass sich die JuLis obszön-populistisch für die Legalisierung so genannter „weicher Drogen", sprich: Cannabis/Marihuana, einsetzen. Nur vergaßen die eifrigen Drogen-Ritter von der liberalen Gestalt, sich alle ähnlich klingenden Domainnamen schützen zu lassen. Was sich die wendigen Propagandisten der PDS umgehend zunutze machten und diese gleichlautende Adresse ins Web stellten, die dann umgehend zur Homepage der PDS führt. Hätten die JuLis nicht so viel gekifft, wäre ihnen dieser Fauxpas nicht passiert.

Ten years after: Chronik der Wende
http://www.chronik-der-wende.de

Eine trimediale Begegnung der historischen Art erwartet Sie in der „Chronik der Wende". Radio, Fernsehen und Internet widmeten sich auch nach dem zehnten Jahrestag des Umbruchs der geschichtlichen und kulturellen Entwicklung vor und nach dem Fall der Mauer. Biografien der wichtigsten Persönlichkeiten, zahlreiche erhellende Schrift- und Tondokumente und ein Nachschlagewerk zum Thema DDR sind nur einige Features, die durchstöbert werden wollen. Und nun ein kleiner Test, um einmal zu sehen, ob Sie bereits Bescheid wissen in Sachen Wende: Wer oder was war KoKo? Wofür stehen die Abkürzungen IFM, NF, DJ (nein, nicht das, was Sie denken) und was ist ein Zehn-Punkte-Plan? Na, durchgefallen? Macht nichts, nehmen Sie sich doch einfach die Zeit, Ihr Wissen via Internet aufzufrischen und besuchen Sie die Chronik der Wende.

Fach-Chinesisch: Cyberslang.de
http://www.cyberslang.de

Es gibt nicht wenige Zeitgenossen, die verstehen im Internet nur Bahnhof. Und wollen es nicht zugeben. Für die anonymen Bahnhofsversteher naht Rettung in Form von cyberslang.de. Dieses Lexikon des Web-Chinesisch klärt unmissverständlich über Missverständliches auf. Besonders die Chatter unter den Ratlosen finden hier ihr Eldorado: Endlich einmal jemand, der einem erklärt, was die elektronische Brieffreundin mit „plz" meint, was das kleine „nc" vom großen „NC" unterscheidet oder was „ZIP" überhaupt bedeutet. Schön informativ, die Site. Noch besser wäre sie, wenn sie von der Pike auf die Begriffe erläuterte. Zum Beispiel, was die „Newsgroup" vom „Newsletter" unterscheidet, warum eine „Mail" mit „Mehl" herzlich wenig gemein hat usw. Doch auch hier gibt's Hilfestellung: Lösungsvorschläge können an die Cyberslang-Redaktion gemailt werden.

Richtungsweisende Synchronisation: Datango
http://www.datango.de

Giga ist heute. Und was kommt morgen? Klar: Datango, denn das Internet muss nicht mehr, dank rasanter Entwicklung im Segment „Software" und steigender Übertragungsraten, in seine medialen Bestandteile gesplittet werden. Datango fusioniert viele, wenn auch (noch) nicht alle Publikationsformen des Netzes, wie beispielsweise Portal, Fernsehen, Radio, Suchmaschine und Mailserver. Das Informationsspektrum reicht von Musik über Shopping bis hin zu Entertainment. Soweit also nichts Neues. Innovativ ist allerdings die Art und Weise, mit der die Link-Tipps samt fundierten Erklärungen und Hintergrundinformationen dargeboten werden. Denn bei Datango führen so genannte „Webjockeys" durch das

Programm, die nach dem Download des Datango-Players im unteren Bereich des Internet-Explorers auftauchen. Nehmen wir einmal an, Sie möchten Näheres zum Thema „MP3" erfahren. Kein Problem, einfach den entsprechenden Begriff anklicken, entspannt zurücklehnen und schon begrüßt Sie WJ Claudia, die sowohl visuell als auch auditiv durch das MP3-Programm führt. Sie zeigt zunächst die besten Homepages, Downloadseiten mit diversen MP3-Playern und selbstgebaute MP3-Files. Absolut reibungslos funktioniert das Ganze zwar noch nicht, allerdings hat die Datango-Crew schon jetzt so gute Arbeit geleistet, dass ein entsprechender Award-Hagel nicht ausbleiben wird.

Blick zurück nach vorn: ZEITgeist – Abteilung 70er-Jahre
http://www.debatte.zeit.de
Wer weiß noch, dass der Samstagabend ab 20:15 Uhr („Wetten dass?" mit Frank Elstner) zum Treffpunkt einer ganze Generation wurde? Wer erinnert sich daran, dass dienstags die erste wöchentliche Seifenoper lief („Dallas")? Wer kann die Mitglieder der Barbapapa-Familie auswendig aufzählen? Wer hat damals schon über die Witze von Stadler und Waldorf in der „Muppets Show" gelacht, obwohl man die erst Jahre später richtig kapiert hat? Wer kennt die Langnese-Sorten „Brauner Bär" oder „Grünofant" noch im Originalgeschmack? Und wer hat mit Pril-Blumen die Fliesen der elterlichen Küche übersät? Wer häufiger „Ich!" oder „Ja!" gerufen hat, gehört wahrscheinlich einer „weißen Generation" an: Jener Generation nämlich, die – eingepfercht zwischen X und @ – sich nun rückbesinnt. Nachdem in den 90er-Jahren der Retro-Look der Seventies Wiederauferstehung feierte, scheint zu Beginn des neuen Millenniums die Zeit der 80er gekommen zu sein. Parallel erscheinen mehrere Bücher, die den „Zeitgeist", ein Schlagwort jener Jahre, re-inthronisieren, wobei das Werk von FAZ-Redakteur Florian Illies („Generation Golf") am besten zur Introspektion taugt. Die aufregende Debatte der Um-die-30-Jährigen kann man derzeit im Forum der ZEIT verfolgen, dort sind auch zahlreiche Hinweise auf andere verschollene Popkulturgüter der glamourösen Ära zu finden.

500.000 Mark für eine gute Idee: Deutscher Zukunftspreis
http://www.deutscher-zukunftspreis.de
Der Preis des Bundespräsidenten für Technik und Innovation (von Roman Herzog 1997 ins Leben gerufen) ist mit jährlich 500.000 DM dotiert und zählt damit volumenmäßig zu den bedeutendsten Preisen der Welt. 1997 ging der Preis an den Laser-Spezialisten Christhard Deter aus Gera; 1998 wurde Peter Grünberg für seine Arbeiten im Bereich „Magnetische Schichtstrukturen" (wichtig auch für Ihre neue Festplatte oder die neue DigiCam) ausgezeichnet. Der Preisträger diesen Jahres wird Anfang Dezember bekannt gegeben, mehr verraten wir vorerst nicht. Beim nächsten Mal: einfach reinschauen und mitmachen!

Buchstabensuppe auslöffeln: DUDEN
http://www.duden.de
Liebbe FAZ: Wir können nicht fastehn, warum ihr oich so aufreekt. Ist doch alles klaa mit der Rechtschraibrefoam, oder?!? Dass ihr jetzt auf einmahl auf den Backtotherootstrip (mit einem „P" oder mit zwein?) ferfallt, ist schon ein staakes Stück. Wo doch alle ganz genau wissen, wie sie was zu schraiben haben. Alles ist seitdehm einfacher geworden: man schreibt zusammen, was zusammengeschrieben werden muss und auseinander, was auseinander geschrieben werden muss. Logisch, oder? Nicht? Na ja, macht nix. Schreiben wir halt alles wieder so wie vorher. War ja auch schön, das „Daß" mit Esszett. Nur: Habt ihr euch überlegt, was ihr der armen DUDEN-Redaktion damit antut? Die Damen und Herren sitzen schon jetzt mit Schweißrändern unter den Achseln in ihren Büros und harren der Dinge, die kommen werden. Präziser: Um anderer Leute Buchstabensuppe auszulöffeln. Was kommen kann? Nun ja, entweder steht (besser: schreibt) ihr solitär und gefallt euch in der Rolle als Märtyrer, oder ihr erhaltet Unterstützung von anderer Seite. Die ersten Umfragen, wenn auch nicht repräsentativ, geben euch scheinbar recht, zeigen sie doch, dass der Trend in Richtung Beibehaltung der alten Schreibweise weist. Vielleicht ist alles auch nur euer

Beitrag zum diesjährigen Tanzwettbewerb ums goldene Sommerloch. Schließlich gilt: Wer schreibt, der bleibt.

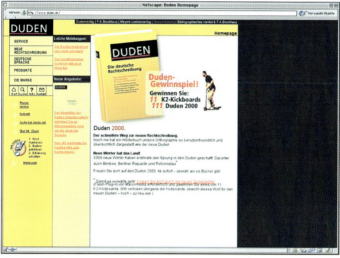

Homepage DUDEN

Schöne neue Wirtschaft: econy
http://www.econy.de
Die Geschichte von econy, dem glanzvollen, nicht mehr ganz neuen Wirtschafts-blatt, ist hinlänglich bekannt. Nach einigem Murren und Zurren liegt das Magazin nun direkt in den Händen der Macher, die es vor dem „vernichtenden Zugriff" der Besitzer angeblich gerettet haben. Das Blatt ist trotzdem toll gemacht. Und die einfach sensationell klar und luftig gestaltete Website ebenfalls. Man möchte sich zurücklehnen und sagen: So muss es sein. Aber schauen Sie selber nach und teilen Sie unsere Hoffnung, dass dieses Blatt noch möglichst lange überleben soll, nicht nur wegen der erfrischenden Texte, der blitzenden Fotos und der at-menden Grafik, sondern auch wegen des Webauftritts, der vom selben Geist be-seelt ist.

Alles relativ: Das Einsteinforum in Potsdam
http://www.einsteinforum.de
Wer Gary Smith, den wettererprobten Chef des Einsteinforums in Potsdam kennt, weiß nicht, was er mehr bewundern soll: Die Geduld, mit der er seit vielen Jahren dieses Forum leitet, das Ingenium, mit dem er Monat für Monat eine Vortrags-und Diskussionsreihe auf die Beine stellt, die in diesem Lande ohne Vergleich ist – oder die Inspiriertheit, mit der er für die deutsch-jüdische Verständigung und Versöhnung buchstäblich ackert. Dieses nach Albert Einstein benannte Forum präsentiert nun auch im Internet sein Programm und gibt zugleich Auskunft über seine Kooperationspartner und freundlichen Förderer. Wer trotz des Schaums dieser Tage nach wahrhaftiger Geistesnahrung sucht, der findet sie hier in Hülle und Fülle.

Chronik der Spende: Frankfurter Rundschau Online
http://www.fr-aktuell.de/fr/spezial/cdu/index.htm
Die schwarzen Riesen haben keine weiße Weste mehr und sind mittlerweile zu armen Würstchen mutiert: Die CDU hat die deutsche Nachkriegsgeschichte um eines der unappetitlichsten Kapitel bereichert, die Nation wartet stündlich auf neue Schreckensmeldungen aus Berlin oder Hessen. Don Kohleone, Schäubletto und Kantherini haben jene Konsequenzen ziehen müssen, die Roland Koch in Hessen noch vor sich hat: Sie mussten von einigen ihrer Ämter oder Mandate zu-

rücktreten. Die Partei wandelt zwar noch nicht am Rande des Ruins (dafür sorgen allein schon die verschwundenen Millionen), doch muss sie drakonische Geldbußen befürchten (Thierse sei Dank!), zur Debatte stehen dabei 41.387.887,42 DM. Die Chronik der Spende ist im Internet bei der Frankfurter Rundschau vortrefflich dokumentiert, hier kann man nachlesen, wie Walther Leisler „Kiep smiling" sein Lächeln verlor, in wessen Auftrag Brigitte (Woooolfgang!) Baumeister welche Kuverts entgegengenommen und an wen weitergeleitet hat und was schwarze Koffer und schwarze Konten verbinden. Die chronique scandaleuse ist zudem mit sämtlichen Kommentaren und Fußnoten versehen – eine Spende, die der interessierten Öffentlichkeit gut tut. Die Namen der Spender halten wir jedoch geheim. Ehrenwort!

Männer sind Schweine?: Ganze Kerle
http://www.ganzekerle.de
Als Herbert Grönemeyer Anfang der 80er sich die Frage stellte, was einen Mann auszeichnet und wann man ein Mann ist, wurde zwar die Popwelt um ein Stück Musik bereichert, die Kernfrage(n) aber nicht beantwortet. Ein Stück weit Aufklärung versucht Dr. von Büren mit seiner Initiativsite zu betreiben: Hier werden essentiell männliche Probleme aufgegriffen und hinsichtlich ihrer soziokulturellen und medizinischen Aspekte durchleuchtet. Keine bloße Aneinanderreihung gängiger Klischees, sondern eher eine heiter-wissenschaftliche Auseinandersetzung rund um Männlichkeit und ihre Rituale. Ob Penistuning, Intimrasur, das allseits kontrovers diskutierte Im-Stehen-Pinkeln oder Infos rund ums Testosteron: Http://www.ganzekerle.de legt Schicht für Schicht die männliche Psyche frei und vermittelt ein neues Bild vom unbekannten Wesen namens Mann.

Homepage Ganze Kerle

James Bond, verzweifelt gesucht: Government Communications Headquarters
http://www.gchq.gov.uk
Kein Aprilscherz: Agenten Ihrer Majestät haben im Frühjahr diesen Jahres ein Laptop mit unglaublich geheimen Geheimdaten und Zugangscodes in der U-Bahn vergessen. Da durfte sich jeder Hacker in und um Großbritannien die Hände reiben.... James Bond wäre so etwas nicht passiert, weswegen seine Dienststelle nun auch verstärkt zu anderen Mitteln greift, um leere Flaschen von richtigen Top-Agenten zu unterscheiden. Was läge da näher, als das Ganze per Quiz via Internet zu veranstalten. Hört sich lustig an, ist es aber gar nicht. Es gilt nämlich, aus einem Wust von Informationen einen Code herauszufiltern und zu knacken. Bislang hat es erst eine Handvoll Hoffnungsvoller geschafft, das Rätsel zu lösen. Ein wei-

terer geschüttelter Martini-Tropfen: Die Lizenz zum Rätseln erhalten alle, genommen werden hinterher nur Briten.

Kummer gewohnt: jetzt - Magazin der Süddeutschen Zeitung
http://www.jetzt.de
Herr Kummer, wie definieren Sie eigentlich Journalismus? „It's all entertainment and you know it." Aha, das heißt im Klartext, dass Sie es mit der Wahrheitsfindung nicht ganz so genau nehmen und zur Not auch mal ein Interview erfinden, um den Glamourfaktor zu erhöhen? „Im Mediensystem Hollywoods werden kleine Schummeleien gerne akzeptiert." Das stammt doch aber nicht von Ihnen, sondern ist ein kläglicher Rechtfertigungsversuch seitens der SZ-Redaktion? „Es ist eine neue Form der Konzeptkunst". Dazu hat sich auch schon ihr Chefredakteur Ulf Poschardt bekannt. Doch wie weit darf solcher „Borderline-Journalismus" gehen? „Diese Frage ist mir zu eindimensional. Jedenfalls sind meine Interviews ein Werk der Montage, für das ich mich verschiedener Quellen bedient habe. Im neuen Journalismus sind die Grenzen zwischen Non-Fiction und Fiction fließend." Diese Montagetechnik war allen Beteiligten bekannt? „Ich gehe davon aus, dass die Leute wissen, was sie tun, wenn sie mit mir in Kontakt treten." Sehen Sie sich als Journalist? „Ich begreife mich eher als Literat." Wir danken für das Gespräch. PS: Dieses Interview hat nie stattgefunden. Es wurde aus Artikeln des SPIEGEL und der Süddeutschen Zeitung montiert.

Unser virtuelles Dorf soll schöner werden: Steinheim
http://www.internetdorf.de
Gerdi Staiblin, Ministerin in Stuttgart, hat das schönste Internetdorf mit einem Preis gekürt. Die Gemeinde Steinheim am Albuch, unterstützt von Pixelpark (die kleinen Riesen aus Berlin; natürlich an der Börse), hatte den offensichtlich besten Webauftritt des Jahres 1999 vorgelegt. „Benutzerfreundlichkeit sowie die medienadäquate Umsetzung von Verwaltungsabläufen" seien vorbildlich, meinte die Ministerin. Testen Sie das am besten selbst. Und wenn Sie zufällig der Bürgermeister von WebNetDorf sind, so beteiligen Sie sich beim nächsten Mal, im nächsten Jahr, mit der ganzen Gemeinde. Unsere These zum Thema: In wenigen Jahren werden alle deutschen Städte und Dörfer (und Kommunen) im Netz präsent sein. Sie müssen dann mal Ihren Pass verlängern? Kein Problem – machen Sie es wie Boris und loggen sich einfach ein.

Kosovo-Hilfe: Letzte Stunde
http://www.letztestunde.de
2,5 Minuten benötigen Sie, um Ihren Rechner zu starten und sich über ISDN ins Internet einzuwählen. Zweieinhalb Jahre dauert es, bis im Kosovo wieder an eine flächendeckendes Telefonnetz zu denken ist. Zweieinhalb Jahre! Wenn Sie Ihr Auto durch eine Waschstraße fahren, kostet Sie das etwa 15 Minuten Ihrer kostbaren Zeit. Bis die Infrastruktur mit allen lebensnotwendigen Rahmenbedingungen (fließend Wasser, Elektrizität etc.) im Kosovo wieder hergestellt ist, vergehen – optimistisch betrachtet – rund 15 Jahre. 60 Minuten Ihrer Arbeitszeit reichen aus, um dem Kosovo spürbare Hilfe zukommen zu lassen. Wie das geht, erfahren Sie auf dieser ungemein wichtigen Initiativ-Site. Denn 60 Jahre wird es ungefähr dauern, bis die erste Generation im Kosovo wieder das Licht der Welt erblickt, ohne an den Spätfolgen des verheerenden Krieges vom Vorjahr zu leiden. Nutzen Sie Ihre Zeit sinnvoll und arbeiten Sie eine Stunde lang unentgeltlich und spenden Sie den Lohn für Ihre Arbeitsstunde(n). Damit den Bewohnern des Kosovo nicht die letzte Stunde schlägt.

Maximaler Relaunch: Max
http://www.max.de
Das großformatige Lifestyle-Magazin kommt mit neuer Maxime: „Max – die Multimediamarke" lautete der programmatische Slogan, der die enge Verknüpfung des Journals mit Internet und Fernsehen signalisiert. 1991 kam Max auf den Markt und fiel zunächst nur durch die schönen Fotostrecken auf. Die Zeiten ändern sich, der Zeitgeist ist passé und die schöne neue Cyberworld ist das Thema

der Zukunft. Jetzt auch in Max: Mit der Februar-Ausgabe setzte ein maximaler Relaunch ein, der den Fokus auf die neuen Medien richtet. Mit „Max – das Starmagazin" sind die Hamburger schon seit einiger Zeit im TV präsent, die Homepage bündelt die Themen der individuellen Formate. Der neue Trend wurde stilgerecht eingeläutet, ganz in Silber wurden goldene Aussichten prophezeit. Auch thematisch hat sich einiges getan: Star-Interviews und Reportagen namhafter Journalisten füllen das Blatt mit Leben. Zumal die gelungenen Fotostorys geblieben sind, die kontrastiv gesetzt werden: Grauen erregende Bilder der „Schlächter von Borneo" neben erotischen Aufnahmen von Pro 7-Moderatorin Mo Asumang. Besonderer Clou: Alle Reportagen werden mit den entsprechenden Internet-Adressen versehen, der User erfährt wirklich alles aus erster und zweiter Hand. Reanimation gelungen, Patient lebt!

Medien-Power gegen rechten Terror: Netz gegen Rechts
http://www.netzgegenrechts.de
Der Kampf gegen den braunen Terror wird derzeit auf allen Ebenen geführt, die bislang stumpfen Waffen werden geschärft. Der Jahrzehnte währenden Blindheit auf dem rechten Auge soll nun eine umfassende Kurskorrektur folgen, die Gesellschaft muss sich verändern: nächste Ausfahrt links. Dass es nicht bei bloßen Lippenbekenntnissen bleibt, zeigt die Medien-Initiative „Netz gegen Rechts": Die geballte Medien-Power unter Beteiligung der öffentlich-rechtlichen Fernsehanstalten, der Deutschen Welle, dpa, dem Info-Sender n-tv sowie diverser großer Tages- und Wochenzeitungen, darunter DER SPIEGEL, die BILD, DIE WOCHE, die Süddeutsche Zeitung, die Frankfurter Rundschau, taz und WAZ sowie zahlreicher regionaler und überregionaler Zeitungen zeigt nicht nur Flagge, sondern informiert über den Status quo. Welche Konzepte zurzeit diskutiert werden, was konkret unternommen wird, wie andere Länder das Problem handhaben, wer Opfern von Nazi-Attacken hilft bis hin zu den grundlegenden Fragen, z.B. wie man „rechtsextrem" definiert oder welche Symbole verboten sind. Dazu Hintergrundberichte und eine umfassende Chronik rechtsextremer Gewalttaten. Die Medien „müssen über die Ereignisse berichten und Distanz zu den Objekten ihrer Berichterstattung halten", heißt es im Vorwort zur Initiative, die auf Betreiben der Zeitschrift DIE WOCHE ins Leben gerufen wurde. Was aber ein klare Haltung nicht ausschließt. Seit dem 13. August arbeitet der Medienverbund daran, Neonazis den rechten Arm herunterzudrücken. Getreu den Worten Wiglaf Drostes, den es nicht interessiert, ob die braunen Idioten früher bettgenässt haben, sondern nur, sie daran zu hindern das zu tun, was sie tun.

Ein weißer Fleck weniger: RTL-Journalistenschule
http://www.rtl-journalistenschule.de
Köln gilt als die heimliche Medienhauptstadt der Nation, da können Hamburg, Berlin und München noch so sehr aufbegehren. Neben den Lästermäulern Harald Schmidt (SAT.1) und Stefan Raab (Pro 7), die aus Köln senden, sitzen hier vor allen Dingen die Medienriesen WDR und RTL. Letztgenannte Anstalt schickt sich jetzt an, einen besonders störenden weißen Fleck auf der journalistischen Landkarte zu entfernen: Der größte private Fernsehsender Deutschlands gründet eine Journalistenschule. Angehende rasende Reporter konnten bislang eine fundierte und elitäre Ausbildung vor allen Dingen in Hamburg (Henri-Nannen-Schule), Berlin (Axel-Springer-Schule) oder Dortmund (Universität mit Studienfach „Journalistik/Publizistik") genießen. Anhand der Namensgebung der einzelnen Institute ist absehbar, wohin des Jungjournalisten Reise geht (bzw. ging): In Hamburg zum „Stern", in Berlin zur Springer-Presse, in Dortmund zum (ortsansässigen) WDR oder einigen großen Regionalzeitungen. Nun also Köln: Die Rhein-Metropole soll demnächst nicht bloß für seichte TV-Unterhaltung á la „Big Brother" stehen, sondern auch für seriösen Journalismus. Dass die Studienschwerpunkte im Bereich des Fernsehens zu suchen und zu finden sind, versteht sich nahezu von selbst. Schließlich ist auch anhand dieser Namensgebung klar, beim wem die zukünftigen Redakteure ihre Brötchen verdienen. Seit dem 1. September können sich Interessierte für einen der 30 Plätze bewerben.

All-TV: Space Forum
http://www.space-forum.de/srtm_fs.htm

Am 31. Januar sollte das Space Shuttle Endeavour nach mehrmonatigen Starverschiebungen endlich zu einer der wichtigsten Missionen in der Geschichte der Raumfahrt aufbrechen: Die gesamte Erdoberfläche kartografisch zu erfassen. Hilfreich sind dabei die in den USA, Deutschland und Italien entwickelten Radarsensoren, die das Unternehmen zum Erfolg führen sollen. Mit an Bord: der deutsche Astronaut Gerhard Thiele. Natürlich hat alles nicht so hingehauen, wie die Verantwortlichen es sich vorgestellt hatten. So verzögerte sich der Start noch um rund einen Monat, aber am 23.02. 2000 wurde mächtig Schub gegeben: Feuer frei, Shuttle im All. Der Clou dabei war, dass man via Internet den Start und diverse Live-Schaltungen ins Cockpit verfolgen konnte – das Space Forum bietet unter „VideoLive" noch heute beeindruckende Bilder vom Spektakel. Danach gab's täglich All-TV, ein wahrlich abgespacestes Fernsehprogramm aus den Tiefen des Raumes. Ein Bordtagebuch informiert über den Verlauf des Experiments, ein Forum lädt zum Talken und Chatten ein.

Zeigt neue Krallen: Die taz
http://www.taz.de

In Zeiten des fortlaufenden multimedialen Wahnsinns ist es schön, dass man sich auf einige Dinge verlassen kann: den nächsten Polit-Skandal, die nächste Flaute der deutschen Fußballnationalmannschaft, den alljährlichen Spendenaufruf zur Rettung der „taz". Neu ist, dass die virtuelle taz einem Relaunch unterzogen wurde: Seit dem Frühjahr kann man sich von der runderneuerten Gestalt der „wichtigsten Tageszeitung Deutschlands" (Ulrich Wickert (halb scherzend) auf der Frankfurter Buchmesse Mitte der 90er) überzeugen. Die taz zeigt allen die Krallen und sondiert das Terrain von anderer Warte aus: den nächsten Polit-Skandal, die nächste Flaute der deutschen Fußballnationalmannschaft, den alljährlichen Spendenaufruf zur Rettung der „taz".... Spaß beiseite, auch in Zukunft wird uns die taz alles liefern „was nicht fehlt" und uns mit Gastkommentaren der Sorte besonders ätzend, z.B. durch Wiglaf Droste, beglücken.

Homepage Die taz

Geheimnisumwittert: Area 51
http://www.terraserver.com

Millionen Akte-X-Fans können nicht irren: UFOs gibt es wirklich! Der Beweis dafür steht zwar noch aus, doch erfolgreiche Aufklärung, so behaupten Ufologen und Verschwörungstheoretiker unisono, wird seitens der US-Regierung verhindert. So soll im Juli 1947 ein UFO in New Mexico abgestürzt sein, und die Armee

das Raumschiff nebst Insassen sichergestellt haben. Seitdem halten sich hart-
näckig Gerüchte um eine geheime Militärbasis, auf der sich Rätselhaftes tut; das
Gebiet hat den Codenamen „Area 51" erhalten. Nun gibt es erste Fotos dieses
geheimnisumwitterten Areals, dessen Existenz von den Behörden stets bestrit-
ten wurde. Die amerikanische Firma „Aerial Images" hat in Kooperation mit Microsoft und Kodak Satellitenfotos veröffentlicht, die das Gelände in aller Deutlichkeit
zeigen. So deutlich, dass selbst die amtierende Regierung sich gezwungen sah,
das „nicht existierende" Gebiet als existent zu deklarieren. Die Fotos und alle
weiteren Infos zum Thema „Area 51" findet man unter dieser Adresse. Doch
Vorsicht: Millionen von Akte-X-Fans belagern seit der Bekanntgabe der
Ungeheuerlichkeit die Domain und setzten zuweilen den Server schachmatt.

Ziemann, übernehmen Sie!: Computerviren, die keine sind
http://www.tu-berlin.de/www/software/hoax.shtml
Die Welt hat sich gerade vom globalen Virenbefall dank „I Love You" und
Konsorten erholt, da schlagen US-Behörden erneut Alarm. Der gemeine User ist
verunsichert ob der gemeinen Viren und traut sich kaum, sich dem heimischen
PC auf einen geringeren Abstand als drei Meter zu nähern. Was nun wirklich Virus
ist und was nur virulenter Quatsch, darüber klärt Frank Ziemann von der TU Berlin
auf. Er hat eine Liste mit Trojanischen Pferden zusammengestellt, die dem
Rechner ernsthaft Schaden zufügen können. Darüber hinaus befasst er sich auch
mit der gängisten Form der Virusverbreitung, den Viruswarnungen. Jeder hat bestimmt schon einmal eine Mail erhalten, die für die Frauenrechte bei den Taliban
warb oder wurde um eine virtuelle Spende via Click-rate für Knochenmark-
Erkrankte bat. Alles Unfug, Humbug, Unsinn, oder – auf gut Englisch – Hoax. Über
das Wie und Warum wird ebenso berichtet wie über die „Folgeschäden", die solche verulkenden Nachrichten auslösen können – in erster Linie ist es die Arbeitszeit, die die übereifrigen User auf die Weitergabe der Nonsensbotschaften ver-
wenden. Einziges Manko einer ansonsten hochinformativen Site: Man ist nicht
auf dem neuesten Stand, die aktuellen (wirklich bedrohlichen) Viren sind noch
nicht erfasst. Ein Fall für die Forschung: Ziemann, übernehmen Sie!

Homepage Computerviren, die keine sind

Goldene Zitrone: Weird
http://www.weirdweb.de
Was passiert eigentlich, wenn Werbung schlecht gemacht ist? Verkaufen sich die
Produkte schlechter? Wird sie überhaupt als schlecht wahrgenommen? Welche
Merkmale weist schlecht gemachte Werbung auf? Den letzten beiden Punkten
widmet sich in aller Ausführlichkeit die Website von Weird. „Hauptsache, man

spricht drüber" lautet die gängige Formel aller Creative Directors, wenn der Slogan oder die Kampagne die Goldene Zitrone verdient hätte. Dass das der Weisheit letzter Schluss nicht sein muss, beweist Weird: Hier konserviert man die fatalsten Advertising-Schätzchen und gibt sie der Lächerlichkeit preis. Jeden Monat kann man die schlechtesten drei Commercials kommentieren, obwohl sie unstrittig für sich sprechen. Der Autor zeigt den Werbeschaffenden zudem noch die zehn Wege auf, um ins Reich des „bad taste" Einlass zu finden (einer der Gründe wäre übrigens, die leibhaftige „Fruchtzwergemutter" zu sein). Wer einmal kräftig über Missratenes lachen möchte, für den ist die Homepage ein Muss. Den „beteiligten" Firmen sei zum Trost gesagt, dass auf dieser Site für sie und ihre Produkte kostenlos „geworben" wird.

Tiefschürfend: Stiftung Zollverein
http://www.zollverein.de
Wir schreiben das Jahr 2000, das ganze Ruhrgebiet ist vom Zechensterben erfasst und verfällt in Lethargie. Das ganze Ruhrgebiet? Nein, ein kleiner Kreis Aufrechter versucht Widerstand zu leisten und das Erbe sowie die Kultur der Bergbauregion zu bewahren. Die Stiftung Zollverein wurde 1998 vom Land Nordrhein-Westfalen und der Stadt Essen ins Leben gerufen. Kultur, Kunst und Denkmalpflege sind die Aufgaben, denen sich die Gemeinnützigen verschreiben haben. Die Nutzbarmachung der Zeche Zollverein Schacht XII und die Erhaltung dieses Industriedenkmals sind zwei zentrale Punkte, nachzulesen im Internet. Und das in einem Rahmen, der alles bisher Dagewesene in Sachen Denkmalschutz in den Schatten stellt: Hier wird virtuell bis in die tiefste Sohle gegraben, von den einzelnen Flözen gehen Informationen aus. So kann man sich einen Überblick über Zielsetzung, Locations und Programm der Stiftung machen, der Schachtaufzug entlässt einen sogar ins Besucherzentrum oder ins Museum. Doch das Beste (neben dem Engagement) ist die Startseite, die flash-betrieben Fotos von unter Tage zeigt, garniert mit einem hämmernden Soundtrack.

KIDS·ZONE

Alte Meister, frisch serviert: Bartleby.com
http://www.bartleby.com
Jahr für Jahr stehen viele Schüler vor dem gleichen Problem: Die Schule könnte so schön sein, wenn das lästige Drumherum in Form von Hausaufgaben, Referaten etc. nicht wäre. Noch schlimmer wird's, wenn das Ganze auch noch in fremder Zunge vorgetragen werden muss. Besonders die Leidgeprüften des Englisch-LK stöhnen ob der literarischen Klassiker. Interpretation muss nicht das halbe Leben bedeuten, wer mehr Freizeit haben möchte, lässt schreiben. Und zwar fundiert. Nachzuschlagen bei Bartleby: Unter http://www.bartleby.com finden schreibfaule Leseratten auf über 200.000 Seiten Artikel zu allen relevanten literarischen Bereichen: Roman-Interpretationen stehen neben wissenschaftlichen Abhandlungen (u.a. zu Einsteins Relativitätstheorie), Gertrude Steins Prosa neben Melvilles „Bartleby, the Scrivener". Alles komplett, inklusive Fußnoten und biografischen Details zu den Autoren. Oder darf es für den Politikunterricht etwas über Thomas Paines „Common Sense" sein? Findet sich gleich neben H.G. Wells' „A Short History Of The World". Wieder was übers Internet gelernt.

Kinderleichtes Internet: Blinde Kuh
http://www.blinde-kuh.de
Dass die jüngeren Generationen ihre Eltern bezüglich der Handhabung von Computern und des Internets überholt haben, ist eine Binsenweisheit. Allein deswegen empfiehlt es sich für die Älteren, einmal bei Blinde-Kuh.de vorbeizuschauen. Kinderleichte Menüführung und kindesrelevante Themen ermöglichen einen im wahrsten Sinne des Wortes spielerischen Einstieg in virtuelle Welten. Dieser Online-Suchkatalog ist nahezu fantastisch auf die Bedürfnisse der kleinen User zugeschnitten: Spiele, Kinder-Post, Geschichten, Wetter (sic!), Umfragen und Meinungen bilden das Gerüst, dass dem Ansturm der Junioren sicherlich Stand halten wird. Kinder an die Macht!

Furztrockener Held: Crikey Kid Snoop
http://www.crikeykidsnoop.com

Hier kommt er, der jugendliche Held, der aus jeder noch so ausweglosen Situation herausfindet: Crikey Kid Snoop heißt der Anarcho-Komiker, der im Comic-Format existiert und ab sofort das Internet unsicher macht. Jedes seiner Abenteuer geht nicht ohne Blessuren ab, mitunter begegnet er Satan höchstpersönlich in dessen Reich – obwohl der sich nur als „Marketingmanager" ausweisen kann. Ständig begleitet von einem Wunderspiegel und einer wunderschönen Blondine fällt Crikey Kid Snoop von einer Verlegenheit in die andere, aus denen er sich aber in bester James-Bond-007-und-John-McClane-Stirb-Langsam-Manier befreit. Dabei entwickelt er McGyver'sche Qualitäten, was das blitzschnelle Erkennen von Situationen und deren technische Lösung angeht – und wenn es nur ein Furz ist, der das Problem aus der Welt schafft. Die kurzen virtuellen Strips sind ein harmloser Spaß für die halbe Familie, des Englischen sollte man schon ein wenig mächtig sein, obwohl die meisten Spots für sich selbst sprechen.

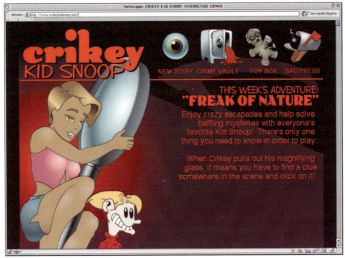

Homepage Crikey Kid Snoop

In aller Munde: Die Maus
http://www.die-maus.de

Hier kommt die Maus: 29 Jahre alt, und trotz Orangenhaut noch immer propper. Die Maus macht Sachen, über die nicht nur die Kleinen lachen, sei es nun das Entfernen lästiger Extremitäten oder das trickreiche Finden von Schlupflöchern durch Schlupflid-Klimpern. Die Maus kennt jeder in Deutschland, schließlich liegen die Sendetermine der Lach- und Sachgeschichten kuschelgerecht auf Sonntagmorgen, und die Fernbedienung gleich neben dem CD-Regal mit Stefan Raabs Maus-Rap. Die Maus ist ein Markenartikel, weswegen der WDR schon seit geraumer Zeit in Köln einen eigenen Maus-Shop unterhält. Und neben Stoff- und PVC-Mäusen zum Kaufen gibt's demnächst wohl auch die Maus zum Kauen: Der sonst auf Bären spezialisierte Süßwarenhersteller Haribo hat vorsichtig bei den Lizenzverwaltern angeklopft, ob die Maus in die Tüte kommt. Ganz egal, ob jene sagen „Kommt gar nicht in die Tüte!" oder nicht: Die Maus ist in aller Munde – so oder so.

Saugstarker Rüssel: Gook
http://www.gook.de

Wer nicht weiß, wer oder was ein Gook ist, hat jetzt die Chance, diese Wissenslücke zu füllen. Der Gook ist blau, allerdings nur was die Körperfärbung angeht. Außerdem ist der Gook gezeichnet und virtuell: ein Comicmännchen (oder -weibchen?) mit Glubschaugen und Rüssel. Der ist so saugstark, dass mitunter ganze Elefanten hineinpassen! Wer es nicht glauben mag, ist herzlich eingeladen, die Probe aufs Exempel zu machen und eine Runde im „Gookomizer" Platz zu nehmen und zu spielen. Hier zeigt sich, was noch alles ins phänomenale Riechorgan des Fabelwesens passt. Wem die Saugerei auf die Dauer zu langweilig wird, macht einen Abstecher zum Kurzfilm „Gook, die Erste" oder versucht sich an der „Soul Machine" – für jede Tonlage ist etwas dabei. Das putzige Kerlchen (respektive: Frauchen) erinnert in seiner groben Strichelung ein wenig an die Comicfiguren aus den Moby-Videos („Why does my heart feel so bad?"), die Elefanten des Gookomizers hingegen könnten aus der Feder eines bekannten ostfriesischen Blödelbarden stammen. Da machen wir doch glatt noch mal Gooki-gooki.

Cooler Shaker: Icebox.com
http://www.icebox.com
Für Comicfans und -zeichner ist das Internet ein wahres Eldorado. Etwas besonders Cooles kommt aus den USA: Icebox.com. Die virtuelle Kühlbox ist eine Fundgrube für Humor der gehobenen Nerd-Klasse, was sich allein darin manifestiert, dass Bands wie die Crossover-Kracher „Lit Lounge" eine ganze Serie auf den Leib geschrieben bekommen – natürlich nur im übertragenen Sinn, zu sehen in „Zombie College". Zum kreativen Stab gehören u.a. die Produzenten der Erfolgsserien „Die Simpsons" oder „Akte X" sowie Autoren von „South Park" oder „Star Trek". Die Szenarien bewegen sich zuweilen südlich der Gürtellinie, so bilden manche Helden z.B. eine Zweier-WG, wobei der eine Teil sich verwandeln kann (in einen coolen Typen mit Omega auf der breiten Brust) und der andere durch schusselige Pedanterie nervt. Man schaut auf den Speiseplan der Beiden, oder beobachtet, was bei Klopapier-Knappheit passiert. Die hier vorgestellten Episoden stammen aus „Superhero Roommate", aber auch die „Hidden Celebrity WebCam" mit Howard Stern („Private Parts"), Alec Baldwin ([Ex-]Ehemann von Kim Basinger) oder Bill Clinton (Zigarren-Liebhaber) ist einen Extra-Klick wert: live und unzensiert aus dem Kühlschrank oder der Stretch-Limo! Wir sind gespannt auf „The Elvis and Jack Nicklaus Mysteries", schauen vergnügt bei der „Weekend Pussy Hunt" zu oder spielen eine Runde mit in der „Poker Night" – und das waren lediglich die Icebox-Originale! In der Independent-Sektion gibt's noch viiiiel mehr zu entdecken.... Wer einem kühlen Späßchen an heißen Tagen (oder umgekehrt!) nicht abgeneigt ist, für den ist die Icebox Pflicht: erfrischend anders.

Fahrspaß ohne Airbags: „Dirty Buster" by KHE
http://www.khe-bmx.de
Der Sommer lässt sich oben ohne viel besser ertragen, das gilt für Freibad, Baggersee und Cabrios gleichermaßen. Noch angenehmer fährt es sich, wenn man eifrig in die Pedale tritt und sich dabei den Fahrtwind so richtig um die Nase wehen lässt. Oder was man sonst so alles in den Wind hängen kann. Dolly Buster hat viel, um sich voll reinzuhängen. Vor allen Dingen hat sie das richtige Fahrrad. Denn Dolly ist neustens Team-Member der KHE-BMX-Crew: In der Karlsruher Drahteselfabrikation läuft seit kurzer Zeit ein Modell namens „Dirty Buster" vom Band, das für 799.- DM flotten Fahrspaß verspricht – ganz ohne Airbags! Vor Freude über den prominenten Zuwachs haben die KHEler das Einführungsinterview gleich auf Englisch abgehalten – bei Dolly, so hörte man, war die Aufregung nach kurzer Eingewöhnungsphase wie weggeblasen.

Schwimmt sogar in Milch: Milkyway Entdecker-Club
http://www.milkyway.de
Für alle jungen Surfer im Kindesalter eröffnet der Milkyway Entdecker-Club die virtuelle Welt des Internets. Und dass es hier so einiges zu entdecken gibt, erschließt sich auf den ersten Blick: Der Entdecker-Club verfügt über Clubregeln, präsentiert unter den Rubriken „Tierische Geheimnisse" und „Rätsel der Erde" interaktive Entdeckungsreisen und hält ein eigenes Lexikon bereit, welches z.B. Interessantes zum Thema Milchstraße zu berichten weiß. Milkywaylike ist dem-

entsprechend auch das Design der Site, auf sternenblauem Background begrü-
ßen die Clubmacher ihre Neuankömmlinge. Jetzt noch ein Milkyway und die
Surftour im World Wide Web kann beginnen.

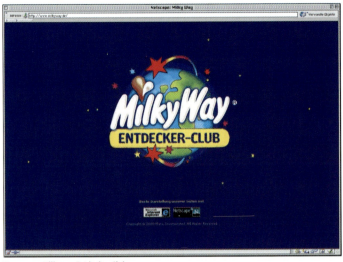

Homepage Milkyway Entdecker-Club

Erdbeben und Kampfmaden:
Leo's großer Tag by Pepworks
http://www.pepworks.com

Leo hat einen schlechten Tag erwischt: Schon morgens gibt es einen Erdrutsch,
der ihm die Wohnungstür verschüttet. Was tun? Das hängt vom Spieler ab. Der
kann Leo mittels Maus und Tastatur steuern, so dass der weiße Gnom ruhelos im
Zimmer umherwandert, bis ihm die rettende Idee kommt: Ein Ausbruch durch einen Riss in der Wand! Wenn einem die Story bekannt vorkommt: Es handelt sich
mitnichten um eine Fortsetzung von „Being John Malkovich", sondern um einen
virtuellen Comic von Pepworks. Die interaktive Story ist etwas für den kleinen
Zocker-Hunger zwischendurch. Internette Games werden zunehmend beliebter
– dem Moorhuhn sei Dank. Leo hat ebenfalls das Zeug zur Kultfigur, trifft er doch
beim Fortschreiten durch finstere Welten u.a. auf eine mutierte Kampfmade, die
Furcht erregende Laute ausstößt. Schade, schade, schade: An der Stelle hat's
uns zu sehr gegruselt – weswegen Sie schon selber spielen müssen, wenn Sie
wissen wollen, wie es mit Leo weitergeht.

Der Film zur Serie zum Comic zum Videospiel: Pokémon
http://www.pokemon.de

Jede Generation hat ihre Helden. Vor allen Dingen die ganz Jungen haben multiple: Flipper oder Lassie dominierten die Nachkriegsjahrzehnte, Captain Future
und die Muppets waren es für die Nach-68er. Mit fortschreitender Dauer werden die Lieblinge der Kids immer elektronischer und animierter (besser: ani-
mierender): Super Mario, Tamagotchis und Furbys haben so rasch die Ninja-
Turtles von Platz eins verdrängt. Der neueste Kult auf dem Jugendsektor heißt
Pokémon und kommt – wie schon Sailor Moon – aus Fernost. Die Taschenmonster
gibt es nicht nur in mannigfacher Gestalt, sondern auch multimedial auf allen
Kanälen. Das knuddeligste Wesen dieser Trickfilmreihe ähnelt einem Hamster
und ist der heimliche Star der Serie. Und steht demzufolge auch im Mittelpunkt
der Pokémon-Website, die sich in puncto Merchandising kaum mehr überbie-
ten lässt. Da gibt es den Poké-Burger, den Kinofilm, die Fernsehserie, den Comic,
das Videospiel und, und, und – hier staunt selbst Star-Wars-Mastermind George
Lucas. Zusätzlich wird die Homepage permanent mit dem Pokémon-Song dau-
erberieselt, so dass der erwachsene Besucher der Page alsbald die Flucht nach

vorn ergreift und leicht irritiert die Site verlässt. Aber die Kids werden mit Freuden Stunden darauf verweilen. So viel ist sicher.

Tierisch gute Mails: Post Pet

http://www.sony.com.sg/postpet

Die virtuelle Post wurde bislang recht unpersönlich übermittelt. Dem ein Ende zu bereiten, dafür tritt Post Pet ein. Kleine niedliche Haustiere fungieren als Boten, da gibt es die Hauskatze, den Hasen, den pinkfarbenen Bären oder die Schildkröte. Und wie im richtigen Leben, hat auch im virtuellen jedes Tier seinen eigenen Charakter: Die Katze ist zuweilen launisch, kann aber mehrere Mails gleichzeitig transportieren. Der Hase ist lieb, aber nicht allzu klug, weswegen er nicht überstrapaziert werden darf. Die Landschildkröte ist langlebig und weise und hält an der Postsammelstelle am längsten durch. Der Teddybär hat eine mittelfristige „Lebenserwartung" und bedarf intensiver Pflege. Neben den Niedlichen gibt es auch andere Funktionsträger, so z.B. den roboterhaften Postboten oder Ziegen für den Empfangsbereich, die versuchen, Ihre Mails zu fressen. Sie sehen schon: Hier wird das Medium Mail spielerisch verarbeitet, kinderleicht in der Anwendung und kindgerecht gestaltet. Allerdings auch für erwachsene Kinder sehr zu empfehlen. Da die deutsche Website (http://www.postpet.de) leider schon erloschen ist, gibt's zur Erbauung (und natürlich zum Versand) die Homepage aus Singapur.

Homepage Post Pet

Pitbull beißt Schumi: Robot Wars

http://www.robotwars.co.uk

In Deutschland müssen Kampfhunde neuerdings erst ins Tierheim und anschließend zum Veterinär, in Großbritannien dürfen sie sogar ins Fernsehen. „Pitbull" heißt einer jener Kolosse, die Englands (zumeist jugendliche) Zuschauer begeistern. Doch Pitbull ist kein Terrier, sondern ein Kampfroboter. „Robot Wars" lautet der Titel einer Sendung, in der Minimaschinen ausgesandt werden, um einander zu bekriegen. Und weil die Serie auf der Insel ein Hit wurde, kaufte RTL das Format ein. Doch, oh weh: Die Deutschen sind zu pazifistisch. Oder zu wenig technikbegeistert. Jedenfalls war die Zahl der Bewerber in der Pre-Productionphase so gering, dass man sich seitens des Kölner Privatsenders dazu gezwungen sah, die englischen Folgen (mit deutsch eingesprochenen Off-Kommentaren versehen) auszustrahlen. So kommen die einheimischen Fans in den Genuss absurder Spektakel, wenn beispielsweise „Schumey Too" auf den „Steel Avenger" trifft. Pro Show treten acht Roboter gegeneinander an, um im K.o.-System einen Sieger zu ermitteln – im Internet wird derweil über Strategien und bessere Ausstattungen gefachsimpelt. Der Gewinner erhält einen Cup und darf beim nächsten Mal wieder die Gelenke ölen. Und so ringen die Homemade-Titanen auf RTL um die Gunst der Zuschauer.

Fernöstlicher Kult: Sailor Moon
http://www.sailormoon.de

Lange hat es gedauert, bis die fernöstliche Comickultur Einzug in bundesdeutsche Wohnungen gehalten hat. Oftmals prophezeit, ließ der Erfolg so ausgefallener Werke wie der Killergeschichten von „Sanctuary" oder „Crying Freeman", vom Samurai-Hasen „Usagi" oder der mehrbändigen Saga „Akira" auf sich warten. Erst die Teenie-kompatible, naiv-aseptischen Sex versprühende Legende von Sailor Moon, der elfenhaften Frauentruppe im Kampf gegen das Böse, verhalf den Mangas zum Durchbruch. Nicht zuletzt dank des parallelen Einsatzes in Comics und im TV. Mangas, so der Sammelbegriff für die Strips, genießen in Japan Kultstatus, wobei der Begriff „Kult" sich von „Kultur" ableitet: Es gilt in Nippon als schick, sich mit den Werken, die oftmals die Grenzen mitteleuropäischer Moralvorstellungen sprengen, in der Öffentlichkeit zu zeigen. Hier eine Auswahl der schönsten Sailor-Moon-Porträts und -Geschichten. Wie gesagt: Die blonde Schönheit bildet nur die Spitze des Bildergeschichten-Eisbergs aus Fernost. Ein weites Feld, das zu beackern sich lohnt!

Wildwechsel: Serengeti Park
http://www.serengeti-park.de

Niedersachsen und Exotik – wie passt das zusammen? Die Antwort liefert der Serengeti Park in Hodenhagen bei Hannover. Von Mitte März bis Ende Oktober hat der Park seine Pforten für Safari-Touristen geöffnet. Für den Internet-Besucher steht er ganzjährlich rund um die Uhr offen: Unter dieser Adresse erfahren Sie alles über die Parkbewohner, können auf Entdeckungsreise gehen und sogar an einer Fotosafari teilnehmen. Für die jüngeren Besucher ist die virtuelle Tour mit dem gutmütigen Löwen Leo sehr zu empfehlen, denn er führt die Kleinen behutsam ins Tier-, Wasser- oder Affenland. Zwischen 27 und 30 Mark kostet der Spaß, Busreisende erhalten Sonderkonditionen. Verglichen mit einem Ausflug auf den schwarzen Kontinent ist das extrem preisgünstig!

Klapperstorch: Storchennest in Vetschau
http://www.storchennest.de

Dass der Klapperstorch die Kinder bringt wissen alle, die sich noch nicht eingehender mit der Blumen-und-Bienen-Problematik auseinandergesetzt haben. Wie Familie Adebar sich selbst zum Kindersegen verhilft, das kann die Netzgemeinde hier erfahren. Das Storchennest in Vetschau übertrug via WebCam das Schlüpfen der Storchenküken ab dem 19.05. Von den vier geschlüpften Küken überlebten drei, seit Mitte August ist das Nest verwaist: Die Störche bevorzugen wärmere Regionen. Weil das allerdings den Endpunkt eines aufregenden Jahres der Störche markiert, steht für die später Hinzugekommenen eine Chronik parat, die minutiös und detailliert den Verlauf der Schwangerschaft dokumentiert. Hobby-Ornithologen und enttäuschte Big-Brother-Gucker werden sich zuhauf vor den Bildschirmen versammeln, um die Niederkunft von Mama Storch (nachträglich) gebührend zu feiern, da nahezu jedes Detail in einer Art virtueller Fototapete aufgelistet ist. Weil auch für die Schwarzweißgefiederten klappern zum Handwerk gehört, gibt's auf der Homepage des Storchennests noch jede Menge Infos rund um Zugrouten und Lebensgewohnheiten. Eine tierisch gute Webpage.

Paultasche namens Maula: Yo!Yo!Kids
http://www.yoyokids.de

Der SWR lässt sich eine Menge einfallen, um die Kids bei Laune zu halten: Die Yo!Yo!Kids sind ein solch genialer Einfall. Wo schließlich dürften sonst eine Kartoffel (Fritz du Pommes) oder eine Maultasche namens Paula moderieren (oder war's eine Paultasche namens Maula???)? Zwei Moderatoren sind echt – und richtig gut: Mirko am Mikro und Computerspezialist Thomas Feibel, der laut eigenem Bekunden den „härtesten Job der Welt" hat – er muss Videospiele testen! Den ganzen Tag!! Mindestens zehn Stück!!! Unser tief empfundenes Mitgefühl, der Mann ist wirklich nicht zu beneiden...

Demnächst Känguruhe?: Yps
http://www.yps.de
Skandal! Yps soll eingestellt werden! Das beliebte Comicmagazin mit dem Gimmick soll alsbald sein Leben aushauchen. Die reanimierenden Maßnahmen des erst im März eingestiegenen Egmont Ehapa Verlages finden so ein rasches Ende. Um die Känguruhe zu verhindern, finden sich im Web Interessengemeinschaften, die für den Erhalt des Kultmagazins eintreten. Bei Kress online (http://www.kress.de) erfährt man zudem Näheres über die Yps-(Miss-)Erfolgsstory. Das Blatt mit dem karierten Känguru und den skurrilen Gimmicks – wer erinnert sich nicht gern an die Urzeitkrebse, den Bohnenbaum oder die Mülltüten, die wahlweise als Zeppelin oder als Zelt verwendet werden konnten – ist integraler Bestandteil der deutschen Popkultur. Um den freien Fall zu stoppen bedarf es edler Spender, die ihr Scherflein zum Erhalt der kindgerechten Zeitschrift für die Um-die-30-Jährigen beitragen. Schließlich soll auch die nächste Generation mit fluoreszierenden Saurierskeletten aufwachsen.

Homepage Yps

Der Prinz von Zamonien: Walter Moers' Käpt'n Blaubär
http://www.zamonien.de
Walter Moers hat sich mittlerweile als Nummer eins unter den deutschen Comiczeichnern etabliert. Seine erfolgreichen Figuren heißen „Kleines Arschloch", „Adolf" oder „Käpt'n Blaubär". Der große Blaue mit dem Hang zum Seemannsgarn hat es nicht nur ins Kinderprogramm geschafft, sondern ist inzwischen auch zum Markenartikel und zu einer ernst zu nehmenden literarischen Figur geworden: „Die 13 ? Abenteuer des Käpt'n Blaubär" heißt die Schwarte, mit der sich Moers auf den vorderen Plätzen der Bestsellerlisten tummeln konnte. Doch den blauen Bären gibt es auch virtuell: „Zamonien" heißt das Abenteuerland, in dem Blaubären-Fans ihr Wissen auffrischen und zukünftige Romanleser mit dem Sujet vertraut gemacht werden. Damit auch jeder weiß, wer „Ensel und Krete" sind und was es mit „Hildegunst von Mythenmetz" auf sich hat.

Der Würfel zum Gefallen: Power Mac G4 Cube von Apple
http://www.apple.com/de/powermaccube

So viel Technik, so wenig Platz: Die Hardwareschmiede Apple startet massiv ins neue Jahrtausend durch. Nach iMac und iBook, die eher bunt und poppig daherkamen, wird nun die futuristische Linie gefahren. Am ehesten lässt sich die kreative Philosophie der strahlenden Apfelbäckchen am „Muss ich haben"-Objekt Power Mac G4 Cube ablesen. Der silberne Würfel sieht nicht nur aus wie ein Toaster, er wird auch von oben gefüttert. Nicht mit Weißbrotscheiben, sondern Silberlingen, genauer: DVDs. Im Inneren des kleinen Kraftpakets arbeitet ein 450-Megahertz-Chip, auch ohne Ventilator bleibt die Kiste kühl. So hübsch der Quader anzuschauen ist: Neu ist die Idee nicht. Schon 1988 entwickelte Apple-Mastermind Steve Jobs einen schwarzen Rechen-Würfel namens Next. Damals scheiterte er mit seinem Vorstoß, was sich bei diesem Designwunder sicher nicht wiederholen wird. Erst recht nicht für vergleichsweise lächerliche 1.799 Dollar.

Fledermaus-Fiesta: Bacardi
http://www.bacardi.de

Wer genug hat vom eintönigen Grau-in-Grau des deutschen Winters, der sollte schleunigst zu den Sonnenseiten des Netzes aufbrechen. Bacardi hat eine Party-Site im Web, die ihresgleichen sucht. Zu den bekannten Salsa-Klängen aus den TV- und Kinospots surft der Sonnenanbeter durch eine kunterbunte Welt der kühlen Drinks. Bacardi, der Rum mit dem Fledermaus-Emblem, bittet zur Fiesta und verbreitet auf allen Sektoren der Site gute Laune, ganz gleich, ob man sich den lateinamerikanischen Rhythmen hingibt („Ritmo de Bacardi") oder das „Bacardi-Radio" testet, wo alle verfügbaren Links zu Stationen mit Latin-Music aufgelistet sind, oder man sich auf dem Spiel-Terrain wiederfindet, um einer Fortsetzungsstory zu folgen. Permanente Musikberieselung lässt einen die schlechte Stimmung ob des regnerisch-trüben Wetters vor der Haustür vergessen, wer trotzdem den heimischen Gefilden entfliehen möchte, hat zudem die Möglichkeit einen Ferienaufenthalt im „Club Vacanze" zu gewinnen. Da kann man dann, anstatt rumzulungern, Rum trinken. Wahrscheinlich Bacardi.

Gesichter des Todes: Benetton
http://www.benetton.com

Die Geschichte der Werbekampagnen der italienischen Bekleidungsfirma Benetton ist seit Mitte der 90er-Jahre eine Geschichte der extremen Provokation. Werbung muss auffallen, so der Grundsatz der Branche. Benetton-Mastermind Oliviero Toscani hat dieses Prinzip bis aufs Äußerste ausgereizt, seine gezielt eingesetzten Motive waren seitdem immer wieder Gegenstand hitziger Debatten um Ethik und Moral. Die Nonne, die den Priester küsst, ein an AIDS erkrankter Siechender kurz vor Eintritt des Todes oder die neuesten Motive, Porträtaufnahmen zum Tode Verurteilter, lassen den Betrachter immer in Konflikt mit seinem Gewissen geraten: Ist das noch Werbung? Wie weit darf Werbung gehen? Die Kampagne der Company in allen Einzelheiten (allerdings auf Englisch), mit Interviews der Todeskandidaten (durchgeführt von Ken Shulman) und Statements, in denen u.a. zu lesen ist, dass Benetton lediglich über die Todeskandidaten berichtet und nicht pro oder contra die Todesstrafe plädiert, findet sich mit Flash-animierten Pop-ups auf der Firmen-Homepage. Nachzutragen wäre noch, dass Benetton und Toscani mittlerweile getrennte Wege gehen, was die „Lebensdauer" der Image-Kampagne sicherlich verkürzen wird.

Alle tun es – sogar öffentlich: Cigaraficionados
http://www.cigaraficionado.com

Gina Gershon tut es, Sharon Stone hat dafür eine Vorliebe, Playboy-Bunny India Allen macht es sogar ungeniert in aller Öffentlichkeit und zieht dadurch mit Arnold Schwarzenegger, Michael Douglas, Pierce Brosnan und Denzel Washington gleich. Die Rede ist vom Rauchen, was in den USA bekanntermaßen zu gesellschaftlicher Ächtung führt. Geraucht wird nicht irgendwas: Nur die feinste Ware ist für die Backen der VIPs gut genug – geschmaucht werden nämlich Zigarren. Und so kommen die Netizens auf blauen Dunst in den Genuss einer außerordentlichen Starparade. Allen Promis haben eins gemeinsam: sie verstoßen gegen das Gesetz. Denn: Da die besten Zigarren der Welt bekanntlich auf Kuba produziert werden, kommt ein Lippenbekenntnis zu den Lungentorpedos einer Verletzung des US-Handelsembargos gegen den Karibikstaat gleich. Doch Promis genießen in Übersee seit je her Kultstatus, weswegen ihre Sünde lässlich erscheint. Sogar Fidel Castro (in den Staaten Persona non grata) darf im Reigen der Fürsprecher nicht fehlen. Jeder Star erläutert in einem kurzen Porträt seine individuelle Faszination für die braunen Bomber. Und so darf auch Claudia Schiffer lang und breit über ihre Karriere als Model parlieren und zwischendurch ein paar Mal mit einem Cigarillo posieren. Komisch, das man die blonde Teutonin hier zu Lande noch nie mit einem Glimmstengel erwischt hat....

Homepage Cigaraficionados

Ab drei Grad hitzefrei: Coca Cola
http://www.cokebei3grad.de
Eine tolle Idee und ein Super-Auftritt: Coca Cola, der Softdrink-Gigant aus den USA, hat eine neue Kampagne gestartet. Inhalt: Was man alles im Sommer unternehmen kann. Man kann z.B. mit Oma Interrail fahren, durch die Sahara steppen, eine Beach-Party im Aktenkeller veranstalten (Hallo CDU: Das ist wesentlich stilvoller als Unterlagen in den Reißwolf zu stecken!) oder den Ferrari mit Diesel betanken. Diese und solche Vorschläge kann man an Coca Cola senden, die besten werden prämiert. Wer vergeblich auf seinen Preis wartet, vertreibt sich die Zeit damit, Eiswürfel in ein Cola-Glas zu bugsieren. Oder chattet mit anderen Cola-Süchtigen. Oder trinkt Cola – bei drei Grad Temperatur. So sind auch die aktuellen Außentemperaturen. Daher unser Vorschlag, was man sommers wie winters unternehmen kann: Auf den Sommer warten.

Hut ab!: eHats
http://www.ehats.com
Madonna setzt Zeichen: Die frischgebackene zweifache Mutter hat neben einem glücklichen Händchen in puncto Producer auch einen ausgeprägten Sinn für Trends. Was Madonna trägt wird Mode. Zu Beginn ihrer Karriere stöberte sie in der Kurzwarenabteilung, behängte sich mit Tüll und schnitt sich die Fingerkuppen ihrer Netzhandschuhe ab. Prompt froren wenig später ihren Fans die Fingernägel

ein. Im Video zu „Frozen" malte sie sich ihre Hände mit Henna an, wenige Wochen später wollten alle kleinen Mädchen indische Tattoos auf ihre Finger gepinselt haben. Und jetzt das: Im Video zu „Music" trägt sie einen riesigen Cowboyhut mit Strassbesatz. Es wird nicht lange dauern, da werden Heerscharen (un-)behüteter Teenager nach Stetsons Ausschau halten. Wir verraten ihnen wo: bei eHats. Der virtuelle Hutmacher verkauft alles, was soeben über die Hutschnur geht. Die heißeste Variante heißt „Urban Cowboy", die noch verrückter aussieht als das, was Madonna auf dem Kopf trägt. Nichtsdestotrotz kann man vor dem sicheren Instinkt der 42-Jährigen in Sachen Selbstinszenierung nur den Hut ziehen.

Homepage Levis

Blaues Wunder erleben: Levis
http://www.eu.levi.com
Die Ur-Firma für Jeans, Levis, ist wirtschaftlich ins Trudeln geraten. Doch im Internet sind die Blauhosen putzmunter, wie der relaunchte Webauftritt beweist. Zunächst steht man an der Wegscheide und hat die Auswahl: Die kurze oder die lange Version? Die Drei-Meilen-Route führt ohne Umwege ins Levis-Haus, die lange Strecke ist bildschirmfüllend. Und enervierend. Deshalb: zurück zum Ausgangspunkt, ab ins virtuelle Heim der Drilliche. Hier gibt es in jedem Stockwerk etwas zu entdecken, von der Garage bis hinauf unters Dach – sogar der Hund spielt mit! Wem es auf die Dauer zu langweilig wird, allein im Haus umherzustreifen, der kann sich etwas Musik mitnehmen oder die News abfragen. Wem das immer noch reicht, der kann auf anderen Kontinenten forschen: Unter http://www.levi.com hat man die freie Auswahl, sei es in den USA, in Lateinamerika oder Asien. Das Beste daran: Levis ist nicht gleich Levis, jeder der Auftritte ist eingangs anders gestaltet. Da wird so mancher sein blaues Wunder erleben.

Tapetenwechsel: Fototapeten von Komar
http://www.fototapete.de
Wer kennt sie noch, die schön-schrecklichen Motive, die flächendeckend in den 70er- und 80er-Jahren Wohn- und Kinderzimmer zierten? Das Comeback der Fototapeten ist überfällig – findet auch die Firma Komar aus dem oberbayerischen Rosenheim, die vielerlei Anregungen für einen Tapetenwechsel mitbringt. Darf es ein Alpen-Panorama sein oder der Tropen-Klassiker? Wie wäre es mit einer bunten Comic-Wand fürs Kinderzimmer oder einem Prachtausblick auf nicht vorhandene hochherrschaftliche Gärten? Alles machbar – dank Komar. Und bevor Sie ob der rosigen Aussichten ins Koma fallen, schauen Sie sich in Ruhe im virtuellen Store der Motivkünstler um. Preise und Größen sind aufgelistet, E-Mail-

und Webadresse (http://www.komar.de) nebst genauer Anschrift erleichtern die Bestellung. Und wer nur mal gucken möchte: Satte sechs Galerien laden zum Verweilen ein.

Hochgenuss: Genusstempel
http://www.genusstempel.de

Eine Site für Feinschmecker: Kulinarische Genüsse in immenser Anzahl erwarten den Gourmet auf den Seiten des Genusstempels. Hier kann man schlemmern ohne auf den Diätplan achten zu müssen, denn es bleibt (zunächst) beim Augenschmaus. Weine, Feinkost, eine Glaserie, Tabakwaren, Sekt und Champagner, Spezialitäten – allein die Aufzählung lässt einem das Wasser im Munde zusammenlaufen. Ob Schnapsbrenner-Seminar oder der Kauf von Weinberg-Aktien: Der Tempel der Hochgenüsse verfügt über viele Töpfe, aus denen Sie naschen können. Klasse statt Masse präsentieren die Anbieter, die sich selbst mit ein paar Hintergrundinfos vorstellen. Das Leben auf die feine Art bewusst genießen: Der Genusstempel hat seine virtuellen Pforten rund um die Uhr für Sie geöffnet!

Modische Schnitzeljagd: Guiseppe Giglio
http://www.giglio.com

Hier flasht es ganz gewaltig: Guiseppe Giglio lädt Sie zu einer virtuellen Schnitzeljagd der Güteklasse A ein. Modemacher Giglio führt seine Klientel in düstere Unterwelten, man muss sich seinen eigenen Weg zu den Giglio-Stores bahnen. Die Grafik erinnert stark an die Stop-Motion-Technik der Filmindustrie und ist vom Design her wie eine Aneinanderreihung von Linoleumschnitten gestaltet. Unterlegt mit tanzbaren Klängen hat der User die Möglichkeit, zwischen einer normalen und einer Adventure-Version zu wählen. Egal was man wählt, das giglische Labyrinth ist weit verzweigt und bietet die Möglichkeit, sich darin stundenweise lustvoll zu verirren. Wenn da nicht die Telefonrechnung wäre....

Schockierendes in Shockwave: G-Shock
http://www.gshock.com

Wir sind geschockt. Aber angenehm. Wenn auch Sie sich schocken lassen wollen, dann besuchen Sie die Seiten von G-Shock. Der Uhrenhersteller Casio hat sich Mitte der 90er ein völlig neues Markenimage verpasst, weg vom verschnarchten Digital-Einerlei für dauerwellengefönte Gebrauchtwagenhändler, hin zum hippen Trend der Clubszene. Die G-Shock-Modelle und die Baby-G (für die Girlies) durften fortan die Ärmchen der Raver und Techno-Jünger zieren. Um dem Ganzen die Krone aufzusetzen, haben die Hüter der Zeit nun auch erkannt, was im Web die Stunde geschlagen hat. Und einen entsprechenden Auftritt kreiert. Der wird neben der Präsentation der Unterarmwecker im trendsportlichen Ambiente (Snowboard & Co) in erster Linie vom G-Gurl bestimmt. Die Comic-Heroine geistert in fünf Strips über die Mattscheibe (natürlich in – jetzt kommt's – Shockwave!), ausgehend von ihrer Residenz namens „G-Spot" (oops!). Das Fabelwesen mit dem fabelhaften Aussehen wird zunächst von Dr. Chronos angepiept und schwingt sich umgehend aufs Motorrad. Der diabolische Doktor teilt ihr mit, dass er eine neue Zeitschleife erfunden habe, durch die er G-Gurl auch unmittelbar beamt. Wie's weitergeht, wird nicht verraten – die ganze schockierende Wahrheit kann man aber unter dieser Adresse abrufen.

Stoffwechsel: H & M
http://www.hm.com

Rund alle acht Wochen wechseln die Bilder. Gemeint sind bestimmte Plakate in allen Großstädten, die flächendeckend an Haltestellen und Häusern angebracht sind. Der skandinavische Bekleidungsriese Hennes & Mauritz schickt seit mehreren Kampagnen Schauspieler ins Rennen, die in Filmen eher die (un)dankbare Rolle der „supporting acts" übernehmen. Dafür dürfen sie als Models bei H & M die Hauptrolle spielen. So war Steve Buscemi Ende letzten Jahres Titelmodell, im diesjährigen Frühjahr kamen Benicio Del Toro und Chloe Sevigny zum Einsatz. Vor allen Dingen die junge Schauspielerin setzte in bemerkenswerter Weise das fort, was sie als Darstellerin begonnen hat: unkonventionelles Agieren.

Sie ist nicht wirklich hübsch, aber sie hat das gewisse Etwas, das ihr heuer auch eine Oscar-Nominierung einbrachte. Die aktuellen Eyecatcher heißen Jade Jagger und Tim Roth. Erstere ist die wunderhübsche Tochter von Mick Jagger, Letztgenannter spielte im Kult-Klassiker „Reservoir Dogs" den Polizeispitzel „Mr. Orange". Die Homepage des Bekleidungsdiscounters, der mit seiner Unternehmensphilosophie, tragbare Mode für Teens und Twens zu Dumpingpreisen anzubieten, Maßstäbe setzt, gestattet sowohl den Modeinteressierten als auch den Cineasten tiefer gehende Einblicke: Ganz entrückt schaut man der schönen Jade beim Stoffwechsel zu....

Drogenkuriere: iToke
http://www.itoke.co.uk
„If it's legal, it's real". Da weiß man, was man hat: Wenn es nach dem Willen der iToke-E-Commercialisten geht, hat man ab dem 1. Juni diesen Jahres die Möglichkeit, sein Dope per Fahrradkurier nach Hause zu bestellen. Die Drogenkuriere im neutralen grün-weißen Outfit liefern zunächst in der heimlichen Hauptstadt des Kiffertums aus: Amsterdam spielt (natürlich) die Voreiterrolle des ungewöhnlichsten Wirtschaftsunterfangens des Jahres. Ab 2001 sollen London, New York und Tokio folgen, wie man der dezent gestalteten Website der Dealer entnehmen kann. Die Homepage von iToke unterscheidet sich in keiner Weise von denen anderer Gesundheitsdienstleister, das milde Grün der Seiten wirkt schon im Vorfeld beruhigend auf die stecknadelkopfgroßen Pupillen der Home-Spliffer. Wir sind gespannt, was die Ordnungsmächtigen in den jeweiligen Staaten zur der wahrlich berauschenden Initiative der Briten sagen werden.

Hektische Mode, fein gewürzt: Joop!
http://www.joop.com
Hier lernt man den Modeschöpfer Wolfgang Joop einmal von einer anderen Seite kennen – wie sein gelungener und innovativer Webauftritt beweist. Denn er lässt nicht nur die Modepuppen tanzen, sondern führt in der „Hectic Cuisine", akustisch unterlegt von tanzbaren Klängen, auch noch seine Kochkünste vor. Joop setzt nicht nur hinter seinen Namen sondern auch im Netz die Ausrufezeichen: Lifestyle pur, zelebriert auf gekonnte Weise. Wer von Kochrezepten erst einmal genug hat, kann sich von der virtuellen Küche direkt in den Showroom begeben und sich den modischen Innovationen widmen oder durch die Art Gallery schlendern. Lediglich über die liberalen „Freizeitaktivitäten" des umtriebigen Modedesigners steht hier nichts zu lesen.

Schöner schonen: Screensaver bei Karthago.de
http://www.karthago.de/fun/saver.html
Wer seinen Rechner einem Tapetenwechsel unterziehen möchte, der kommt um einen Besuch bei Karthago.de nicht herum. Schonendes für Screen und Augen, mitunter etwas hektisch, aber immer schön. Ob Sie nun Brad Pitt Fight-Club-like über den Schirm zappeln lassen oder sich Salvador Dalis Kunstwerke downloaden möchten, egal: anything goes. Sie können sich auch an plätschernden Wasserfällen oder Tieren in Bewegung („Safari") ergötzen. Ganz ausgefallen: Skelette. Die Knochengerüste hüpfen auf einem Ball oder einem Pogostick an Ihnen vorbei, treten zum Joggen an oder segeln per Fallschirm quer über die Bildfläche. Schön geschont bzw. schon ganz schön.

Loud Couture: Killah Babe
http://www.killahbabe.com
Der Sommer geht, der Einzelhandel baut um: Die neuen Herbst- und Winterkollektionen sind da. So auch die von Killah Babe. Was amerikanisch klingt, kommt garantiert aus Italien. Denn was amerikanisch aussieht, kann auch in Rom, Mailand oder Berlin getragen werden. Und in New York sowieso. Weswegen in den genannten Metropolen auch Sixty-Stores mit Killah-Babe-Mode existieren. Mögen die Läden noch so schön eingerichtet worden sein, der Webauftritt ist garantiert besser: Rot und grün dominieren, wer Pik-As zieht, hat gewonnen. Die Einzelfenster zeigen die kommenden Trends, als ironischer Querver-

weis muss „American Beauty" herhalten. „Street Culture" heißt die Philosophie der südeuropäischen Schneider, Anleihen aus der Hood sind erkennbar. Dazu Musik, die erst dann gut wird, wenn man sie laut abspielt. Ergo: Loud Couture.

Kommt einem Spanisch vor: Lluna.de
http://www.lluna.de
Kleine Applikationen erhalten die Freundschaft. Zumindest die virtuelle. Lluna heißt das neueste Tool, das Freude beim Chatten verbreiten soll. Und Schluss macht mit der Anonymität, die doch so typisch fürs Web (und erst recht für jeden Chat) ist. „Man sieht sich" heißt denn auch der programmatische Werbeslogan für Lluna. Was einem – nicht nur hinsichtlich des Namens – Spanisch vorkommt, hat ganz pragmatische Hintergründe: Lluna hilft nicht nur dabei, neue Web-Bekanntschaften zu machen, Lluna.de ist auch ein internetter Chat mit Big-Brother-Touch. Denn jeder, der mit Lluna.de chattet, hat jetzt den Überblick, welcher Lluna-Chatter sich auch gerade auf den von ihm (oder Ihr) gewählten Pages befindet. Und kann den „Partner" somit in zweifacher Hinsicht „sehen": Zum einen anhand der Web-Bewegungen, zum anderen durch das Foto oder Icon, das der (oder die) Betreffende für sich gewählt hat. Umgekehrt ist man natürlich genauso „sichtbar". Also sollte man das Angebot des nichtanonymen Surfens bei Lluna nicht allzu ernst nehmen und weiterhin zwar unter eigenem Namen, aber mit dem Foto von Marcus Schenkenberg oder Salma Hayek durchs Netz cruisen.

Homepage Lluna.de

Für Anwälte und Tifosi: Martini
http://www.martini.de
Italien hat zwar das Endspiel der Fußball-Europameisterschaft verloren, trotzdem ist es an der Zeit, den Catenaccio-Künstlern die nötige Ehre zu erweisen. Aber wie? Am ehesten durch die Wahl des richtigen Getränks: „Live like an Italian" lockt die Website von Martini. Warum nicht, schließlich schmeckt's nicht nur lekker, sondern sieht auch lecker aus und hört sich lecker an. Wie z.B. die interaktive Story, die Episode für Episode auf den cool gestylten Martini-Seiten fortgesponnen wird. Oder aber der Ally-McBeal-Sektor, schließlich sind die Italiener Hauptsponsoren der Justiz-Comedy auf VOX. Hier gibt's auch die famosen Rezepte für exotische (Martini-)Drinks, die nicht nur liebeshungrigen Anwälten schmecken, sondern auch den Tifosi bei Sieg oder Niederlage ihres Lieblingsteams munden. Wer's immer noch nicht glaubt, der muss sich selbst einen Mix buchstäblich vor Augen führen: der „Martini Jigger" wird dreidimensional eingeschenkt. Wir schenken Ihnen reinen Wein ein: die Martini-Site ist topp – sowohl in puncto Webdesign, als auch in Sachen Inhaltsstoffe. Salute!

Zum Kugeln: Solero Shots
http://www.nixfuerlutscher.de

Das poppt – und zwar im wahrsten Sinne des Wortes! Normalerweise ist Eis was für Lutscher. Doch die schauen beim neuesten Produkt aus dem Hause Langnese in die Röhre. Diese Röhre ist grün. Wie die Kugeln. Die poppen und schmecken: „Solero Shots" sind kugelrunde Gaumenfreuden, die einem den Tag versüßen. Echt cool – wie die Website. Das fängt schon beim Domainnamen an: nixfuer-lutscher.de. Hat man sich eingeloggt, steppt eine bezaubernde Blondine auf den Dancefloor (leider nur animiert!). Sie verrät dem dürstenden User auch gleich die besten Shots-Cocktails (Tipp: „Miami Beach"), und zeigt, was das Beste an den Kügelchen ist: Die wiederverschließbare Verpackung, so dass lang anhaltender Genuss garantiert ist. Ist man dann den himmlischen Sphären wieder entronnen, kann man – ganz irdisch – über die Shots-Site praktische Tipps zu den Themen Reisen, Musik oder Sport einholen. Wem das zu langweilig erscheint, der daddelt derweil mit dem Shots-Game rum – genügend Kugeln hat man ja....

Kidnapping auf offener Straße: Pash
http://www.pash.com

Ein Mann im weißen Anzug schlendert die Straße entlang. Ein unbestimmtes Gefühl lässt ihn sich permanent umschauen – war da was, folgt ihm nicht jemand? Richtig: Eine Rostlaube fährt in gleichbleibendem Abstand hinter ihm her. Der Mann fängt an zu rennen, doch die Verfolger sind schneller – das Auto stellt sich quer, ein junges Pärchen springt heraus und zerrt den Mann in den Kofferraum. Eine Entführung? Oder gar Mord auf offener Straße? Der soeben beschriebene Thriller läuft derzeit nicht im Kino, sondern im Internet. Und die Schauspieler sind keine, sondern Models. Sie führen die neueste Kollektion von Pash vor. Die ungewöhnliche Modepräsentation bewirbt Streetwear; das Label stammt aus (man höre und staune) München. Seit den 70er-Jahren expandiert die Company von Rupert Striegl kontinuierlich, mittlerweile ist man außer in den Alpenrepubliken auch noch in Spanien, Frankreich, den Beneluxstaaten und auf der britischen Insel zuhause. Die modische Kidnapping-Story wird demnächst mit neuen Clips fortgesetzt. Natürlich in bewährter Flash-Art: Wir schalten um ins Internet.

Homepage Pash

Echt lecker: Pizzatest
http://www.pizzatest.de

Wissen Sie, welcher Pizzatyp Sie sind? Wenn nicht, wird Ihnen hier geholfen: Pizzatest hat eine schmackhafte Site in Sachen Pizza ins Netz geschleust, auf der

man allerhand findet – in der Vielfalt nur noch vom Belag einer guten Pizza über-
troffen. Von der Geschichte der schmackhaften Teigspeise über eine Pizza-
Suchmaschine und einem Pizza-Lexikon („Pizzwissen") bis hin zum Pizza-
Optimizer, der feststellt, ob Funghi oder Capricciosa der Favorit des Users ist, gibt
es nahezu alles zu Pizzas und Pizzaartigen zu finden. Die flinken Pizzaflitzer ver-
köstigen so manche reich belegte Scheibe, alles im Sinne des Kunden: Nur hier
erfährt man, für welche „Mafia-Torte" die Autoren sogar zu Fuß den Brenner überqueren würden, und welche für (Darm-)Verstimmung sorgt. Der Lohn der Kalo-
rientortur: Die Kölner Fastfood-Spezialisten haben bislang über 500 Testberichte
zu 220 (!) Pizzasorten vorrätig. Na denn: Guten Appetit!

Klappe halten: PlopShop
http://www.plopshop.de
So manche Idee entpuppte sich schon als Seifenblase, die bei näherer
Betrachtung sofort platzte. Ganz anders verhält es sich im vorliegenden Fall. Im
Gegenteil: Hier werden Träume wahr. Im PlopShop zerstieben die Bläschen eingangs, so dass in der Folge uneingeschränktes Kaufvergnügen garantiert ist. Die
virtuellen Shopper wissen nicht nur durch eine ausgefeilte Präsentation zu begeistern (das Flash-Intro ist nur ein kleiner Ausschnitt dessen), sondern überzeugen vor allem durch Inhalte, sprich: Produkte. Da gibt es buchstäbliche
Ferkeleien in Dosen, Kultiges wie Käpt'n-Blaubär-Plüschpuppen und South-Park-
Figuren oder etwa – halten Sie sich fest – die „Pfui!"-Kelle von Stefan Raab. Hand
aufs Herz: Wer träumte nicht schon einmal davon, diese Klappe zu halten?
Angesichts dieser für den Alltagsgebrauch unverzichtbaren Kulturgüter wäre es
eine Todsünde, seinen Einkaufsbummel nicht im PlopShop zu starten.

Revolverbraut: Sisley
http://www.sisley.com
Im Frühjahr becirete eine aufreizend lässig gekleidete Schönheit die
Verkehrsteilnehmer: An Bushaltestellen und Plakatwänden hing das Porträt eines Hot Babes, das einen Revolver schwang. Die Dame ist Hauptdarstellerin eines Movies, das nur im Internet zu sehen ist. Titel: Palm Springs Vibrations. Regie:
Sisley. Die Modefirma hat sich für die Frühjahrs- und Sommerkollektion etwas
ganz Besonderes einfallen lassen und beglückt die Internetgemeinde mit einem
extrem gelungenen Stück Popkultur. Zu TripHop- oder House-Klängen werden
in verschiedenen Abschnitten die Artikel ansprechend präsentiert, das Ganze ein-
gebettet in eine fiktive Story, die an der Westküste der USA spielt. Hier gibt es
Einblicke, die in ihrer Machart stark an die Porno- und Sleazefilme der 70er erinnern. Derlei ist trendy (wie die Sisley-Mode selbst), denn schon im vergangenen Jahr haben amerikanische und französische Modehäuser mit ähnlichen
Motiven geworben – oder gleich Hardcore-Stars aufs Cover gebracht. So kann
man bei Sisley Einblicke in eine Striptease-Bar nehmen und den Models in der
Umkleide über die Schulter schauen. Sehr lobenswert: Die tolle Hintergrund-
musik kann man in ausgewählten Sisley-Stores kaufen.

Superauftritt: Superpeople by P&S
http://www.superpeople.com
Superstuff für Superpeople bietet P&S an. Die Zigarette in der grünen Soft-
packung kratzt ganz schön im Hals, ganz anders als der Webauftritt, in dessen
Genuss allerdings nur Volljährige kommen sollten. Wie auch das Rauchen nur
Erwachsenen vorbehalten ist, schließlich gefährdet Rauchen die Gesundheit.
Völlig ungefährlich hingegen ist diese Homepage, die nach ISO Ø 100 mg Fun und
1.000 mg Entertainment beinhaltet. Plakate, Anzeigen und Fotos en masse, dazu die supergeheime Superpeople-Wahl, die am Monatsende superöffentlich gemacht wird. Gesucht werden Charakterköpfe; das Regelwerk, nach dem gewählt
wird, ist ausgeklügelt und sieht diverse Wahlhelfer und -optionen vor. Der PS-
Gesundheitsminister rät: Machen Sie Ihre Zigarette aus und loggen sich sofort
unter dieser Adresse ein!

Digitaler Wackeldackel: Aibo

http://www.world.sony.com/Electronics/aibo/top.html

Und wieder wurde aus einer Vision Realität: Der erste digitale Wackeldackel geht in Serie. Der beste Freund des Menschen wird demnächst keine Knochen mehr als Belohnung bekommen, sondern ein Kännchen Öl für die Gelenke. Und zum Hundefrisör geht man auch nicht mehr, eher vollführt man regelmäßiges Chip-Tuning oder reinigt die Festplatte von Aibo, dem silbernen Kläffer aus dem Hause Sony. Das Prinzip ist ganz einfach: Wie weiland das Tamagotchi oder dessen kuscheliger Nachfolger „Furby" muss Aibo gegeht, gepflegt und mit viel Liebe und Aufmerksamkeit umsorgt werden. Sonst stellt sich der Computerhund recht zickig an, was angesichts einer Investition von rund 6.000 DM ein bisschen zu viel des Schlechten wäre. Der Rasseköter auf rasselnden Pfoten kann einen astreinen Stammbaum vorweisen: Yuhsuke Iwahashi heißt der Vater, der die Generation @ demnächst auf den Hund kommen lässt. Diese Entwicklung entlockt sogar uns ein erstauntes „Wau!"

LIKE GAMES?

Schockschwerenot: ShadowMan

http://www.acclaim.de

Aufgepasst, Lara Croft! Hier kommt die dunkle Seite der Adventure-Spiele: ShadowMan heißt der 3D-Schocker, der die Zocker in die Unterwelt lockt. Die Macher von „Turok: Dinosaur Hunter" haben in dem Jäger der Untoten und Killer sowie fintenreichen Kenner der Totenwelt das spielerische Äquivalent zur Endzeitstimmung der Jahrtausendwende geschaffen. Die Story: Durch den kaltblütigen Mord an seinem kleinen Bruder wird aus Professor Mike LeRoi ein gnadenloser Rächer. Auf der Suche nach dem Killer verkauft er seine Seele an einen gottlosen Voodoo-Kult und wird zum ShadowMan. Die Jagd führt nach New Orleans, durch alte U-Bahn-Stationen, Psychatrien und verlassene Minen. Dank einer Zaubermaske gelangt er ins Totenreich, wo sich der wahre Feind versteckt hält: Ein mächtiger Dämon, der die Welt vernichten will. Das Ganze garniert mit den Knalleffekten, die sich der durchschnittliche Action-Spieler wünscht. Was nichts anderes heißt, als das jede Menge virtuelles Blut fließt.

Knallerbsenstrauch: Audiofind.de

http://www.audiofind.de/spiel.html

Wohl kein Wort ist in den vergangenen Monaten so häufig in den Mund genommen worden wie „Knallerbsenstrauch" – außer vielleicht „Maschendrahtzaun". Beide Begriffe machten die ostdeutsche Profi-Nachbarin Regina Zindler bekannt, das anschließende Mediengewitter überstand die klagefreudige Sächsin mit einem Nervenzusammenbruch und einem prall gefüllten Konto, denn schließlich verwurstete Metzgermeister Raab ihre Worte zu einem einträglichen Country-Song. Karneval ist lange vorbei, das Lied demzufolge auch nicht witziger geworden, doch bevor Frau Zindler sich zur Ruhe setzen kann und die nächste Nachbarschaftsklage anberaumt, wurde noch schnell das Spiel zum Hit nachgeschoben. Unter der Adresse www.audiofind.de findet man nicht nur Audiophiles, sondern auch vieles mehr. Zum Beispiel das Maschendrahtzaun-Game, wo zu den Klängen Raabs ein leicht bekleideter Tarzan seine Jane in jeder erdenklichen Stellung hinter einem Knallerbsenstrauch... na ja, Sie wissen schon. Das Spielprinzip hat man sich bei den Moorhühnern abgeguckt, nur dass die Zählweise eine andere ist: Nach allen Höhepunkten (akustisch unterlegt mit den Standardfloskeln aus Raabs Trickkiste) sieht man anhand des Highscores, wie standfest man(n) war. Hoffentlich das letzte Kapitel zum Thema Maschendrahtzaun & Co.

In der Schusslinie: Bimbesrepublik

http://www.bimbesrepublik.com

Politiker befanden sich schon öfter im Fadenkreuz der Öffentlichkeit. Spätestens seitdem die CDU Rindslederkoffer populär gemacht hat, richtet sich der Fokus auf die Machenschaften der Profi-Geldwäscher. Das Wort „Bimbesrepublik" macht die Runde; logisch, dass in Zeiten der Moorhuhnjagd ein virtuelles Spiel zum Spendenskandal nicht fehlen darf. Hier können Sie Kohl, Kanther, Koch & Co. mal so richtig einen vor den Koffer geben. Beziehungsweise den Unions-Politikern einen Koffer voller Scheine „überreichen": Die einstmals eifrigen Sammler werden von den Spielern ins Visier genommen und mit E-Cash bepflastert. Doch Vorsicht: Treffen Sie Angela M. oder Wolfgang T. gibt's Punktabzug! Der Highscore wird derzeit mit über elf Millionen DM quittiert, unter den Umschlagüberbringern befinden sich auch „Angela Ferkel" und „Uschi Altglas". Doch das sind nur Schein-Existenzen.

Kaum zu bremsen: Coin Op City
http://www.coin-op-city.com
Die Weiterentwicklung von Flash & Co schreitet beständig voran. Nächste Stufe: CoinOpCity, Ausstieg rechts. Nachdem man den virtuellen Fahrstuhl hinter sich gelassen hat, schlendert man als blauhaarige 3D-Schönheit durch hübsch animierte Welten. Rechtsrum passiert nicht viel, nach links gewendet landet man in einer Shopping-Mall mit angeschlossener Game-Sektion. Also nichts wie ran an die Monitore und erst einmal eine Runde gezockt. Zur Auswahl stehen zwei Spiele: Cyber Swat und Stratodiver. Das eine erinnert an „Robocop", als solcher irrt man durch die dunklen Straßen einer Cyber-Großstadt und macht Autos und ein paar Gangster platt. Das andere ist etwas subtiler und beschäftigt sich mit der Extremsportart „Skydiving", nur dass man hier aus dem Orbit in Richtung Wasser oder City stürzt. Gar nicht so einfach, den Tunnel, durch den man schweben muss, zu treffen. Danach geht es ungebremst in Richtung Erde. Angesichts solch internetter Spielereien ist man selbst auch kaum mehr zu bremsen.

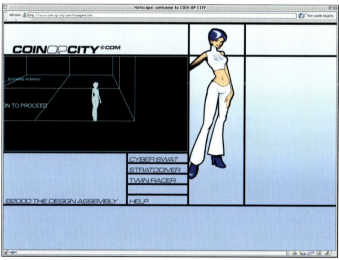

Homepage Coin Op City

Helles Köpfchen: Crazy Click
http://www.crazyclick.de
Wetten, dass abgezockten Zockern diese Site wie ein Eldorado vorkommt? Wetten, dass die Initiatorin dieser Website ein helles Köpfchen ist? Wetten, dass Sie hier alles (ver-)wetten können? Wetten, dass Ihnen diese Site Spaß macht? Sollten Sie ein- oder mehrmals heftig genickt haben, dann ist das ultimative Wettportal „Crazy Click" genau das richtige für Sie. Hinter jeder Idee steckt ein kluger Kopf, so auch hinter dieser: Yara Wortmann sieht nicht nur umwerfend aus, sie ist auch richtig clever. Die Blondine (keine Witze bitte!) steuert ihr Unternehmen vom malerischen Salzburg aus (deutsche Behörden sind sehr glücksspielfeindlich), und hatte im entscheidenden Moment den richtigen

Riecher: Ein Wettbüro zu gründen, dass das Wettgeschäft mit dem Unterhaltungsmarkt koppelt. Und so kann man heute schon darauf wetten, ob es unter Rudi Völler im deutschen Fußball die Wende zum Besseren gibt oder nicht, wann Roland Koch in Hessen das Handtuch wirft ist oder welches Big-Brother-Mitglied demnächst auf Platz eins der Charts landet. „Big Brother" gab auch die Initialzündung für den Erfolg von Wortmanns virtuellem Wettbüro, die magische Marke von über 1.000 Neuregistrierungen täglich ist mittlerweile überschritten. Wer also wetten möchte, ob der Nachwuchs im Hause Elvers/Jolig männlich oder weiblich ist oder was Helmut Kohl demnächst preisgibt (oder auch nicht), dem winken bei richtiger Prognose mal ein Smart oder eine Tauchreise. Wetten, dass das ein Spitzenangebot ist?

Auf Kaperfahrt: Cyberpirates
http://www.cyber-pirates.com
Friedfertige Leser wurden eine Zeit lang von großformatigen Anzeigen erschreckt, in denen futuristisch designte Monster oder muskelbepackte Actionhelden für eine visionäres Forum warben: Die Cyberpiraten sind los! So z.B. Zon-Dra, die animierte Wegbegleiterin durch den Dschungel dieser Plattform, die sich an ein (sehr) jugendliches Zielpublikum wendet – schließlich findet Zon-Dra alles „voll krass". Dementsprechend auch die Inhalte: Streetwear von „Homeboy" sowie Magazin-Links zu „blond" oder diversen Surf-, Snow- oder Skateboardzeitschriften. Besondere Aufmerksamkeit sollte man dem Game-Sektor schenken; wer mehr davon möchte, kann sich umgehend dem Club-Space zuwenden und Mitglied in der Piratencrew werden. So erreicht die Freibeuterei im Zeitalter des Digitalen unter der Flagge der Cyberpirates eine neue Qualität.

Rinderwahnsinn: Cow-Tipping
http://www.cyberstudio.com/mindcandy/cow/flash/tipping.html
Wem die Moorhuhnjagd auf die Dauer zu langweilig wird, der kann sich nun verstärkt dem Rinderwahnsinn widmen. Die Spielregeln gehen auf keine Kuhhaut: Eine Kuh steht auf der Weide, diese gilt es umzustoßen. Cow-Tipping heißt die „Sportart", die bevorzugt in ländlichen Gebieten sich größter Beliebtheit erfreut. Jetzt gibt es die Cyber-Version dieser umwerfenden Idee, man hat die Chance, zwischen verschiedenen „Aggregatzuständen" der Rindviecher zu wählen. Heilige Kühe gibt es dabei nicht, wenn, dann werden sie gemetzelt. So kann man eine lila Kuh umdrehen oder sich – redaktionsinterner Favorit – sich am verrückten Vieh versuchen: Flash-unterstützte User kommen so in den Genuss des irrsten Muhens seit Creutzfeldt-Jakob. Vorsicht Kinder, Finger weg von der Weide: Schlafende Kühe sollte man nicht wecken!

Jede Ähnlichkeit ist rein zufällig: Drakan
http://www.drakan.de
Fantasy-Spiele erfreuen sich zurzeit sowohl auf dem realen Brett als auch im virtuellen Orbit größter Beliebtheit. Das Action-Adventure „Drakan" liegt dabei im Rennen um die Gunst der Spielbesessenen ganz weit vorne. Bei diesem Spiel steuert man die junge Heldin Rynn auf der Suche nach einem bösen Zauberer und seinen abscheulichen Kreaturen durch verschiedenartige, faszinierende Welten. Dabei muss man nicht nur knifflige Rätsel lösen, sondern darf auch packende Schwert- und Luftkämpfe austragen. Das Adventure kostet 90 DM und kann mit anderen Spielern über das Internet gespielt werden. Jede Ähnlichkeit zur Internet-Kultfigur Lara Croft ist natürlich rein zufällig....

Indiana Jones, ganz weiblich: Tomb Raider IV
http://www.eidos.de
Darauf hat die (Männer)Welt gewartet: Lara Croft ist zurück und kämpft sich mit den Waffen (einer Frau) durch virtuelle Welten. „Tomb Raider IV – The Last Revelation" heißt das Spiel, das die Herzen der Game-Junkies millionenfach höher schlagen lässt. Die hundertprozentige Silikon-Lady mit den ausgeprägten... äääh... Temperament darf auf ihrer Abenteuerhatz den exotischen Schauplatz Ägypten bereisen. Kurz vor der Apokalypse (was sonst?) muss die schlagfertige

Forscherin abermals ihr Leben riskieren, um die Menschheit vor dem Untergang zu bewahren. Die Eidos-Homepage bietet alles, was der Croft-Fan braucht: Eine Testversion zum Zocken, multiple Screenshots für den Bildschirmhintergrund, diverse Downloads und eine Rubrik namens „Young Lara", wo die Biografie der zu diesem Zeitpunkt 16-Jährigen nachzulesen ist. Experten werden feststellen, dass sich zwei herausragende Dinge an der weiblichen Version von Indiana Jones leicht verändert haben, ansonsten aber alles gleich geblieben ist: Action & Fun pur, erhältlich für Play Station und PC.

Homepage Cow-Tipping

Ungeheuerlich: Resident Evil 3 – Nemesis
http://www.eidos.de
Ein TV-Spot macht Furore: Bedrohliche Musik vor schwarzem Hintergrund, auf dem sich kurze Zeit später die Botschaft entfaltet, dass die folgenden Sequenzen des Video-Games „Resident Evil 3" die einzigen seien, die man den Fernsehzuschauern zumuten könne. Die Schrift verschwindet, der Bildschirm wird schwarz, die Musik schwillt an – und plötzlich taucht wie aus dem Nichts für Bruchteile von Sekunden das Bild eines blutüberströmten Zombies auf. Abspann mit Playstation-Herzschlag und dem gewispertem Hinweis auf die Spielkonsole. Was werberechtlich sicher mit Argusaugen überwacht wird, ist werbetechnisch brillant inszeniert. Was uns wiederum Grund gibt, Ihnen die Homepage des Urhebers der Schlachtplatte vorzustellen: Eidos hat das Spiel kreiert und liefert zum Event auch die passenden Randnotizen. Unter der Eidos-Adresse kann man sich die Storyline, die Charaktere, Features, Screenshots und Awards ansehen. Der Download-Bereich wird noch bestückt, das „Coming soon" des Areals kann aber auch ein weiterer Trick dieses buchstäblich ungeheuerlichen Werbefeldzuges sein.

Durchlauchterhitzer: Pipi-Prügel-Prinz
http://www.gamechannel.de/pipiprinz/prinz.html
Die „Herrenhaus Gärten" in Hannover sind ein ideales Auslaufgebiet für den streunenden Landadel. Dort verbringt auch unser sympathisch-dynamischer Pipi-Prügel-Prinz einen Teil seiner Zeit, wenn er sich nicht gerade an den Pavillonwänden befreundeter Nato-Partner erleichtert. Unser Prinz – dies soll auch in den blaublütigsten Kreisen vorkommen – verspürt Durst. Wie schön, dass überall Bierhumpen herumstehen, die durstigen Kehlen einladend zublinzeln. Ein Idyll – wenn da nicht die Paparazzi wären, also Menschen, die ihre Arbeitsinstrumente auf alles richten, was ihnen über den Weg läuft. Und dass unser trinkfreudiger Adelsvertreter – in Hannover könnte es ein Welfe sein: *könnte*, muss aber nicht

(bitte nicht anrufen!!!) – eine schwache Sextanerblase hat (trinkt er zuviel? Eine Erbkrankheit?), macht es für die Fotografen noch spannender. Soweit der Hintergrund des neuesten Spielvergnügens im Gamechannel. Konkret geht es darum, den Pipi-Prügel-Prinzen ernst und augustinisch über die Bierhumpen zu führen und ihn sich seine Blase entleeren zu lassen. Beides bringt Punkte. Die gibt's ebenfalls, wenn sich der Prinz mannhaft der Zudringlichkeit der Presse erwehrt: Jeder Schlag mit dem Regenschirm lohnt sich. Die Regeln sind gut erklärt, das Spiel, für Mac und PC, kann man online ausprobieren oder gleich downloaden.

Gewinnen mit System: Gewinnspiele.com
http://www.gewinnspiele.com

Umsonst ist der Tod? Völliger Unsinn! Gewinnspiele.com zeigt, was sonst noch alles umsonst ist, vorausgesetzt, man bringt ein wenig Glück auf der digitalen Jagd nach dem großen Gewinn mit. Denn hier findet sich der ideale Ausgangspunkt für alle, die systematisch im Netz nach Gewinnspielen suchen. Ob Börsenspiele, Lotto bzw. Lotterie, Casinos, Wetten oder Telefongewinnspiele - hier ist alles dabei, was das Internet zu bieten hat. Insgesamt versammelt „die Seite für Gewinner" über 800 Gewinnspiele, allesamt getestet, redaktionell beschrieben, bewertet und in ca. 50 Kategorien eingeteilt.

Homepage Gewinnspiele.com

Der Preis ist heiß: Gewinnspiele.de
http://www.gewinnspiele.de

Schön und reich gesellt sich gern, das dokumentiert der Jetset immer wieder. Umkehrschluss: Wer nicht schön ist, muss zumindest reich sein. Oder werden. Das geht ganz schnell, wie ein Blick auf die Internetseiten von http://www.gewinnspiele.de beweist. Wer hierhin surft, hat nur eins im Sinn: gewinnen. Dank der Traumpreis-Suchmaschine wird gewinnen zur Strategie. Sie geben ihren Wunschpreis ein und alle erdenklichen Gewinnspiele dazu werden aufgeführt – mit Zusatzinfos, wer sie veranstaltet, was man tun muss und wie lange man sich daran beteiligen kann. Wer der Erste sein möchte, klickt auf „First Chance", wenn man was verpasst hat, erhält man die „Last Chance". Wem das alles noch nicht genug ist, der abonniert den regelmäßig erscheinenden Newsletter mit den Startterminen der neuen Spiele. Eine wirklich gewinnbringende Idee – mit einem Schönheitsfehler: Es fehlt der Bestellbutton für den Gewinn.

Hans heißt die Kanaille: Hans, das Spiel
http://www.hans-das-spiel.de

Hans heißt die Kanaille. Und ist laut Eigenreklame das erste Spiel, das ohne englische Vokabeln auskommt. Was man tun muss? Draufgehen und mitmachen!

Was man wissen muss? Alles! Zum Beispiel, wie teuer Mireille Mathieus Lieblingsperücke ist, wer John Lennon erschossen hat und wer Deutschlands dümmster TV-Star ist. Allgemeinbildung halt. Wer mitmachen darf? Jeder. Name, Alter und Adresse angeben, Spielnamen erfinden und Passwort nicht vergessen – schon kann's losgehen! Dachten wir – aber es kam ganz anders. Anstatt coole Antworten auf dumme Fragen geben zu können (oder umgekehrt), haben wir eine ganze Schachtel virtueller Kippen geraucht, das Vorzimmer aufgeräumt, Kaffee gekocht und uns anschließend unverrichteter Dinge aus dem Staub gemacht. Die Site ist nur deswegen im Buch, weil wir die Idee und die Ausführung bis zur virtuellen Studiotür für außergewöhnlich erachten. Sollte irgendjemand irgendwann einmal nicht vor verschlossener Tür stehen bleiben, kann er uns ja mailen. Bis dahin heißt die Kanaille weiterhin Hans. Und kommt in die eigene Flasch-Halla.

Paul statt Heinz: Ketchuper.com
http://www.ketchuper.com
Fragen – beispielsweise wie Ketchup hergestellt wird – werden in der Regel von Kinder- und Jugendmagazinen á la „Sendung mit der Maus" oder „Löwenzahn" beantwortet. Wir können mal ein Auge zudrücken und eine Ausnahme machen. Also: Ketchup wird von Paul hergestellt (die meisten dachten bis dato an „Heinz"). Paul steht am Fließband und wartet – mit einem Vorschlaghammer in der Hand. Rollen einige Tomaten vorbei, muss Paul nur im richtigen Moment zuschlagen, und schon wird aus den Tomaten Ketchup. So leicht geht das. Wenn man möchte, kann man Paul im Vorfeld die Mütze vom Kopf klauen oder ihn auf einem Fuß stehen lassen – der zweite macht sich schnurstracks aus dem Staub. Und nächstes Mal zeigen wir, wie Pommes mit Mayo gemacht werden.

Wenn die Masken fallen: Der Venezianische Maskenball
http://www.maskenball.de
Wer abseits ausgelassener Fröhlichkeit der tollen Tage einmal etwas Erhellendes und (Ent-)Spannendes zum Thema Karneval genießen möchte, der sollte am virtuellen Maskenball teilnehmen. Wie es sich für ein vornehme Feier gehört, haben die Internet-Götter vor dem Betreten der exklusiven Räumlichkeiten erst einmal die Ausweiskontrolle gesetzt. Und die geht so: Man loggt sich als neuer Mitspieler unter einem Fantasienamen ein und lässt seine Figur zunächst einmal Gestalt annehmen. Diese kann man sich nach bewährter Patchwork-Manier selbst zusammenstellen, Vorlagen liefern die historisch überlieferten Modelle des Venezianischen Karnevals, dem vielleicht schönsten Maskenfest der Welt. Ist dieser Schritt getan, folgt der nächste: Man gibt seiner Figur nicht nur den äußeren Anstrich, sondern verleiht ihr auch innere Werte – zwei Charakterzüge weist jeder Mitspieler auf. Nun lesen Sie schon zum zweiten Mal das Wort „Mitspieler" (jetzt ein drittes Mal) und fragen sich, was es damit auf sich hat: Jeder Teilnehmer am Maskenball ist zugleich auch Detektiv, denn es gilt, eine gesuchte Person zu demaskieren. Durch ständigen Kontakt und Frage-Antwort-Spielchen zu anderen Gästen lüftet sich Stück für Stück im Cyber-Schloss das Geheimnis.

Treibjagd: Moorhuhn 2
http://www.moorhuhn.de
Was Federvieh so alles anrichten kann: Das Moorhuhn spaltet die Nation. Was Betriebsleiter auf die Barrikaden treibt und mit Kündigung drohen lässt, lässt andere kalt. In Köln titelte der EXPRESS: „Wer ballert, fliegt!", wohingegen die Fern-Universität Hagen das Spiel ganz lässig auf die erste Ebene zum Download bereitstellte. Die Regeln des Ballerspiels zu erklären ist überflüssig, schließlich dürfte jeder mit Internetzugang bereits im vergangenen Jahr Jagd auf die Flattermänner gemacht haben. Auch die neuen Gags und Besonderheiten der zweiten Version wollen wir nicht verraten, schließlich hieße so etwas, der Unproduktivität Vorschub zu leisten. Nur dies: Die Zeit zum Herunterladen liegt bei ISDN-Verbindungen bei rund zehn Minuten, alles andere geht entsprechend langsamer. Wenn der Moorhuhn-Server (wie anfangs geschehen) einmal down sein sollte, kann man immer noch über den Gamechannel ausweichen (http://www.gamechannel.de). Zum Auftakt der Jagdsaison griffen allein während der ersten 48 Stunden

nach Veröffentlichung ca. 2,5 Millionen passionierte Pazifisten zur Flinte, um die Vögel zu erwischen. Lassen Sie sich bitte nicht erwischen, sonst fliegen Sie!

Verschollen: Nanuk

http://www.nanuk.autsch.de

Nanuk hat's schwer: Er treibt auf einer Riesen-Eisscholle im arktischen Meer, seine Freunde sind aber in Rufweite. Nun muss Nanuk versuchen, über kleine Eisschollen zu seiner Iglu-Siedlung zu kommen. Doch das ist gar nicht so einfach: Zum einen treiben die eisigen Brocken recht schnell im kalten Strom, so dass unser Held schon recht fix sein muss, will er nicht im Wasser landen. Zum anderen ist nicht Scholle gleich Scholle: die eine führt einen Ofen mit sich (zu warm, bedeutet Punktabzug), die andere ist überfüllt (zu viele Pinguine) und drittens lauern auch noch Eisbären, die Nanuk zum Fressen gern haben (ja, ja – geschenkt: Eisbären und Pinguine gibt's zusammen nur im Zoo... wissen wir!). Außerdem existiert nur eine Furt, die sich zu überqueren lohnt, denn wenn man zu weit südlich landet, kann man seine Eskimos auch nicht in die Arme schließen.... Die Phenomedia AG (die Jungs und Mädels, die das virtuelle Moorhuhn-Schießen erfanden) hat wieder phänomenal zugeschlagen: Der neueste Streich aus der Bochumer Spieleschmiede erfüllt alle Voraussetzungen, um verregnete Tage (im Büro oder zuhause) angenehmer zu gestalten. Spannung ist garantiert: Es sieht so einfach aus, ist aber verdammt schwer. Spiel und Treibersoftware sind fix innerhalb von ein paar Minuten gedownloadet, dem Rettungsversuch steht danach fast nichts (s.o.) mehr im Weg.

Ich bau mir ein Schloss...: SimCity

http://www.simcity.com

Die schönsten und prächtigsten Bauten der Architekturgeschichte auf einen Klick: In SimCity entsteht ein Paralleluniversum, das landschaftlich, architektonisch und auch menschlich viel mit der Realität gemein hat – und sie zuweilen sogar übertrifft. Mitmachen kann jeder, und jeder der mitmacht, trägt zur Bereicherung dieses virtuellen Spielplatzes für neue Architektur und die tägliche Dosis Web-Soap bei. SimCity selbst ist ein Ort der Gigantomanie: Noch nie haben so berühmt und prächtige Bauwerke nebeneinander gestanden. Wer meint, der Potsdamer Platz sei schon beeindruckend, der sollte sich die Blocks von SimCity einmal näher anschauen: Der florentinische Dom steht hier neben dem Chrysler-Building, der Hancock-Tower neben dem Pantheon. Stundenlanges Verweilen ist garantiert, einzelne Bauwerke kann man sich downloaden, um sie eingehender zu inspizieren. Dank diverser Tools ist man dann gefordert: Das eigene Gebäude, der eigene Block oder Themenpark warten darauf, gebaut zu werden. Prinzipiell ähnlich kann man auch „Die Sims" kreieren, die erste Web-Soap mit riesiger Fangemeinde. Das Designen der Charaktere macht ebenso viel Spaß wie die Begutachtung des Resultats, wenn die Figuren in dieser interaktiven Serie interagieren. Wer braucht da noch „Big Brother"?

Fight Club: SiSSYFIGHT 2000

http://www.sissyfight.com

Hier gibt es richtig was aufs Gesicht: prügelnde Girlies an amerikanischen High Schools! Zunächst betritt man ('tschuldigung: mädchen) den Dressing Room, nachdem mädchen sich ein Pseudonym zugelegt hat. Im Ankleidezimmer wird sich (wie es sich für Girlies gehört) gestylt: Frisur, Haarfarbe, Teint und Mimik (sic!). Danach geht's ab auf den Pausenhof, zur Prügelei. Derzeit sind rund 90 Mädels aktiv, nach überstandenem Schlagabtausch kann man (verflixt: mädchen!!!) sich mit seinen neuen Freundinnen via Chat zum Bier verabreden. (Trinken Girlies überhaupt Bier? Egal!) Oder zum nächsten Fight. Ob mit „Frauenpower" so etwas gemeint war?

Sechs Internationale für sieben Türen: 7th Portal by Stan Lee

http://www.stanlee.net

Sieben ist die magische Nummer: Dreimal die Sieben hintereinander geschrieben ist Teufelszeug, es gibt die sieben Todsünden, die sieben Samurai (alternativ: die glorreichen Sieben), die sieben Zwerge, Maffays sieben Brücken, über die man gehen muss und die Sieben mit der tödlichen Doppelnull davor, besser bekannt als James Bond. Sieben Tage hat die Woche, sieben Portale hat die dunkle Welt, die Altmeister Stan Lee jetzt im World Wide Web – ganz spielerisch – zur Besichtigung freigibt: 7th Portal heißt das neueste Werk des Schöpfers solcher Superhelden wie dem Silver Surfer. Im Stan-Lee-Net finden sich alle fantastischen Kreaturen des Comic-Genius ein, der wiss- und spielbegierige User wird hier sein Nirwana finden. Phänomenal ist allein das Intro zum 7th Portal: Mehrere (internationale) Mitspieler können zwischen unterschiedlichen Figuren wählen, bevor sie nach Darkmoor aufbrechen, einem unwirklich-unwirtlichen Ort, wo ein dunkler Fürst mit dunklen Absichten über sein dunkles Reich herrscht. Weltklasse-Unterhaltung von einem alten Hasen: unbedingt anschauen und mitspielen!

Homepage 7th Portal by Stan Lee

Teletubby-Overkill: The Sammy
http://www.the-sammy.de
Das musste ja so kommen: Jagdsaison in allen Büros – nach den Moorhühnern nun die Kinderhelden! Bei „The Sammy" kann man Teletubbies ins Visier nehmen. Tinky Winky, LaaLaa und Po werden per Shotgun und MP hingerichtet, eine zweite Version beinhaltet immerhin die Möglichkeit, dass sich die Kuschelweichen qua Kekswurf in Richtung Schützen erwehren können. Ist der Widersacher von den Winke-Winke-Monstern ausgeschaltet worden, lassen diese die Hüllen fallen: Hinter der Maske der Tubbies steckt niemand Geringeres als Saddam Hussein. Auch die schwedische Popband Abba muss dran glauben: Wer möchte, kann die Barden einfach überfahren. Für Blasphemiker empfehlenswert: „No Christen", wo man die Engel vom Firmament schießt. Aber es gibt auch Schönes von der Site zu vermelden, denn „Brix" ist wieder auferstanden – ein Spiel, das zur ersten Generation der Telegames gehört. Die Jungs von „Air" haben es in ihrem Video „Kelly watch the stars" schon vorgemacht.

LOST IN MUSIC

Stelldichein in Wuppertal: 45 RPM
http://www.45rpm.de
45 rpm bezeichnet die Anzahl der Umdrehungen, die ein Plattenteller in der Minute macht (rpm steht für „rounds per minute"). Jetzt macht ein cooler Clip die Runde: Das Intro zur Website des Wuppertaler Clubs 45 RPM ist exzellent, brillant, phänomenal, schlicht: nominierungswürdig. Analog zur Gästeliste: Nahe-

zu Woche für Woche reichen sich Stars und Sternchen der DJ-Culture im Szeneladen die Klinke in die Hand – Richard Dorfmeister (50 % des DJ-Duos „Kruder & Dorfmeister"), Andy Smith, der Portishead-DJ, oder Scott Hendy, der „Dope-on-Plastic"-Mixer sowie DJ E.A.S.E. von den „Nightmares on Wax". Unter der schönen Adresse „Alte Freiheit Nr. 3" residiert die Stätte der gehobenen Musikkultur in Wuppertal-Elberfeld, von donnerstags bis samstags zwischen 23 und fünf Uhr morgens steppt hier die In-Crowd aus ganz NRW. Deutschlands Clublandschaft hat nicht nur im Web einen neuen Fixstern erhalten.

Absolute Musik: Absolut Vodka
http://www.absolutvodka.com
Musik und Drinks bilden in der Club-Szene eine untrennbare Einheit. Die schwedischen Spirituosenhersteller von Absolut Vodka fügen dieser Konsolidierung eine im wahrsten Sinne des Wortes besondere Note bei, denn auf der Homepage der Absoluten geben sich international renommierte DJs die Klinke in die Hand. Hier ist Musik in der Flasche: Coldcut, DJ Spooky und die United Future Organisation sind nur einige Heroen der Turntables, die mittels optischer und akustischer Gimmicks den begeisterten User zum Profi an den Reglern werden lassen. Einem Klangteppich voller Panels kann man dank diverser Icons eine beliebig variierbare Struktur verpassen, doch Vorsicht: Derlei Spielchen eigenen sich lediglich in den eigenen vier Wänden, in Großraumbüros hingegen können die verschiedenartigen Rhythmen und Klangfarben zum Ärgernis werden. Ein Experiment in Sachen visualisierter Musik mit hohem Info-Gehalt, so man sich beispielsweise zu Breakbeats auf der Coldcut-Seite in die Geschichte der DJ-Music einliest. Die hochprozentige Dosis bester DJ-Kunst ist absolut wild gemixt und gepitcht: Put the needle on the record!

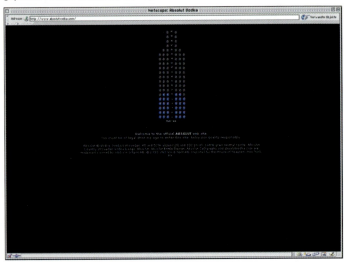

Homepage Absolut Vodka

Unerhört: Besonic
http://www.besonic.com
Tonnenweise unerhörte Musik findet man bei Besonic. Dass das Unerhörte nicht so bleibt, dafür sorgen die Besonics mit viel Geschick, einem glücklichen Händchen und dem Ohr für Außergewöhnliches. Das Musikportal verwaltet jede Menge Daten und Songs bislang (nahezu) unbekannter Bands und Künstler. Hier findet sich schön Schräges wie die Easy-Listening-Hardcore-Schunkler von „Grünkohlkaufengehenunddabei..." neben Hochartifiziellem wie „Tabla + Strings" (schön scheppernde Live-Aufnahme von Burg Traunstein, Hohenstein oder so ähnlich...). Zu den bekanntesten Matadoren dürften noch die Münchner „Capoiera Twins" zählen, die sich eklektizistisch und stets innovativ durch den Dancefloor- und Elektropark zappen. Unsere Anspieltipps heißen „Ikarus" (des-

sen CD bereits im Handel ist), „Yellowdragon" (gerade von EMI gesignt), „TMbase" und die Inder des „Space Orkestra of Benares", deren Bombenleger-Remixe allererste Sahne sind. Ihnen und allen anderen hoffnungsvollen Talenten bei Besonic wünschen wir den Erfolg, der „The Blue Boy" bereits beschieden ist – deren Breakbeat-Knaller „Remember me" wurde nämlich anno '97 zuerst bei Besonic veröffentlicht.

Kein Sinn für Humor: Camp Chaos
http://www.campchaos.com/cartoons/napsterbad/index.html
Musiker und MP3 – das musste irgendwann einmal knallen. Den Kampf eröffnet hat jetzt die Ex-Heavy-Metal-Band „Metallica", die der Musikaustauschbörse „Napster Inc." mittels Klage untersagte, ihre Lieder zum Download anzubieten. Ein Gericht bestätigte die Klage, das Musikbusiness begrüßte die Entscheidung, die Webgemeinde antwortet hingegen mit Hohn und Spott. Vorreiter der Netzbewegung ist Chaos Camp: Die chaotischen Camper haben einen Kurzfilm ins Web geschleust, in dem Bandkopf Lars Ulrich und Sänger James Hetfield ihren Kommentar zum Urteil und zu Napster Inc. abgeben. Zwar auf Englisch, es reicht aber, wenn man nur die Hälfte der obszönen Wortkaskaden mitbekommt. Besonders Hetfields atavistisches Gestammel erinnert fatal an einen Neandertaler. Umso größer jedoch der Spaß für die Netizens, die in Camp Chaos ein würdiges Sprachrohr gefunden haben. Außer der Band-Schelte hält das Chaoten-Camp aber noch weitere animierte Highlights zwecks Zeitvertreib parat, die zudem den Vorteil haben, dass sie keine „parental advisory" benötigen.

Männer mit Eigenschaften: Day One
http://www.day-one.co.uk
Ein ganz normaler Tag im Leben zweier ganz normaler Jungs: Aufstehen, Musik machen, Website programmieren, fertig. Day One heißt das Duo aus Bristol, das derart in den Tag hineinlebt. Beim Namen jener Stadt werden Musikfreunde den Ohren klingeln, beheimatet sie doch so exquisite Künstler wie Massive Attack, Smith & Mighty oder Tricky. Nun ist die Bristol-Posse um eine musikalische Attraktion reicher, denn Day One haben eine exquisite Website ins Netz gestellt. Eingangs wird man mit dem weichgezeichneten Bandlogo konfrontiert, unterlegt vom scheppernden Klang der Day-One-Beats. Da jeder einmal klein angefangen hat, benötigte die Band Starthilfe aus Übersee: Beastie-Boys-Producer Mario Caldato ist es zu verdanken, dass die perlenden Stücke von Donni und Phelim ins Rampenlicht gerückt werden. Das komplette Interview der TripHopper, nebst Vorstellung ihrer Lieblingsalben und -filme sowie Statements zu Live-Auftritten kann man der Homepage entnehmen. Das Album „Ordinary Man" erschien am 13. März: Tag eins im Jahr 2000 in Bristol – das fängt ja gut an!

Tribut an einen Gott: DJ Empire
http://www.dj-empire.com
Giorgio Moroder ist ein Gott der Disco-Szene. Der Italiener, der 1984 die Hymne der Olympischen Sommerspielen in LA komponierte, hat es danach wesentlich ruhiger angehen lassen. Zu ruhig, wie viele seiner zeitgenössischen Kollegen des House- und Dancefloor-Sektors fanden. Und sich für ein Projekt namens „DJ Empire" zusammenschlossen, um gemeinsam Moroder-Stücke in neuem Kontext zu erstellen. Die ersten Ergebnisse liegen bereits in CD-Form vor – Jam & Spoon mit „The Chase" machten den Anfang, Ex-Disco-Queen Gloria Gaynor folgt jetzt mit „Last Night". Da glitzert es wieder auf der Tanzfläche – der Moroder-Sound ist halt ein bisschen glamuröser als der Rest (die Pet Shop Boys lassen wir da mal außen vor...). Weitere Perlen der Popmusik sind unter dieser Adresse abzufragen, je nach Veröffentlichungslage kann man sich die Stücke dann auch auszugsweise anhören. Noch mit dabei: Eddie Amador, Tom Tom Club, Todd Terry, Thee Maddcatt Courtship und natürlich der Master himself, Giorgio Moroder.

Ausweichende Gerechtigkeit: DJ Food
http://www.djfood.com
Eigentlich sollte an dieser Stelle ein Beitrag zum neuen Album von „Tosca", einem Nebenprojekt des DJ-Duos Kruder & Dorfmeister, stehen. Doch Studio K7,

Label der Soundartisten aus Wien, hatte das erschienene Werk beim letzten Update noch nicht berücksichtigt. Ausweichende Gerechtigkeit: Unter dem Dach des Mutterlabels „Zomba" fanden wir die Info, dass DJ Food, Turntable-Hero von NInJa Tune, über eine eigene Webadresse verfügt. Nichts wie hin und schön gestaunt: Der Plattenmeister aus London füttert seine Fans mit allerfeinster optischer wie akustischer Kost. Da explodiert ein Farbenmeer vor dem Auge des Betrachters, die Formen mischen sich zu neuen Strukturen, denen wiederum ein eigener Klang zugeordnet wird. Der filmreife Auftritt in „ phase 5 stereo" ist fast zu schön, um wahr zu sein. Und doch ist die Webpräsentation nicht nur Futter für die Augen, sondern ein Kaleidoskop der Möglichkeiten. So auch der Titel des gleichnamigen Albums: Kaleidoscope. Ein paar Anspieltipps mehr hätten es schon sein dürfen, aber man ist ja bescheiden angesichts dieser wunderschönen Alternative.

We love you: EyeDoo!
http://www.eyedoo.de

Der Planet Pop wird derzeit im Sturm erobert. Die Konquistadoren sind wuselige Wesen mit zwar nur einem Auge, aber dem geschärften Blick dafür, was gut ist. Und wie gut Eyedoo ist, davon kann sich ab sofort jeder selbst eine Bild machen. Die Mission lautet: (No) Music for the masses! Zwar findet hier jeder etwas nach seinem Geschmack, doch muss bei allem Suchen die Frage des Stils gewährleistet sein. Der Clou: Bei Eyedoo bestimmen keine gesichtslosen Programmdirektoren die Reihenfolge der abzuspielenden Musik-Clips, sondern die Eyedoo-Anhänger selbst. Eine kleine Vorauswahl kann mittels eingerichteter Fenster aufgerufen werden, die Clips werden qua RealPlayer abgespielt. Wer nicht über das notwendige Equipment verfügt, erhält auf virtuellem Weg Hilfe. Kaum Hilfe braucht es, um den Gehalt dieser wunderschönen Site zu erfassen: Musik-Herz, was willst du mehr!? Ein Newsletter informiert über das Neueste aus dem Rock- und Popbusiness, hier wird den wirklich wichtigen Fragen nachgegangen: Ob Mel C. lesbisch ist, sich Geri Halliwell und George Michael den Freund teilen oder warum die Beckhams schon wieder in Schwierigkeiten stecken. Doch angesichts der netten Animationen kehrt man dem Geschriebenen rasch den Rücken zu und gibt sich ganz dem Flash-Rausch hin. I do, we do – Eyedoo: We love you!

Definiton of Cool: Beastie Boys
http://www.grandroyal.com

Nicht wenige Künstler haben der Popgeschichte der 90er ihren Stempel aufgedrückt: Madonna, Kruder & Dorfmeister, Wu Tang Clan, Fatboy Slim, Moby und Janet Jackson, um nur einige zu nennen. Doch keine andere Band hat es geschafft, die coolen Aspekte des Pop so zu verinnerlichen wie die Beastie Boys. Die drei New Yorker haben sich vom Rotzlöffel-Rap á la „Fight For Your Right (To Party)" verabschiedet und sich in der vergangenen Dekade zur HipHop-Avantgarde gemausert, was bahnbrechende Alben wie „Check Your Head" und „Hello Nasty" dokumentieren. Nebenbei hat die Boygroup für Erwachsene auch noch ein kleines Imperium namens „Grand Royal" aufgebaut, das in seiner Bandbreite (Plattenlabel, Streetwear, Zeitschriften und Medien) wegweisend für ähnliche Projekte (Wu Tang Clan) ist. Wer also die Definition von „Cool" erfahren möchte, der klicke sich bei Grand Royal ein und kann so qua Studium der Seiten zum Member of Hipness werden.

Rap im Namen des Herren: Kerygma
http://www.kerygma.de

Das Evangelium nach Thomas D. muss neu geschrieben werden: Sein gerappter „Liebesbrief" führte die Charts an, jetzt ist uns eine Neuauflage des Werks ins Netz gegangen. Kerygma, eine „Kommunikationsagentur für Ihre Kirche", hat eine klerikale Version von Thomas' Opus entworfen. Die Botschaft hör ich wohl, allein ich seh' den Glauben: Zur bekannten Melodie fliegen die Wörter vor sich permanent verändernden Hintergründen ins Bild, der Sprecher/Sänger im Off hat zudem eine ähnlich Stimme wie Thomas D. Wer so die Botschaft unters Volk bringt, dem ist kein Verstoß gegen das erste der zehn Werbegebote nachzuweisen, das da heißt: Du sollst nicht langweilen! Die extrem fette Bergpredigt von Birgden & König schreit geradezu nach Wiederholung. Mission erfüllt, Jungs, unseren Segen habt ihr. Hallelujah!

Boing Boom Tschakk: Kraftwerk
http://www.kraftwerk.com
In der Szene werden sie kultisch verehrt: Nahezu jeder Musiker, der sich eingehender mit elektronischer Musik beschäftigt, nennt Kraftwerk als eines seiner (wenn nicht sogar das) Vorbild/er. Die Düsseldorfer haben bereits in den 70er-Jahren die Standards gesetzt, die im Zuge der Retro-Bewegung innerhalb der Popmusik in den 90ern Wiederauferstehung feierten. Doch was heißt hier „Retro"? Kraftwerk ist nie aus der Mode gekommen, sie waren nur längere Zeit von der Bildfläche verschwunden. 1998 hieß es endlich: Kraftwerk is back! Und schon durften die Elektroniker den EXPO-2000-Titelsong komponieren. Eine viel umjubelte Konzerttour quer durch die Kontinente beendete zudem die Bühnenabstinenz der Synthetiker. Auf dieser Homepage kann man einiges Bemerkenswertes von und über Kraftwerk buchstäblich erfahren, denn Auge und Ohr dürfen sich den einzigartigen Klängen und optischen Leckerbissen hingeben.

Homepage Kraftwerk

Heiligsprechung: All Saints
http://www.londonrecords.co.uk
Der Februar stand ganz im Zeichen Leonardo DiCaprios und seinem Film „The Beach". Regisseur Danny Boyle ist bekannt für sein glückliches Händchen bezüglich der Musikauswahl, so auch diesmal: Der Titelsong „Pure Shores" begeistert durch einen hypnotischen Beat, wunderbare Instrumentalisierung und elfenhafte Gesänge. Letztere steuern die All Saints bei, die den Hit der Einfachheit halber auch selbst geschrieben haben – unter tatkräftiger Mithilfe des Erfolgsproduzenten William Orbit, der schon Madonna zu einem fulminanten Comeback verhalf. Was die Allerheiligen auszeichnet: Sie sehen besser aus als die Spice Girls, lassen sich durch Mutterfreuden nicht von der Arbeit abhalten, sind ähnlich cool wie seinerzeit Diana Ross & the Supremes und haben überdies (s.o.) Talent fürs Songwriting und ein Gespür für die richtige Produktion. Shaznay Lewis, die Geschwister Natalie und Nicole Appleton und Melanie Blatt sind keine Retortenband, sondern Pop-Stars, die sich ihrer Wurzeln bewusst sind. Dementsprechend hymnisch ist auch die Verehrung auf der Insel, den Briten ist die soziale Komponente eben wichtiger als Glamour. Kopfschüttelnd registriert die Nation die Eskapaden von „Posh Spice" Victoria und ihres in Ungnade gefallenen Gatten David Beckham, kopfnickend nahm sie wohlwollend die Liaison

zwischen Nicole und Robbie Williams auf. Das neue Album der glorreichen Vier steht kurz bevor, mehr Infos über die Brit-Girls gibt es unter der genannten Adresse oder unter http://allsaints.ukmix.net, einer Fan-Site, die üppiger ausfällt als die Seiten der Plattenfirma.

Waxtum: Mo' Wax
http://www.mowax.com
James Lavelle ist ein Suchender. Der britische Star-DJ, Musiker und Inhaber des Mini-Imperiums Mo' Wax ist ständig auf der Reise durchs Pop-Universum, um seiner geneigten Hörerschaft neue musikalische Spezialitäten aufzutischen. Mit seinem Solo-Projekt U.N.K.L.E. veröffentlichte er vergangenes Jahr eines der besten Alben, das so eklektizistisch konzipiert war, wie die Bandbreite der unterschiedlichen Musikrichtungen und Stile, die auf Mo' Wax zu finden sind. Alles, was Meister Lavelle anfasst, klingt. Klingt sogar sehr gut. Wovon man sich auf dieser Homepage überzeugen kann. Soundfetzen vom Gitarrenspiel des Tommy Guerrero, Bilder vom Live-Act des Beastie-Boy-Aficionados Money Mark oder Samples der Major Force West: Die Bits und Bytes kann man durch anklicken auf die Pyramide im Mittelpunkt der Startseite befreien. Damit es nicht allzu musikalisch wird, hat der liebe U.N.K.L.E. auch unter der gleichnamigen Rubrik ein nettes Gimmick eingebaut.

Klangvoller Name: Ninja Tune
http://www.ninjatune.com
Das Label Ninja Tune gehört mit Sicherheit zu den innovativsten und produktivsten der vergangenen Dekade. Das Schöne daran: Die Soundtüftler waren und sind ihrer Zeit immer einen Schritt voraus. Ob „Coldcut", „DJ Food", „DJ Vadim", „The Herbaliser", „London Funk Allstars", „Funki Porcini" oder „Up, Bustle & Out" – sie alle stehen für eine ganzheitliche Musiktherapie der avantgardistischen Form. Die Sampleschmiede aus London hat entsprechend ihrer Mission, der Menschheit zu einem avancierten Musikgeschmack zu verhelfen, eine extraordinäre Site im Web, auf der man sich nicht nur über die Kreativität der einzelnen Künstler informieren kann, sondern auch Soundschnipsel downloaden oder Clubwear bestellen kann. Möge der Ninja-Affe, Maskottchen und Logo der Plattenküche zugleich, auch in Zukunft erfolgreich die Disc über seinem Haupte schwingen!

Perfekt, Perfecto, Oakenfold: Paul Oakenfolds Perfecto FC
http://www.perfecto-fc.com
Auch dieses Jahr sind die Raver zu Abertausenden auf den Balearen eingefallen, um Klängen zu lauschen, die bereits seit Beginn der 90er die britische Clubszene elektrisieren. Verantwortlich dafür ist u.a. Paul Oakenfold, der seit einem Jahrzehnt die Tanzböden in ganz Europa zum Kochen bringt. Der DJ-Superstar hat jetzt eine Website eröffnet, die (wie es sich für englische Produzenten gehört) ganz im Zeichen des Fußballs steht – und somit folgerichtig auf den Namen Perfecto FC hört. Zu Oakenfold'schen Klängen wird der User ins Labyrinth aus Vergangenheit und Zukunft hineingezogen, der extraordinäre Webauftritt des Dancefloor-Wizzards startet mit drei Pforten, die ins Beat-Nirwana führen. Im Inneren wartet der Meister in all seinen Facetten: Clubwear im hauseigenen Shop, das „Perfecto-TV" mit Interviews und Berichten zur aktuellen Lage an der Charts-Front, ein bisschen Commercial für Pauls Leib- und Magen-Mixer und natürlich die Bio des Mixmasters neben seinen Lieblingsscheiben. Das Ganze wird zu einem Amalgam verschmolzen, das hiesigen Soundtüftlern zur Nachahmung empfohlen wird. Einer der Pioniere in Sachen DJ-Culture setzt auch im Web neue Maßstäbe.

Pop hoch 16: Pop Tics
http://www.poptics.de
„Le Hammond Inferno" waren Easy Listening-Pioniere, als das Genre noch kein Schubfach in den Redaktionen der Musikmagazine oder im Fachhandel hatte. Die Berliner stöberten so manch vergessenes Schätzchen auf, drehten es durch den

Fleischwolf und kreierten daraus einen eigenen Sound. Nun haben sie etwas Neues in Angriff genommen: Unter dem Namen Pop Tics haben sie ein virtuelle Hochhaus errichtet, das der Wahrheitsfindung dient. Gesucht wird der perfekte Popsong – nicht länger als zweieinhalb Minuten, vorgetragen vornehmlich von Künstlern des hauseigenen Labels „Bungalow". Andreas Dorau, Jim Avignon, Dauerfisch, die Pop Tarts, DOB oder Yukari Fresh & Pat Detective haben sich aufgemacht, die Räumlichkeiten mit Tönen und Bildern zu füllen. Ja, Sie haben richtig gelesen: mit Bildern, denn zu jedem Song gibt es das passende Hintergrundmotiv. Das Ganze ist auf CD-Rom erschienen, man kann sich aber im Internet schon erste Eindrücke von der Kunstfertigkeit der Pop-Artisten verschaffen. Über 16 Stockwerke erstreckt sich der populäre Mikrokosmos, die grafische Umsetzung erfolgte unter tatkräftiger Mithilfe der „E-Boys". Den Architekten ist ein Meilenstein der Pop-Geschichte gelungen, den besten Überblick hat man vom Presseraum im Obergeschoss: Hier sind alle Meldungen über das Projekt nachzulesen. Ein zweiter Bau ist in Planung, die Beastie Boys und Beck wollen sich einmieten.

Decks, Drums & Rock'n'Roll: Red Bull Music Academy
http://www.redbullmusicacademy.com
Die Welt ist eine Scheibe – zumindest in der virtuellen Welt von Red Bull. Der Drink, der Flügel verleiht, hebt auch im Netz ab. Und zwar mit Musik! Red Bull bittet zum Tanz und hat aus diesem Grund geladen: Die besten DJs geben sich die Nadel in die Hand, um Laien die Kunst an den Turntables zu vermitteln. In einer Sommerakademie können sich Fans von Breakbeats und Scratches fortbilden, die Liste der „Honorarprofessoren" ist lang und exquisit: X-Cutioners, Invisbl Skratch Piklz, Peanut Butter Wolf, Phillipe Zdar, Jazzanova und, und, und. Leider ist das die Liste des Jahres 1999; wer wissen will, wer diesmal dabei ist, muss schon selber nachschauen. Nicht erschrecken: Die Skizze eingangs weist den Weg, man muss also nicht gleich selbst an die Teller. Unterteilt in „Decks, Drums and Rock'n'Roll" und „Thinking of a Masterplan" gibt's zudem noch Einführungen und Exkurse in Sachen DJ-Culture. Wenn Grandma(ster Flash) das erleben dürfte....

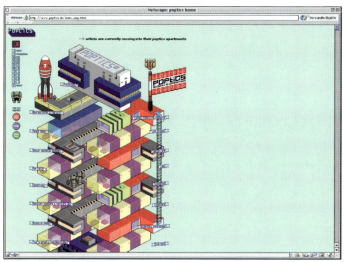

Homepage Pop Tics

Heißer Stoff in coolem Design: Rockstar Club
http://www.rockstargames.com
Der goldene Herbst kann beginnen. Und wenn er im Rockstar Club beginnt, kann nichts mehr schief gehen. Die virtuelle Plattform besticht einerseits durch ihre brillante Optik, andererseits durch begeisternde Inhalte. Unter der kolumbiani-

schen Fahne versammeln sich House-Künstler wie Eddie Amador ebenso wie Fotoartisten á la Paul Graham. Und wem diese Form von Kunst nicht zusagt, der erfreut sich an der außergewöhnlichen Präsentation seitens der Rockstars: mal blau, mal grün und immer lebendig. Eine derart heiße Site braucht zur Messung der Fieberkurve natürlich auch ein Thermometer – der Ausschlag entscheidet, was heiß ist und was nicht. Wir haben uns schon entschieden. Diagnose: absolut cooler Stoff. Der goldene Herbst kann beginnen.

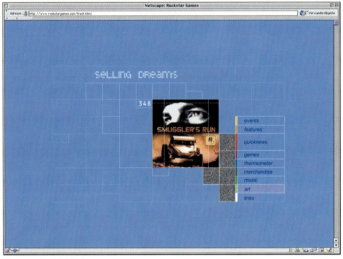

Homepage Rockstar Club

Wer hat's erfunden?: Saas Fee
http://www.saasfee.de
Das Label beweist Geschmack: Unterstützt vom Internet Servicecenter Omnilink und dem Frankfurter Lokalradio Aros-Air 2000 (deswegen auch die Zweitadresse http://www.arosa2000.com) verlegen die Offenbacher von Saas Fee exzellente elektronische Musik. So u.a. Milch, die „beste Band Berlins" (tip), die man zwar nicht sehen, aber umso besser hören kann. Die Samplekünstler bringen Deutsch-Pop auf extraordinäre Weise zu Gehör, High-Energy-Disco-Klänge mit abgedrehten Texten und Titeln wie „0-109zisch", das im Soundfile in seiner ganzen Pracht und Länge zu belauschen ist. Leider nicht im Bild: Das bestzitierende Cover der Popgeschichte – das neue Milch-Album entlehnt das Motiv der Psychocandy-LP von The Jesus and Mary Chain. Auch der Superpop-Rubrik sollte man einen Besuch abstatten, denn hier wird's interaktiv: Zu den Klängen der Soundtüftler kann man sein eigenes „Video" gestalten, Schaltflächen mit grafischen Darstellungen laden zum raschen Durchklicken ein. Auch noch schön: Das PC-Spiel vom „Honey-Lover", das einem (k)einen Bären aufbindet, der auf Brautschau ist. Die schöne Fotostrecke von Stardax rundet diesen charmanten Webauftritt der Nichtschweizer mit dem Namen des berühmten Alpendorfs ab.

Beats On The Rocks: Stereo de Luxe
http://www.stereo-de-luxe.com
Was ist „Lofidubhousediskopunknoise"? Antwort: Stereo de Luxe. Die beiden hyperaktiven DJs, die sich hinter diesem Projekt verbergen, touren seit 1995 durch Europa und die USA. Ihr Ziel: Gute Laune dank exquisiter Musik zu verbreiten. Bisher ist ihnen das so gut gelungen, das es andere Plattentellerdreher und Top-Arrangeure auf den Plan rief. So hat z.B. Fatboy Slim die 12" EP „Aerocyclette" mit den beiden Produzenten dicker Beats aufgenommen, selbst Soundtüftler wie Towa Tei, Curd Duca, Momus und Konishi Yasuharu (Pizzicato Five) haben sich gern die Dienste de Luxe gesichert. Ein Effekt mit Rückkopplung, denn

jetzt holen Stereo de Luxe zum Gegenschlag aus. Das Resultat heißt „Glam-o-Rama", der Titel ist Programm. Wer auf gepflegte Club-Sounds steht, wird hier bestens bedient. Ob Champagner, Cocktails oder Drinks: Was perlt, ist die Musik. Kühl geschüttelt, nicht gerührt, für zuhause oder den Aufenthalt an der Bar: Beats on the Rocks in Stereo de Luxe.

Comeback des Jahres: Stereo MC's
http://www.stereomcs.co.uk

Sie sind wieder da! Die Rede ist von einem Phantom: den Stereo MC's. Die Musiker aus Großbritannien haben sich anno 1992 mit ihrem letzten Album „Connected" aus der Popwelt verabschiedet, seitdem ranken sich die wildesten Gerüchte um das Duo Birch/Hallam. Von Drogenexzessen und Trennung war die Rede, gleichzeitig kursierten aber auch Meldungen über ein Comeback. Das erfolgte nun in Form eines Albums für die DJ-Kicks-Reihe, die mit Top-Acts wie „Kruder & Dorfmeister" oder der „Thievery Corporation" schon reichlich Anlass zur Freude gab. Auf dem Mix ist zwar nur ein neues Stück der Soundtüftler zu hören (dafür aber in drei Versionen), doch in zahlreichen Interviews und Nachrichten konnte man nachlesen, dass die Stereo MC's die Veröffentlichungspause kreativ genutzt haben und rund 200 neue Songs in petto haben (sollen). Was nur wenige wussten: Unter dem Namen „Ultimatum" haben die DJs in der Zwischenzeit geremixt, was die Auftragslage hergab. Unter anderem für Madonna („Frozen"), die Jungle Brothers oder Cath Coffey („Say What You Say"). So etwas erfährt der selige Fan, wenn er die Homepage der HipTripHopper von der Insel besucht. Und weint vor Glück....

Top Secret: Tonspion
http://www.tonspion.de

Psst, nicht weitersagen: Bei Tonspion gibt's Musik zum Anhören megagigahyperbyteweise. Der Tonspion nimmt Ihnen das lästige Suchen nach musikalischen Neuheiten ab und trägt die Früchte seiner Arbeit zu diesem Sammelbecken, in das Sie dann genüsslich eintauchen können. Jede Menge downloadbare MP3-Files und Online-Musik, frisch ausgepackt. Verschiedene Kategorien (Dance, Groove, Alternative etc.) erleichtern die Vorauswahl, danach kann man sich anhand eines kommentierten Verzeichnisses in die Musik seiner Wahl einhören. Während man zu den jeweiligen Klängen relaxt, werden einem kurze Künstlerporträts vorgestellt, komplett mit Links zum Label oder den Homepages der Sänger oder Bands. Bleibt als Fazit, dass der Tonspion eines der ersten interaktiven Musikmagazine im sprichwörtlichen Sinne ist. Hervorragend!

Put the needle on the record: Turntables.de
http://www.turntables.de

Herzlich willkommen zur DJ-Battle des Jahres, der ersten, die virtuell ausgefochten wird. An den Turntables ist sich jeder selbst der nächste, so dass man sich eingangs ein Pseudonym zulegt. Unter diesem Kampfnamen wird man dann im nächsten Schritt an die Plattenteller gelassen. Zur Rechten steht der Plattenkoffer, aus dem man den heißen Scheiß in Sachen Beats und Scratches fingert. Flugs die Scheiben auf den Teller geworfen und los geht's – wenn Langeweile beim johlenden Publikum aufkommt, kann man noch den MZEE bemühen oder das Licht variieren. Und da wir uns im Cyberspace befinden, können die Platten zum Mischen auch übereinander auf den rotierenden Flächen „gestapelt" werden – entgegen aller realen Möglichkeiten. Das Kratzen an den schwarzen Kurven erledigt man per Mausklick, zwecks Schonung der Umwelt wird empfohlen, zunächst im stillen Kämmerlein zu üben. Put the needle on the record!

Grandios gescheitert: Museum of Bad Art

http://glyphs.com/moba

Stil und Klasse kann man nicht kaufen, schlechten Geschmack schon. Für maximal 6,50 Dollar kaufen Marie Jackson und ihr Mann Jim Reilly Exponate der Güteklasse Z und stellen diese dann aus. Und zwar im Keller des Community Theatres, 580 High Street, Dedham, Massachusetts, einem altehrwürdigen Kino vor den Toren Bostons. Dort residiert das Museum of Bad Art (MOBA), ein Name, der mit Bedacht dem Museum of Modern Art (MOMA) in New York entlehnt wurde. Das MOBA ist ein Sammelbecken des schlechten Geschmacks, wobei Enthusiasmus und Hingabe die Kriterien sind, um Aufnahme in die heiligen Hallen zu erfahren. Denn: „Kitsch produzieren können viele, wahrhaft schlechte Kunst nur wenige", so Reilly in einem Interview. „Das gelingt lediglich, wenn die Liebe zur Malerei Anfang und Ende in einem ist", sagt er. Da die Fahrt nach Boston ein wenig weit und zu kostspielig wäre, können Bad-Taste-Interessierte dank des World Wide Webs Einblicke in die grandios gescheiterten Werke überambitionierter Künstler nehmen. Die schön-schrecklichen Arbeiten gibt es unter der oben genannte Adresse zu bewundern.

Bildschöner Widerstand: Agricola de Cologne Virtuals

http://www.agricola-de-cologne.de

Widerstand ist zwecklos, diese Site nimmt Sie gefangen. Um gegen Gefangennahme zu protestieren und der Toten zu gemahnen. Agricola de Cologne Virtuals ist Teil des NewMediaArtProjectNetworks und besticht durch einen wunderschönen Webauftritt vor ernstem Hintergrund. Die Pixelkunst der Kölner richtet sich nämlich gegen das Vergessen und das erneute Aufkeimen fremdenfeindlicher bzw. rassistischer Umtriebe, von denen Deutschland verstärkt befallen ist. Das virtuelle Monument ist die eine, die seriöse Seite des Projekts. Andererseits wird auf der Homepage von AdC das virtuelle Feld nach allen Regeln der Kunst beackert und bestellt. Wie beispielsweise im „Le Musée di-visioniste", wo Partikel vor der Optik schweben und sich formieren. Wer die Aufforderung zum Tanz der Teilchen annimmt, wird buchstäblich sein blaues Wunder erleben. Wunderschön.

Bademeister: Am Pool

http://www.ampool.de

Am Pool treffen sich die Reichen und Schönen, um nach einer durchzechten Nacht sich von den nicht vorhandenen Mühen des Tages zu erholen und sich umgehend wieder dem Trinken zuzuwenden. So weit, so Klischee. Der Swimmingpool gilt für viele immer noch als Sinnbild für diejenigen, die „es geschafft" haben, soziale Aufsteiger, die dem Müßiggang frönen können. „Am Pool" heißt das konzeptionelle Forum, das Literaten und Künstler am Beckenrand versammelt. Die virtuellen Notizzettel spiegeln momentane Befindlichkeit und Reflexionen der Autoren wider, alteingesessne Feuilletonisten würden die Schublade „Pop" öffnen und die Materialsammlung dort ablegen. Fakt ist: Die Schriftsteller der Generation @ wagen ein Experiment, das zukunftsweisend ist. Literatur im Netz, der Trend des kommenden Jahrzehnts? Die Beteiligten (u.a Elke Naters, Sven Lager, Christian Kracht, Georg M. Oswald und Moritz von Uslar) haben jedenfalls schon jetzt mehr als nur einen Fuß im Wasser. Die nächste Pool-Party steigt vielleicht mit den Benjaminen Lebert und von Stuckradt-Barre.

Ausstellung, virtuell: BauNetz

http://www.baunetz.de

Architektur im Internet ist spannend und schön. Der Beleg dafür ist der Architektur-Internet-Preis. Im vierten Jahr des Bestehens wurden die Siegerschecks diesmal in drei Kategorien vergeben: Der Preis für die schönste „Interaktive Stadt" ging an Thomas Rosenschon aus Kassel, der den Auftrag, den Berliner Alexanderplatz teilweise neu zu gestalten, extrem couragiert und kreativ anging und gleich das gesamte Areal neu erschuf. Das Beste daran ist die Möglichkeit, Einblicke in die prämierte Arbeit zu nehmen und lässig über das dreidimensional animierte Modell zu schlendern. Den ausgelobten Preis für ein Millenniums-Monument aus Beton („Visionen in Beton") erhielten Luciën Havermans und Marc Maurer, deren Entwurf einer Betonschnecke honoriert wurde. In der dritten Kategorie wurde der „Architekt im Web" gesucht, den Preis für kreatives Webdesign teilten sich das Architekturbüro Knoche (wegen ihrer außergewöhnlich gut gestalteten Homepage) und die Brüder Luckhardt, die eine beeindruckende Dokumentation über das abgerissene Landesversorgungsamt in München ablieferten. Den Wettbewerb in allen Einzelheiten kann man sich unter der Adresse des BauNetzes, Rubrik „Aktuelles", aufrufen.

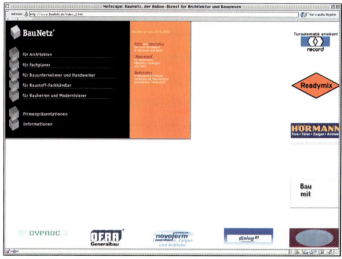

Homepage BauNetz

Form follows function: Designmuseum London
http://www.designmuseum.org

Ins Museum? „Muss nicht sein.", sagen Sie. „Ein Muss!", sagen wir. Wir gehen nämlich nicht in ein x-beliebiges Museum, sondern nehmen Sie mit ins Designmuseum nach London. Namhafte Designer geben sich in der South Bank nahe der Tower Bridge rein ausstellungstechnisch gesehen die Klinke in die Hand: Wassergläser von Aalto, Stühle von Phillipe Starck oder eine komplette Bauhaus-Expostion sind lediglich Ausschnitte dessen, was man an modernem (Industrie-) Design zu Gesicht bekommt. Acrobat-User kommen zusätzlich noch in den Genuss des downloadbaren Pressematerials, der Rest vergnügt sich derweil mit dem schönen Webauftritt, der zwar rein Englisch gehalten ist, aber spielend bewältigt wird. Allein schon deshalb, weil das Prinzip des „form follows function" erstklassig ins Web übertragen wurde.

Die tägliche Dosis: Bei Anruf Soap!
http://www.dradio.de/dlr/soap

In Zeiten des Internets wird eine beständige Zunahme an Interaktivität verlangt und registriert. Warum sollten die klassischen Medien da eine Ausnahme bilden? Das Deutschlandradio versorgt beispielsweise seine Hörerschaft seit geraumer Zeit mit der täglichen Dosis Soap. Der Clou: Die Zuhörer bestimmen den Verlauf der Handlung. Gemeinsam mit den Redakteuren und den Schauspielern werden nach einer Rahmenhandlungsvorgabe Szenarien entwickelt und fortgeschrieben. So lautet z.B. eine Wochenaufgabe, die Geschichte der Blues Brothers umzuschreiben – die Band soll zusammengebracht werden, aber sie soll keinen Blues mehr spielen. Um den Überblick über das Geschehen zu behalten, empfiehlt sich von Zeit zu Zeit ein Besuch auf der Webpage von „Bei Anruf Soap!". Hier kann man aufgrund der gelungenen Umsetzung der Webdesign-Agentur „Raum-station" die Story auch als virtuellen Comic-Strip wunderbar verfolgen. Die Crewmitglieder der Raumstation sehen sich als Pioniere auf dem Gebiet der inter-aktiven Sendeformen. Die Herausforderung ist enorm: Haben die Zuhörer einen schlechten Tag, tragen die Produzenten neben den Schauspielern die doppelte Last, um eine vernünftige Episode hinzubekommen. Dass es auch nach etlichen Wochen der Geschichtsfortschreibung noch so gut läuft, ist den Interaktivisten hoch anzurechnen.

Nullnummer: Null
http://www.dumontverlag.de/null

Eigentlich ist diese Nullnummer schon tot, beerdigt, begraben und... nein: noch nicht vergessen. Denn das Internet vergisst nicht, es konserviert. So auch dieses außergewöhnliche literarische Experiment, an dem sich einige namhafte Autoren beteiligt haben: Georg M. Oswald („Lichtenbergs Fall"), Thomas Meinecke („The Church of JFK"), Helmut Krausser („Der große Bagarozy"), Urs Richle („Der wei-ße Chauffeur"), Burkhard Spinnen („Langer Samstag") oder unsere Pool-Gesellschaft mit den Bademeistern Elke Naters („Königinnen") und Sven Lager („Phosphor"). Man sieht Manifeste, Pamphlete, Aphorismen, Lyrik, Statements, Gezeichnetes und Bezeichnendes – Texte, Texte, Texte. Der Sternenhimmel hilft bei der Orientierung; das Projekt, vom DuMont-Verlag ins Leben gerufen, hatte zwölf Monate Bestand. Um das Jahr 1999 literarisch Revue passieren zu lassen, klicke man sich Monat für Monat durch neue Sternenbilder: Natürlich gibt es Fixsterne und Sternschnuppen, mitunter verliert man sich auch im Andromeda-Nebel des Bachmann-Wettbewerbs. Ansonsten: Die Null muss stehen. Doch das stammt von einem ganz anderen Philosophen.

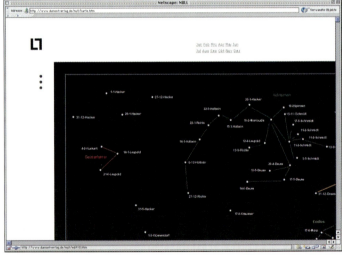

Homepage Null

Ausgezeichneter, sympathischer Größenwahn: Zuper
http://www.entropy8zuper.org

Schlag nach im nichtreformierten Duden: „Entropie: [...] Größe des Nachrichten-gehalts einer Zeichenmenge". Die Nachrichtenmenge beim Web-Kunstprojekt Zuper einzuschätzen fällt schwer, die Zeichenmenge jedenfalls ist schier Daten-bank sprengend. Zur besseren Orientierung sollte man sich eingangs gleich an die „categories" halten, von dort aus geht es in verschiedene Richtungen. So erfährt man, dass die Philosophie der Multimedia-Artisten von einer gesunden Portion Größenwahn unterfüttert ist, indem sie behaupten, dass der Fortschritt nicht von Informationstechnologie bestimmt wird, sondern nur durch virtuelle Kunst. Und somit von Zuper. Derlei Ein- und Ansichten eröffnen sich stets nach geräuschvollem Auf- und Zufahren des Bildschirms, alte PC werden dabei an ihre Grenzen stoßen. Was durchaus beabsichtigt ist, wie die sympathischen Größenwahnsinnigen stolz verkünden. Auch der Download diverser Kunstwerke nimmt trotz schneller Rechner viel Zeit in Anspruch – bitte nicht abbrechen, der Anblick (oder heißt es Anklick?) lohnt sich. Dem stimmt auch das Museum of Modern Art zu, dass das Gesamtkunstwerk von Auriea Harvey und Michaël Samyn jüngst mit dem „SFMOMA Webby Prize for Excellence in Online Art" in Höhe von 30.000 $ auszeichnete.

Bill Gates is not amused: Estudio
http://www.estudio.com

Was MTV kann, kann das Internet schon lange – und besser. Estudio.com versorgt die darbende Webgesellschaft mit erstklassig animierten Storys und Videos. So auch diesmal, da sich die Studiobetreiber den Buggles-Klassiker „Video Killed The Radio Star" geschnappt haben und ihn zu „Internet Killed The Video Star" umwandelten. In einem rund zweieinhalbminütigen Clip wird der Netz-Anarchie in Comicform freien Lauf gelassen: Das Video erzählt von den Anfängen des Internet, dem Kampf Gut (Nerds, die für die totale Freiheit und Unabhängigkeit des Netzes/im Netz plädieren) gegen Böse (Gates & Co.). MTV bekommt ebenso sein Fett weg wie einige Popstars, namentlich Michael Jackson und Britney Spears. Alle weiteren Anspielungen dieses absolut zwerchfellerschütternden Movies sollen an dieser Stelle nicht verraten werden. Kleines Manko: Der Download dauert eine Weile. Doch danach geht's rund. Versprochen.

Provinzhauptstadt mit Weltgeltung: EXPO 2000
http://www.expo2000.de

Hannover stand bislang nicht im Ruf, eine Weltstadt zu sein. Die niedersächsische Metropole glänzte durch Farblosigkeit, daran konnten auch berühmte Söhne wie Kurt Schwitters und Rudolf Augstein oder Zugereiste wie der amtierende Bundeskanzler Gerhard Schröder nichts ändern. Ab dem 1. Juni sollte alles anders werden: Hannover ist Veranstaltungsort der EXPO 2000, der Weltausstellung. Die Welt blickt auf die Landeshauptstadt an der Leine, zumeist via Medien. So auch durchs Internet: Die offizielle Website der EXPO 2000 liefert einen ersten Eindruck vom Trubel, der anfangs doch nicht stattfand. Und das hat(te) gute Gründe: Astronomische Preise für simple Speisen und ein lausiger Service schreckten viele Interessenten. Dickes Minus für die Organisations-Crew um Birgit Breuel, zurecht allabendlich geahndet von Lästermaul Harald Schmidt. Kommen wir zum Positiven: 1.) Es sind Besucher da, sogar in großer Zahl (was allerdings lange Warteschlangen zur Folge hat) – wohl ein Resultat der telegenen Image-Korrektur durch Verona F. und Sir Peter. 2.) In der Provinz ist Weltoffenheit zur obersten Bürgerpflicht geworden, schließlich sind von Albanien bis Zypern, von Ägypten bis zur Zentralafrikanischen Republik, von Armenien bis Vietnam, von Australien bis Vanuatu und von Argentinien bis Venezuela alle wichtigen Nationen vertreten. Alle? Nein: Eine nicht gerade kleine Nation jenseits des großen Teichs wagt es, den Weltausstellern Widerstand zu leisten – die USA verzichteten (offiziell) aus Kostengründen auf eine Präsentation ihres Landes. Vielleicht ahnte man vom Organisationstalent der EXPO-Manager....

Die Welt von übermorgen: EXPO 3000
http://www.expo3000.de

Große Ereignisse werfen ihre Schatten voraus, gegenwärtige Events beeindrucken eher durch Zahlen. So wie die EXPO. Deren Gegenwart ist gigantisch: Hunderttausende passieren tagtäglich die Tore, eigens konzipierte „Velotaxis" kutschieren die Besucher über ein Gelände, auf dem man dem allgegenwärtigen Maskottchen namens „Twipsy" begegnet, das einem wiederum den Weg zu den Pavillons zeigt. Die es natürlich in sich haben: Atemraubendes aus Afrika (ein Haus aus Weißblechdosen), Staunenswertes aus der Schweiz (ein Gebäude aus Holz, das ohne Nägel, Schrauben oder Leim zusammengehalten wird) oder Futuristisches in der Konzerthalle („Scape"). Doch wie wird so etwas wohl in Zukunft aussehen? Vorschläge für die EXPO 3000 können jetzt schon unterbreitet werden, diese Adresse gibt erste Aus- und viele Einblicke in die Welt von übermorgen. Dass die Seiten pure Satire sind und offenkundig von EXPO-2000-Skeptikern entworfen wurden, sei nur am Rande erwähnt. Erheiternd sind sie allemal: Ermäßigte Tickets für die Millenniumsveranstaltung gibt es nur für 100-Jährige in Begleitung ihrer leiblichen Eltern (= 2 Vollzahler)!

Letzte Ausfahrt Troisdorf: Hotel Europa
http://www.kaiserbau.de

HA Schult bringt Leben in die Bude: Der umstrittene und streitbare Künstler hat 1999 mit den Bauarbeiten zu seinem „Hotel Europa" an der Troisdorfer Bauruine „Kaiserbau" (so der Volksmund), direkt an der A59 gelegen, begonnen. Zielsetzung: 130 überdimensionale Porträts bekannter Persönlichkeiten sollten das Hausgerippe des höchsten Hauses im Kreis schmücken. Was zur Posse geriet, analog zur Geschichte des Baus an sich. Die Vorgeschichte: 1970 will Bauunternehmer Franz Kaiser das größte Hotel Deutschlands errichten, das zudem das zweitgrößte Europas werden sollte. Der Plan scheitert, 1975 werden die Arbeiten eingestellt und das Bauwerk dient als riesiger Wegweiser („Troisdorf? Nächste Ausfahrt nach der Bauruine!"). Endlose Prozesse um die Grundstücksübergabe später erhält die Rudolf Weber KG den Zuschlag, um ein „Bürotel" daraus zu machen (1996). Ein Jahr darauf misslingt auch dieses Vorhaben – die Schneider-Pleite und ihre Folgen. Die geniale Idee: Bevor gesprengt wird, verwandelt man die Ruine in ein Kunstwerk. Auftritt HA Schult: Der Kölner Künstler erhält von der Stadt Troisdorf den Auftrag, die architektonische Leiche wiederzubeleben. Aus dem Kaiserbau wird die Porträtgalerie Hotel Europa – dachten alle, hatten die Rechnung aber ohne den mediengewandten Regierungspräsidenten Antwerpes gemacht. Der meinte, das Riesenkunstwerk stelle eine potenzielle Unfallgefahr für die Autofahrer dar und wollte die Performance verbieten. „Wenn ich beim Vorbeifahren erschreckt werde, werde ich es unterbinden", so Antwerpes. Kongeniale Replik seitens des Künstlers: „Wenn Herr Antwerpes irgendwo steht und ich erschrecke, kann ich ihn auch nicht verbieten." Und hängte fleißig Bild für Bild auf. So weit, so lustig – alles Weitere an Informationen, reich bebildert, findet man unter dieser Adresse.

Unter die Haut gehend: Prof. Gunther von Hagens KÖRPERWELTEN
http://www.koerperwelten.com

Die Zahlen sprechen für sich: Täglich pilgern Tausende zum GardenDOM nach Oberhausen. Mit rund 1,7 Millionen Besuchern an drei Orten ist sie eine der erfolgreichsten Veranstaltungen Deutschlands. Das sind die Fakten zur Ausstellung „Körperwelten", einer der umstrittensten Expositionen der Republik. Gezeigt wird im wahrsten Sinne des Wortes etwas, was unter die Haut geht: der Mensch. Und zwar mit Innenansichten von echten Körpern. Menschliche Föten in Reagenzgläsern sowie Hochschwangere, die kurz vor der Niederkunft verstarben, und Körper, die gehäutet wurden, um zu zeigen, wie es unter der Schutzschicht aussieht. Was für Mediziner Alltagsroutine ist, wird für den Laien entweder zur Ekel erregenden Tour de Force oder zum Inbegriff des Anatomischen Theaters der Neuzeit. Die Homepage liefert beeindruckende Impressionen; aufgrund des immensen Erfolgs läuft die „Faszination des Echten" noch bis zum 19.November täglich von 9:00 bis 23:00 Uhr.

Jäger des verlorenen Schatzes: Lost Art
http://www.lostart.de

Hitler-Deutschland wirkt nicht nur geschichtlich nachhaltig, sondern auch kulturell. Noch immer ist der Verbleib vieler Kunstgegenstände, die die Nazis einst erbeuteten, ungeklärt. So hängt z.B. Tintorettos Gemälde „Lot und seine Töchter" im Hessischen Landesmuseum in Kassel oder „Jupiter als Satyr bei Antiope" im Kölner Wallraf-Richartz-Museum. Ob demnächst dort nur noch Leerstellen zu besichtigen sind, entscheidet sich dieser Tage. Deswegen ist Lostart.de ins Netz gegangen, um Licht ins Dunkel künstlicher Herkunft zu bringen. Die Liste führt die Restbestände aus Nazi-Sammlungen auf, die rechtmäßigen Besitzer können sich ihre Schätze jetzt per einem Klick zurückholen. Nicht nur in Deutschland wird gefahndet, auch international renommierte Galerien und Museen durchforsten ihre Bestände auf ungeklärte Herkunft. So auch das „Museum of Modern Art" und das „Metropolitan Museum" in New York, die ihre Ergebnisse auf den jeweiligen Webpages kundtun (http://www.moma.org; http://www.metmuseum.org).

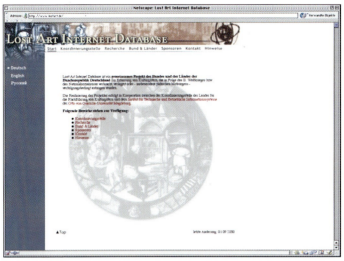

Homepage Lost Art

Eine Schweizerin in New York:
Galerie Luhring Augustine presents Pipilotti Rist
http://www.luhringaugustine.com

Pipilotta Victualia kennen wir – unter dem Nachnamen Langstrumpf. Derzeit macht eine andere Pipilotti sich einen Namen: Rist lautet dieser bürgerlich, die Dame ist Schweizerin, Wohnsitz New York. Und weil im Big Apple die Uhren anders gehen, muss man sich schon gewaltig anstrengen, um aufzufallen. „If you can make it there, you can make it anywhere": Sinatras Maxime gilt auch heute noch. Gerade heute. Weswegen die Schweizerin sich in einen Glaskasten zwängt, ihr Gesicht an die Scheibe presst und Passanten um Hilfe anfleht. Die Performance wird auf Video gebannt und rund um die Uhr gesendet. Das Ganze findet nicht irgendwo statt, sondern im Herzen der City: am Times Square. Wer nicht über den großen Teich jetten möchte, bleibt zuhause. Man setzt sich an den PC und loggt sich unter dieser Webadresse ein. Sie gehört der Galerie Luhring Augustine und zeigt neben den Videosequenzen von Rist auch die Arbeiten weiterer Künstler. Die Galerie-Homepage ist exquisit gestaltet (wie könnte es anders sein?) und verführt zum Verweilen. Gönnen Sie sich ein bisschen Weltstadtflair aus dem Herzen der Metropole: preiswerter können Sie kaum eine Vernissage besuchen. Das Einzige, woran Sie scheitern werden, ist eine Online-Befreiung der gefangenen Performerin.

Showerliche Site: Pavu
http://www.pavu.com/shower

Dass Sex der Motor des Internet ist, dürfte inzwischen jedem klar sein. Wie bei allen neuen Medien spielt der Krampf der Geschlechter (vulgo: Porno) die Vorreiterrolle, das WWW wird zum World Wild Web und die neue Technik somit zum Massenphänomen. Diesen Umstand macht sich das Multimedia-Künstlerensemble (?) von Pavu zunutze, indem es eine showerliche Site erstellt. Der Badreiniger sieht harmlos aus, doch seine Inhaltsstoffe verfügen über Tiefenwirkung. Wobei die virtuelle Kunst des/der Artisten ein wenig unterleibszentriert wirkt, das Auge erschrickt und erblickt öfter bloßgelegte Geschlechtsmerkmale, die allerdings so verfremdet dargestellt werden, dass sie eher belustigend denn pornografisch wirken. Die geballte Power Pavu-Shower ist hier en detail kaum wiederzugeben, das Klick-Experiment muss jeder für sich durchführen. Ein aufregend-obszöner virtueller Bildersturm, der über die Netzhaut fegt.

Neues aus dem Giftschrank: Readings
http://www.readings.de

Neues aus dem Giftschrank: Viele Film- und Fernsehdrehbücher landen in der Versenkung, weil die Stoffe zu kontrovers, zu wenig populär oder schlicht und ergreifend zu schlecht sind (ja, so etwas gibt es auch!). Ob das Urteil der strengen Gremien in den jeweiligen Produktionsbüros gerechtfertigt ist, davon kann sich jetzt die breite Öffentlichkeit selbst ein Bild machen – dank Readings. Das Forum für junge Autoren stellt in unregelmäßigen Abständen bislang unveröffentlichtes Material vor; gelesen wird von Schauspielprofis an diversen Veranstaltungsorten. Was dabei durch die Maschen der Machbarkeit geschlüpft ist, ist jeder Rede wert und die Liste der Redner liest sich wie ein kleines Who's who der deutschen Bühne: Dirk Bach, Christian Brückner (besser bekannt als Robert De Niros Synchronstimme), Raphaela Dell, Herbert Feuerstein, Elke Heidenreich, Ralf Herforth, Peter Lohmeyer usw.usf. Auch die User dürfen lesen - nämlich wann und wo die nächste Lesung abgehalten wird.

Homepage Readings

Tödlich getroffen: Stray Bullets
http://www.straybullets.com

Was waren wir froh, als wir hörten, dass es ein Comic-Pendant zu „Pulp Fiction" gab: Stray Bullets hieß das mehrbändige Werk des Autors und Zeichners David Lapham. Die schmalen Bändchen, von der Aufmachung her „echte" Comics", erzählten in scheinbar unzusammenhängender Weise schrille Geschichten aus dem Land der unbegrenzten Möglichkeiten: Psychopathische Killer mähten eine komplette Restaurant-Besatzung nieder, kleine Mädchen wurden im Wald angefallen, pädophile Politiker nahmen sehr junge Anhalterinnen mit. Beim Klimax wurde ausgeblendet: Immer wenn der Grusel sich zu atemloser Spannung verdichtete, hörten die Episoden auf. Um im Folgeheft, das zwei bis drei Monate später erschien, nicht wieder aufgenommen zu werden. Doch beendet waren die Storys damit nicht: In wirren Vorgriffen und Rückblenden tauchten dieselben Protagonisten immer wieder auf, mal beiläufig, mal als Hauptperson. Die Wege der Charaktere kreuzten sich mehrmals, und so ganz allmählich zeichnete sich so etwas wie eine Struktur ab. Und als man endlich mittendrin war, versiegten den deutschen Herausgebern die Mittel: Einer nach dem anderen musste die Waffen strecken, zuletzt die Eisenfresser vom „Schwarzen Turm". So bleibt den Fans verirrter Kugeln nur noch der Griff zur Tastatur, um in den fernen USA den

Helden dieser fantastischen Serie via Internet ganz nah zu sein. Laphams Stray-Bullets-Homepage könnte zwar auch einen Relaunch vertragen, dennoch sind hier die Fortsetzungen der Saga zu haben.

Kongeniales Klick-Kunstwerk: Superbad
http://www.superbad.com
Wie häufig ist es Ihnen schon passiert, dass Sie entweder ein Buch zugeklappt oder am Ende eines Films sich gefragt haben: Was wollte der Künstler uns damit sagen? Ähnlich verhält es sich mit dem Klick-Kunstwerk von Superbad. Die Selbstironie, die schon im Namenszug mitschwingt, setzt sich auf den Seiten dieser absolut irren Homepage fort: Sei es, dass man einem muskelbepackten Adonis den Kopf verdreht, einer Oma zu mehr Haarvolumen verhilft oder sich im Entziffern asiatischer Schriftzeichen versucht – hinter jedem Icon verbirgt sich ein neues Fenster, dass unmittelbar aktiviert wird und einen stets aufs Neue begeistert. Farbenfroh und durchgeknallt werden einem sämtliche Spielarten virtuellen Designs vorgeführt, ein Ende ist nicht in Sicht. Fazit: alles andere als superbad – eher kongenial!

Mörderisches Jubiläum: Tatort
http://www.tatort-fundus.de
Eine der erfolgreichsten Serien des deutschsprachigen Fernsehens feiert dieses Jahr ein mörderisches Jubiläum: Seit 30 Jahren jagen im Ersten Kommissare den Bösewichtern hinterher – von Tatort zu Tatort. Wer sich die Klassiker der Reihe noch einmal buchstäblich vor Augen führen möchte, kann sich entweder in der ARD oder den Regionalprogrammen die in loser Folge ausgestrahlten alten Schätzchen noch einmal ansehen, oder an der Sammlerbörse alte Tatort-Videos tauschen oder erwerben. Im Krimi-Fundus finden sich Literaturtipps, Sendetermine und sämtliche relevanten Daten und Fakten rund um Personen, Dreh- und Handlungsorte. So kommt es auch am heimischen Screen zum Wiedersehen mit den Herren Schimanski, Kressin, Haferkamp oder Trimmel oder den Damen Odenthal und Lürsen. Natürlich kommen auch die aktuellen Ermittler, wie z.B. das Berliner Duo Robert Hellmann (Stefan Jürgens) und Till Ritter (Dominik Raacke), zu Wort – allerdings nur im übertragenen Sinn. Wenn wir drei Tatort-Wünsche frei hätten, würden wir uns die Glatze von Manfred Krug alias Paul Stoever, den 70er-Jahre-Rollkragenpulli aus 100 % Polyester von Zollfahnder Kressin und den Drogenkonsum von Till Ritter wünschen. Alternativ vielleicht auch Schimmis Unterhose aus der ersten Kinoverfilmung.

Tanz den Haider weg: Volkstanz
http://www.volkstanz.net
Sie trägt einen berühmten Namen, schert sich aber wenig darum. Andere Sachen sind ihr wichtiger. Zum Beispiel die zunehmende Rechtslastigkeit Österreichs und erst recht die Regierungsbeteiligung der FPÖ mit Jörg Haider als Spitzen-„Feschisten". Die Rede ist von Amina Handke, der Tochter des umstrittenen Schriftstellers Peter Handke. Personenkult ist der 31-Jährigen fremd, lieber lässt sie Taten sprechen. Um „dem Jörgl" und anderen ausländerfeindlichen Nationalkonservativen keinen Spielraum zu lassen, wird unter ihrer Regie jeden Samstag getanzt. Nicht daheim, sondern öffentlich: Der Wiener Heldenplatz dient als Bühne für die künstlerischen Darbietungen derer, die stolz den „Ich-habe-diese-Regierung-nicht-gewählt!"-Button tragen. „Volkstanz" haben die Initiatoren ironisch den musikalischen Protest betitelt. „Game over für Schwarz-Blau" prangt auf einem Sticker, der die Volkstanz-Website ziert. Wer wann am Heldenplatz auflegt (mitunter auch Frau Handke) und alle weiteren Infos zur lauten Minderheit gibt's unter dieser Adresse.

Tanzen online: Der Zauberberg
http://www.zauberberg.org
Dass das Theater ständig neue Wege beschreitet, ist ein alter Hut. Genauso alt wie die Tatsache, dass viel Wirbel zumeist um nackte Haut und extreme Darstellungen gemacht wird. Das Tanztheater fristet im Schatten des (subven-

tionierten) Schauspiels ein wenig beachtetes Schattendasein. Zeit umzudenken. Zeit für den Aufbruch in die Cyber-Ära. Der startet natürlich in Berlin: Der Zauberberg von Thomas Mann ist das erste virtuelle Tanztheater-Projekt. Die Akteure bewegen sich in quasi steriler Atmosphäre, ihr Spiel wird von Tausenden von Monitoren eingefangen und reflektiert. Die „Aufführung" ist nicht nur in ihrer Machart einzigartig, die ersten Schritte im WWW markieren auch den Wendepunkt für ein ganzes Genre. Der Architekt diese ART-TECH-Projekts, das von der Volksbühne Berlin mitgetragen wird, heißt Heinz Grasmück. Als Kulisse dienen die Beelitzer Heilstätten, die bis vor Kurzem ein russisches Militärhospital beherbergten. Es bleibt dem Besucher überlassen, welche Tür er mittels Tastendruck öffnet. Wenn er es tut, kann er die Tänzer beim erotisch-kunstvollen Spiel betrachten, Textfragmente lesen oder qua Musik- und Videosequenzen ein künstliches Amalgam von hohem ästhetischen Wert schaffen. Eine CD-Rom ist in Vorbereitung, die nächste Produktion wird im Herbst in Angriff genommen.

SPORTS'N'FUN

Olympische Ringe unter den Augen: Ben
http://www.ben.nl
„Hartelijk welkom!": Die niederländische Begrüßungsanrede galt nicht nur in puncto Fußball-EM, auch im Web winken uns die Nachbarn aus den Dutch Mountains das ein oder andere Mal freundlich zu. So z.B. auch „Ben", der uns olympisch kommt. Die Amsterdamer Agentur KesselsKramer mit Mastermind Matthijs de Jong an der Spitze begleitete das holländische Team der Olympioniken nach Down Under und bereitete deren Auftritt anlässlich der Olympischen Sommerspiele in Sydney mustergültig vor. Da flasht es in Türkis und Weiß, ab und zu hüpft sogar Ausnahmetrampolinspringer Alan Villafuerte ins Bild. Zwar sahen wir uns nicht in der Lage, das niedliche niederländische Kauderwelsch (vulgo: den Kontext) adäquat zu übersetzen, doch Bens sportive Seiten bescherten uns schon im Vorfeld der Spiele die ersten olympischen Ringe unter den Augen.

Das Ei des Columbus: Berlin Thunder
http://www.berlin-thunder.de
Das Ei des Columbus – zumindest in sportlichem Sinne – ist die von „Elephant Seven" designte Homepage des Football-Clubs Berlin Thunder. Diese Zierde am virtuellen Firmament widmet sich dem hier zu Lande immer populärer werdenden US-Nationalsport American Football. Sowohl Laien, die noch nie ein Football-Ei in der Hand hielten, als auch Vollblutprofis werden dank dieser Community umfassend informiert. Angefangen vom Regelwerk und den Spielpositionen, erklärt von einem virtuellen Referee, über das clubeigene Cheerleaderteam bis hin zum spektakulären Fotoarchiv mit Impressionen der vergangenen Spielzeit wird jede Menge Entertainment geboten. Weiter geht's mit dem Team selbst, der Abschlusstabelle der vergangenen Saison und dem Spielplan der zukünftigen. Das Forum lädt dann zum Plausch mit anderen Footballbegeisterten ein. Danach surfen Sie am Besten zum hauseigenen Ticketservice, um das ganze Spektakel einmal live zu erleben. Jetzt muss sich nur noch der sportliche Erfolg einstellen.

Der Ball ist rund: Blutgrätsche
http://www.blutgraetsche.de
„Das sind Gefühle, wo man schwer beschreibe kann!" Jürgen Klinsmanns Fähigkeiten am Ball bedürfen keiner weiteren Kommentierung, es muss allerdings darauf hingewiesen werden, dass man ihn als Philosophen des ausgehenden 20. Jahrhunderts oftmals sträflich unterschätzt hat. Gleiches gilt für seine Sportskollegen Lothar Matthäus („Ein Lothar Matthäus lässt sich nicht von seinem Körper besiegen, ein Lothar Matthäus entscheidet selbst über sein Schicksal.") oder Andreas Möller („Ich hatte vom Feeling her ein gutes Gefühl"). Aphorismen, die sich einem erst nach und nach in ihrer Tiefe erschließen. Bei blutgraetsche.de finden die Meister des aussagekräftigen Wortes endlich die

Anerkennung, die ihnen die seriöse Presse unbegreiflicherweise vorenthält. Auf dieser Website geht es um Fußball, um Stilblüten und Storys rund um die Lederkugel (die längst nicht mehr aus Leder ist). Man kann zudem den Tor des Monats wählen, Neues aus den Bundesligavereinen erfahren, am Blutgrätsche-Tippspiel teilnehmen und vieles mehr. Eine wahrlich geniale Seite und ein absolutes Muss für alle, die Spaß am Fußball haben, ohne ihn allzu ernst zu nehmen.

Blauäugig: Universum Box-Promotion
http://www.boxing.de
Aus gegebenem Anlass präsentieren wir die Homepage des Universum-Boxstalls. Die Heimat solch illustrer Faustkämpfer wie den Gebrüdern Klitschko, von „Tiger" Dariusz Michalczewski oder Fräuleinwunder Regina Halmich wartet mit einer Site auf, die die Herzen der Boxfans schneller schlagen lässt. Apropos „schlagen": Der verbale Abtausch, den sich Michalczewski und sein Kontrahent Graciano Rocchigiani lieferten, gehört gleichermaßen zum Höhe- wie Tiefpunkt innerhalb der deutschen Boxszene. Geschickte Vermarktung nennen es die einen, verbale Tiefschläge kontern die anderen. Wichtig is auffem Platz, pardon: im Ring – sagen wir. Und begeistern uns für eine professionell gestaltete Page mit allen wichtigen Daten und Fakten rund ums Geviert: Fighter, Rankings, Termine und News bilden ein Strauß bunt schillernder Veilchen, welche die Universum-Boxer ihren Gegnern demnächst verpassen wollen.

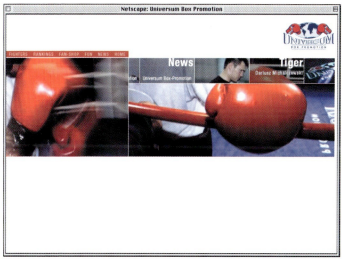

Homepage Universum Box-Promotion

Home-Shaping: Personal Training mit Ute Korte
http://www.dastraining.de
Das darwinistische Prinzip des „survival of the fittest" gilt nicht nur in der Natur, sondern auch innerhalb der Zivilisation. Nur wer sich in bester mentaler und physischer Verfassung präsentiert, hat Chancen auf ein Weiterkommen. Doch in Zeiten zunehmenden Stresses infolge von zehn- bis sechzehnstündigen Büromarathons sind die Möglichkeiten, sich physisch zu stählen, begrenzt. Das Internet wäre nicht das Internet, könnte man auf diesem Weg dem Problem nicht beikommen. Die Zauberwörter heißen „Personal Training", individuelle Trainingseinheiten zu individuellen Zeiten – was in Hollywood bereits gang und gäbe ist, wird nun auch in Deutschland populär. Eine der schönsten und hilfreichsten Websites zu diesem Thema kommt von Ute Korte. Die schweißtreibende Kür mit der Dortmunder Trainerin wird im One-to-one-Verfahren absolviert, sie ist somit die Einzige, die kritischen Blickes über die Fortschritte der Schützlinge wacht. Womit auch Fitnessstudio-Phobikern geholfen wäre, die sich nun nicht mehr dem Leistungsdruck, der in „Muckibuden" aufgebaut wird, beugen müs-

sen. Sei es autogenes Training, Step-Aerobic, Problemzonengymnastik oder progressive Muskelentspannung: Ute Korte steht mit Rat und noch mehr Tat zur Seite, damit aus Pyknikern noch regelrechte Hotstepper werden.

Der Ball ist rund: Deutscher Fußball Bund
http://www.dfb.de

Aus, aus, das Spiel ist aus! So tönte es anno 1954 durch deutsche Lande, die Fußballnationalmannschaft hatte gerade das „Wunder von Bern" vollbracht, die favorisierten Ungarn besiegt und war Weltmeister geworden. Zwei WM-Titel und drei Europameisterschafts-Gewinne später (bei den Herren) präsentierte sich der Deutsche Fußball Bund (DFB) zu seinem 100-jährigen Bestehen ausgesprochen farblos, doch egal: Jubiläum ist Jubiläum, und man muss die Feste feiern, wie sie einem gefallen. Gefallen hat uns der Statistikteil, in dem man eine Ahnung davon bekommt, wie mächtig der Verband ist. Die Bundesligen, der Frauenfußball, die Jugendarbeit, der Amateurbereich und nicht zuletzt die kränkelnden Aushängeschilder, die Herrennationalmannschaften, neudeutsch A1 und A2 genannt, werden ausführlich vorgestellt. Komplett mit Spielerdaten und Kurzporträts, natürlich auch von Teamchef „Tante Käthe". Manko: Die Daten könnten ruhig ein wenig überarbeitet bzw. der Personenkreis der Erlauchten erweitert werden. Und die DFB-Zeit von 1933 bis 1945 bleibt auf dieser Page, wie sie gewesen ist: dunkel.

Homepage Deutscher Fußball Bund

Philosophisches, allzu Philosophisches: Drin-isser.de
http://www.drin-isser.de

Wenn Sie das Gekicke der deutschen Nationalmannschaft entsprechend kommentieren möchten, Ihnen aber die passenden Zitate nicht einfallen, hilft ein Griff in die Trickkiste: Eine vortreffliche Sammlung von Fußballerweisheiten hält die Datenbank dieser bezeichnenden Domain in petto. Hier finden Sie die notwendigen Sinnsprüche, die Sie die nächste WM inklusive Verlängerung und Elfmeterschießen überstehen lassen. „Wenn man ein 0:2 kassiert, ist ein 1:1 nicht mehr möglich" (Aleksandar Ristic); „Ich habe zwei verschiedene Halbzeiten gesehen." (Könnte von Ribbeck stammen, ist aber von Volker Finke). „Das größte Problem beim Fußball sind die Spieler. Wenn wir die abschaffen könnten, wäre alles gut." (Falsch! Wieder nicht der Schlaffi-Sir, sondern Helmut Schulte.) „Ich wage mal eine Prognose: es könnte so oder so ausgehen." (Wieder falsch: Der kam von Ron Atkinson.) Um einmal von den deutschen Problemen wegzukommen: „Die Schweden sind keine Holländer." (Da hat der „Kaiser" gut aufgepasst!) Oder eine Ansprache an die Hooligans: „Hass gehört nicht ins Stadion. Solche Gefühle soll man gemeinsam mit seiner Frau daheim im Wohnzimmer ausleben." (Hoffentlich hält sich niemand an Berti Vogts' Tipp!) Apropos „Hass": „Es ist das Schicksal aller Trainer, früher oder später mit Tomaten beworfen zu werden." (Dino Zoff weiß, wovon er redet.) Wer sein Gemüse fürs nächste Spiel der deutschen Elite-Kicker aufbewahren möchte, dem seien die beruhigenden Worte des Ex-Teamchefs mit auf den Weg gegeben: „Dies kann ein Nachteil oder ein Vorteil sein, sowohl für uns als auch für die gegnerische Mannschaft." Recht hat er.

Lederhosen anbehalten: FC Bayern München
http://www.fcbayern.de
„Bayern" heißt die erfolgreiche Singleauskopplung der „Toten Hosen", die einen der vorderen Chart-Plätze einnahm. Noch erfolgreicher als die Hosen, die niemals zu den Bayern gehen würden (aber zur Meisterschaft gratulierten, die Weicheier!), sind „die Roten" aus München selbst. Weswegen wir zu den Bayern gehen – rein virtuell, versteht sich. Der Serienmeister, der pünktlich zum 100-jährigen Vereinsjubiläum die 16. Meisterschaft und den zehnten DFB-Pokalsieg feiern durfte, konnte lediglich wieder einmal nicht Champions-League-Sieger werden: Drei Siege gegen die Königlichen aus Madrid reichten halt nicht aus.... Was Kollegen Hoeneß (dessen Büro man in einem schicken, Schwindel erregenden Rundumschwenk digital einsehen kann) wohl mächtig wurmt – und er deswegen im Sommer wieder auf dezente Einkaufstour ging. Motto: Klotzen statt klekkern. Das Resultat: Zwei Spieler für 25 Millionen. Ciriaco Sforza aus Kaiserslautern und Nachwuchsstar Willy Sagnol aus Monaco sollen helfen, dass man sich an der Säbener Straße endlich einmal über einen Sieg in der europäischen Königsklasse freuen darf. Indes verabschiedet hat das Münchner Publikum von Markus Babbel, den es auf die Insel zum FC Liverpool zog. Alles Weitere an News und Fakten gibt es auf der zwar luxuriös, aber dennoch ein wenig unübersichtlich gestalteten Webpage des erfolgreichsten deutschen Fußballclubs abzurufen.

Kabinengeflüster: FC St. Pauli
http://www.fcstpauli.de
Die Nation atmet auf: Endlich rollt der Ball wieder, die Bundesliga geht in die Millenniums-Saison. Vorbei die Sommerpause mit den fantastischen Auftritten der Nationalelf in den „Freundschaftsspielen" bei der EURO 2000. Raus aus dem Frust, rein in die Lust. Denn wichtig ist immer noch aufm Platz, weshalb der wahre Fan noch einmal rasch die Site seines Lieblingsklubs aufruft, um zu sehen, ob da nicht der ein oder andere Transfer dabei war, den man schon längst verdrängt hat. Die Jungs vom FC St. Pauli haben preiswerten „Nachwuchs" bekommen, chronisch geldarm wie der Verein nun mal ist und seit Jahren am Rande des Lizenzentzuges wandelt. Mit ihrer Webpage jedoch haben die Kiez-Kicker sich bei den Netz-Surfern sich für die kommenden zehn Jahre ihre Lizenz gesichert. Man weiß als Fußball-Interessierter schon um die Besonderheit und den Mythos, der den Verein von der Waterkant umgibt. Dass sich dieses aber auf so ansprechende Weise auch im Internet niederschlagen würde, hätten wohl die wenigsten vermutet. Zunächst gibt man sich die Klinke in die Hand und betritt die – standesgemäß heruntergekommene – Kabine der Paulianer. Tropfende Duschen, ein Pin-up an der Bretterwand, daneben das Mannschaftsfoto und die berühmte Totenkopf-Flagge, die stets über dem Millerntor schwebt: Hinter allen Icons verbergen sich Infos für die Fans. Klickt man z.B. auf das Pin-up, dann ... aber sehen Sie selbst! Bislang mit Abstand der beste Webauftritt eines Fußballvereins, da schauen selbst die Bayern und Borussen neidisch zu. So was scheint zu beflügeln, denn St.Pauli hat einen furiosen Start in die neue Saison hingelegt.

Schweiß und Getriebeöl: Formel 1 auf RTL
http://www.formel-eins.de
Die Formel-1-Saison geht in ihre entscheidende Phase. Die Millenniumsausgabe des Motorsport-Spektakels wird – wir sind da zuversichtlich – auch dieses Jahr neue Rekordmarken setzen. Eine davon ist bereits im Vorfeld gefallen: Noch nie waren so viele deutsche Fahrer am Start wie diesmal. Neben den Schumachers

und Heinz-Harald Frentzen hat sich mit Nick Heidfeld ein weiterer Rheinländer in den exklusiven Raser-Zirkel katapultiert. Der Kronprinz wird von Mercedes zunächst einmal im Prost-Rennstall „geparkt", wo er auf Betriebstemperatur laufen soll. Leider hat „QuickNick" seinem Spitznamen bislang wenig Ehre gemacht, viel zu oft würgte er den Renner ab oder landete im Kiesbett. Vor den Erfolg, das musste auch der junge Deutsche lernen, haben die FIA-Götter (und Impressario Bernie Ecclestone) viel Schweiß und Getriebeöl gesetzt. So wird die Titelvergabe auch in diesem Jahr eine Spoiler-an-Spoiler-Entscheidung der Ferrari- und Mercedes-Boliden sein; der Rest des Circuits kann lediglich für die ein oder andere Überraschung sorgen. Wenig überraschend: Die ausführlichen und informativen Seiten rund um die Königsklasse des Motorsports unter der Adresse des deutschen Formel-1-Haussenders RTL. Hier erfahren Sie alles Wissenswerte aus der Boxengasse. Zum Beispiel, ob Schumi nochmals zu solch einem Gefühlsausbruch fähig ist, wie nach seinem Sieg in Monza.

Rausschmeißer: Federação Portuguesa de Futebol
http://www.fpf.pt
So sieht sie aus, die Site eines B-Teams, dass nahezu vernichtend über eine so genannte A-Mannschaft triumphiert hat. Portugals Nationalcoach Humberto Coelho hatte während der EURO 2000 im sicheren Gefühl des Gruppensieges mal kurz seine zweite Garnitur auf den Rasen geschickt, die dann ein besseres Trainingsspiel mit einem in allen Belangen unterlegenen Sparringspartner durchführte. Der hieß übrigens Deutschland. Das Ergebnis ist bekannt, die Folgen der deprimierenden 0:3-Schlappe der DFB-Elf noch nicht absehbar: Sind wir nun auf Jahrzehnte oder bloß für Jahre weg vom Fenster? (Na gut, ein kleines Licht am Ende des Tunnels sieht man schon. Es könnte aber auch ein entgegenkommender Zug sein!) Weswegen wir uns auch weg von diesem Fenster bewegen, hin zu Erfreulichem: Auch in puncto Webdesign schlägt Portugal Deutschland um Längen – zumindest, was die offizielle Außendarstellung des nationalen Fußballverbandes angeht. Von der Site der Federação Portuguesa de Futebol kann man sich seine Lieblinge sogar downloaden – und die heißen auch in der Bundesrepublik neuerdings nicht mehr Loddar, Bierhoff oder Scholli, sondern Luis Figo, Rui Costa oder Abel Xavier (Sie wissen: der mit der scharfen Haartracht und -farbe!). Der Webauftritt des künftigen Gastgeberlandes der kommenden EM (2004) hat im Web die Nase eindeutig vorn und den Meistertitel schon so gut wie in der Tasche.

Von Enten und Tigern: Der Ball ist rund
http://www.gasometer.de
Der nächste Gegner ist immer der schwerste, ein Spiel dauert 90 Minuten, elf Freunde müsst ihr sein und der Ball ist rund: Wer mehr Sepp-Herberger-Weisheiten kennt, der werfe den ersten Stein. Besser: den Ball. Einwerfen könnte man, dass man gar nichts einwerfen muss, sondern lediglich einen Obolus entrichten, um 100 Jahre Fußballgeschichte auf einen Blick serviert zu bekommen. Oder auf einen Klick: Der Gasometer, die wohl eigentümlichste Ausstellungshalle Deutschlands, hat sich wieder einer ganz speziellen Thematik für eine Vernissage gewidmet. Eine aufgeblasene Majestät hält in der Revierstadt Oberhausen Hof: König Fußball steht im Mittelpunkt der Ausstellung, die vom 12. Mai bis zum 15. Oktober Fußballverrückte und Abseitskundige aus der gesamten Republik anziehen wird. Hier gibt es Effenbergs Tigerbinde neben dem Original-Eintracht-Braunschweig-Jägermeister-Trikot aus den 70ern zu bestaunen, der Wimpel der DDR vom einzigen Länderspiel gegen die BRD (Stichwort: Sparwasser!) anno 1974 hängt neben der Lippens-Ente, die besonders im Ruhrgebiet reißenden Absatz fand. Die Kicker von RW Oberhausen sind lediglich zweitklassig, doch die Ausstellung spielt in der ersten Liga.

Eine runde Sache: Kickmyballs.com
http://www.kickmyballs.com
Fußball ist ein ganz einfaches Spiel: 22 Männer jagen einem Ball hinterher... ach, kennen Sie schon? Es wird also Zeit, andere Seiten aufzuziehen? Bitteschön, hier

ist eine davon: Kickmyballs.com. Während im TV verschämt vom „Tritt in den Unterleib" gesprochen wird, schert sich das britische Fanzine wenig um PC, sondern langt kräftig hin. Denn die Meldungen auf der Balltreter-Homepage sind tendenziell anders aufgemacht als die News herkömmlicher Fußball-Magazine. Hier ist nicht auffem Platz wichtig, sondern das Drumherum. So wird locker über den immensen Cannabis-Konsum diverser Fangruppierungen berichtet (und die daran im Anschluss erfolgten rechtlichen Konsequenzen), man stellt die schönsten Schwalben des Sommers aus „Jurgen Klinsmanns Diving School" vor und schüttelt Anagramme (gerne auch zotige) solange durch, bis europäische Vereins- oder Spielernamen entstehen. Hier steckt der Spaß nicht in jedem siebten Ei, sondern in nahezu jeder Zeile. Eine runde Sache.

Homepage NFL-Europe

Noch vor Ostern fliegen Eier: NFL-Europe
http://www.nfleurope.com

Im Frühjahr geht's wieder los, dann fliegt die Lederpille (auch „Ei" genannt) durch europäische Stadien. Die Rhein Fire aus Düsseldorf, die als Titelverteidiger starten, die Berlin Thunder und natürlich der Ex-Champion Frankfurt Galaxy sind die deutschen Vertreter einer Liga, die immer mehr zum Zulieferer für die Profiliga NFL wird. So ist beispielsweise einer der hoffnungsvollsten Nachwuchs-Quaterbacks, Danny Wuerffel, für die Rhein Fire am Start gewesen, bevor er vom ehemaligen Super-Bowl-Gewinner Green Bay Packers zurück in die USA transferiert wurde. Die Düsseldorfer haben auch den ältesten Profi in ihren Reihen: Ex-Bundesligaspieler Manni Burgsmüller ist trotz seiner 50 (!!!) Jahre immer noch einer der besten Kicker der NFL-Europe. Die Scottish Claymores, die Amsterdam Admirals und die Barcelona Dragons komplettieren das Feld der Teams, die auch 2001 wieder an den Start gehen. Die Homepage der NFL-Europe hat im Vorfeld schon alle relevanten Infos und Statistiken zu den Teams und ihren Spielern parat. Schmückender Rahmen: Gruppen- und Einzelvorstellungen der jeweiligen Cheerleader.

Dream Team: Nike Football
http://www.nikefootball.com

Würden diese Agenten jemals eine Fußballmannschaft bilden, wären sie wahrscheinlich unbesiegbar. Genauso wie im Videoclip, der das Internet aufmischt. In dem Spot treten neun der weltbesten Fußballer als so genannte „Geo Force" gegen eine Armada von Ninja-Klonen an, um die neueste Errungenschaft der Nike-Sporttechnologie, den rundesten Fußball den es je gab, wiederzubeschaffen. Der wurde nämlich von erwähnten Ninjas gestohlen und in einem Hochsicherheitstrakt mit musealem Charakter aufbewahrt. Team-Member sind der niederländische Mittelfeldstratege Edgar Davids, Englands Toptorjäger-Duo Andy Cole und Dwight Yorke (ManU), Nationalmannschaftskapitän Olli Bierhoff, Japans Bester Hidetoshi Nakata (AS Rom), sein Clubkollege Francesco Totti, Frankreichs Weltmeister Lilian Thuram sowie Barça-Star Josip Guardiola und der teuerste Fußballer der Welt, Luis Figo. Was die Jungs in der Werbung versprechen, halten sie auch im Internet: Trainiert von Louis van Gaal, dem neuen Bonds-Coach, verfügen die Spitzen-Fußballer auch in der Virtualität über den notwendigen Biss und die technische Finesse, um den Ball zurückzuerobern. Die Website wurde übrigens „von denen erstellt, die überzeugt sind, dass Fußballer keine Maschinen sind". Für die Kicker wie die Konstruktion der Site gilt gleichermaßen: absolut treffsicher!

Wetteifer: Oddset
http://www.oddset.de
Wetten, dass dieses Angebot die Fußballnation in Atem hält? Oddset hat durch immense PR-Power eine neues Toto-System eingeführt, das schon bei geringem Wetteinsatz hohe Quoten verspricht. Das Prinzip ist simpel: Man wählt zwischen diversen Sportbegegnungen der Woche (Fußball, Handball, Eishockey) mindestens drei aus und wagt einen Tendenz-Tipp – Heimsieg, Unentschieden oder Auswärtserfolg. Jede Tendenz hat eine feste Quote, anhand der man seinen potenziellen Gewinn errechnen kann. Der Mindesteinsatz beträgt 5.- DM, höchstens mit 1000.- DM darf man wetteifern. Und anschließend rechnen, wie das erdachte Musterbeispiel zeigt: Schlägt Cottbus die Bayern in deren Stadion (Quote: 6.00) und holt Unterhaching ein Unentschieden in Stuttgart (Quote: 3.40) und gewinnt die Frankfurter Eintracht zuhause gegen die Münchner Löwen (Quote: 2.10), ergäbe sich bei einem theoretischen Einsatz von 80.- DM ein Gewinn von 3.427,20 DM. Da müssen nur noch die Herren Fußballer mitspielen.... Selbst wer sich nicht in sportlichen Belangen auskennt, kann sich dank der detaillierten Spielvorschau einen Überblick verschaffen; wem nach Amüsement zumute ist, wählt unter „Aktuelles" die Rubrik „Verbalsport" aus. Dort dürfen sich Mario Basler („Das habe ich ihm dann auch verbal gesagt!"), Dragoslav Stepanovic (auf die Frage eines Reporters, was die kommende Woche bringe: „Montag, Dienstag, Mittwoch …") und die Weltpresse (aus einer finnischen Zeitung: „Russische Juden sind mit die besten Stürmer der Welt." Das Orginalzitat: „Rush an' Hughes are some of the best attackers in the world.") einmal so richtig austoben.

Für Extremisten: Quokka.com
http://www.quokka.com.
Hört sich finnisch an, ist aber amerikanisch, und sieht gefährlich aus: Quokka.com. ist ein Sportinformationsdienst der extremeren Art. Die US-Site widmet sich verstärkt den etwas waghalsigeren Dingen im (sportiven) Leben und hält so manchen (über-)lebenswerten Tipp parat. Dass die Homepage nichts für Weicheier ist, verdeutlichen die zahlreichen anschaulichen Beispiele, so z.B. die Downloads zum Thema Extrem-Climbing, die in recht drastischer Manier zeigen, wie es aussehen könnte, wenn man den freien Fall übt. Auch die Wasserratten erleben ihr blaues Wunder: „Around Alone" heißt die Site, die aufzeigt, was es heißt, 30.000 Seemeilen zu absolvieren – und wie aus Nervenkitzel und sportlicher Herausforderung ein Höllentrip wird. Die Zuschauer werden auf diesen Seiten zu „Darstellern", denn hier wird „interaktiv" ausnahmsweise einmal wörtlich genommen. Die Rasanz der Bilder, so wie bei den Ausschnitten der amerikanischen Cart-Serie zu sehen, setzt neue Maßstäbe im weltweiten Netzwerk. Neben den beeindruckenden Impressionen und Sequenzen gibt es dann die grundsolide journalistische Arbeit in Form von Interviews und Sportlerporträts. Getreu dem Motto: Wer's überlebt hat, mit dem darf auch gesprochen werden.

Eine für alle, alles auf einmal: Sport1
http://www.sport1.de
Sepp Herberger hatte Unrecht: Nicht elf, sondern drei Freunde sollt ihr sein. Das haben sich auch die Online-Redaktionen von „ran", „DSF" und „Sport-BILD" ge-

dacht und eine Sportdatenbank ins Netz gestellt., die ihresgleichen sucht. Hier erfährt der Sportbegeisterte alles zu allen sportrelevanten Themen. Dass die Schwerpunkte dabei auf den populären Sportarten liegen ist nachvollziehbar. Die sportliche Site hält aber auch Nischen abseits der massenkompatiblen (Trend-)Sportarten parat und informiert auch darüber umfassend und topaktuell. Sehenswerte TV-Tipps und Umfragen ergänzen das Angebot von Sport 1, das in Kürze unter den sportiven Usern die Nummer eins sein dürfte.

Meistermacher: Spvgg. Unterhaching
http://www.spvggunterhaching.de
Die Bundesliga hat einen neuen Kultverein: die Spielvereinigung Unterhaching. Was wurden die Münchner Vorstädter zu Beginn der abgelaufenen Saison noch belächelt – vom Absteiger Nummer eins war stets die Rede. Doch die Mannen um Coach Lorenz-Günther Köstner haben allen eine lange Nase gedreht und vorzeitig die Klasse gesichert. Und als Sahnehäubchen hat der Dorfverein mit dem kleinsten Stadion der Bundesliga auch noch den Däumlingen aus Leverkusen die Suppe versalzen und die großen Nachbarn aus der bayerischen Landeshauptstadt zum Meister gemacht. Weswegen Bayern-Manager Uli Hoeneß jetzt lebenslänglich Weißwürste und Bier nach Unterhaching karren lässt – oder so ähnlich.... Fakt ist: Die Truppe mit den wenigsten Ausländern in der Mannschaft hat alle so genannten Experten widerlegt und ist mit ihren bescheidenen Mitteln sogar vor Großclubs wie Borussia Dortmund und Schalke 04 gelandet. Und in ihrem Mitgefühl für die geschlagene Werks-Elf vom Rhein waren die Hachinger Profis auch wesentlich vorbildlicher als so mancher Bayern-Star. Respekt!

STARS & VIPS

Blondine des Jahrzehnts: Pamela Anderson
http://get.to/pamelaanderson.com
Jahreswechsel, Jahrzehntwechsel, Jahrhundertwechsel, Jahrtausendwechsel: Bei solch wechselvoller Geschichte gehört es zu den Standards, die Berühmtesten, Besten oder Prominentesten zu wählen. Da darf die weltweit meistgeklickte Frau nicht fehlen: Pamela Anderson. Die Ex-Bademeisterin hat den Badeanzug häufiger aus- als angezogen und sich dadurch zum Sex-Symbol der 90er-Jahre gemausert. Nebenher sorgten private Eskapaden (ungewollt?) für Gesprächsstoff, sei es nun Brustvergrößerung und anschließende Reduzierung oder ihre Ehe mit Prügel-Drummer Tommy Lee. Auch Pams Urlaubsvideo, wo sie ihre schauspielerischen Ambitionen aus vollster Kehle unterstrich, geriet unter mysteriösen Umständen – nicht zuletzt dank des Internets – ans Licht der Öffentlichkeit. Mittlerweile ist das Ex-H&M-Model und Playmate wieder gut im Geschäft, wie auch ihre Homepage beweist. Hier gibt es die neuesten Infos zu Casey Jean Parker, so Pams bürgerlicher Name. Natürlich zeigt sie sich ihren Fans von ihrer besten Seite. Und hat mindestens zwei Gründe zu bieten, um länger zu verweilen.

Animierdame: Ananova
http://www.ananova.com
Wir kennen Anna Karenina (literarisch), Anna Kournikova (sportlich), Anakonda (gefährlich), Anaheim (amerikanisch) und Analphabeten (bedauernswert). Doch wer (oder was) ist Ananova? Antwort: Ihre persönliche, digitale Medienreferentin. Die animierte Dame wird Ihre zukünftige Begleiterin durchs World Wide Web sein und Sie bei Bedarf ständig mit den aktuellsten Nachrichten aus allen Bereichen des gesellschaftlichen Lebens versorgen. Ananova ist das Kind der „PA New Media", die Entbindung steht kurz bevor. „Ultraschallbilder" gibt es vorab: Das Baby ist schon ganz schön erwachsen und sieht wie eine Kreuzung von Kylie Minogue, Liza Minelli und Sheena Easton aus – klingt komisch, ist aber durchaus ansehnlich. Wovon Sie sich selbst überzeugen sollten, denn immerhin besteht die Möglichkeit, dass die virtuelle Dagmar Berghoff Sie demnächst häufiger heimsuchen wird.

Zum Knutschen: Angelina Jolie
http://www.angelina-jolie.de

Diese Lippen. Dieser kunstvoll aufgeworfene Schmollmund – einfach zum Knutschen. Der Rest rund um den Mund ist auch nicht zu verachten, schließlich gehört er Angelina Jolie. Die diesjährige Oscar-Preisträgerin beehrt die Kinogänger in naher und ferner Zukunft des Öfteren mit ihrer Leinwandpräsenz. Los geht's am 15. Juni mit Oscar-gekrönten „Girl, interrupted" (deutscher Verleihtitel: „Durchgeknallt"), zwei Wochen später folgt dann an der Seite ihres frischgebackenen Ehemanns Billy Bob Thornton „Turbulenzen – und andere Katastrophen", bevor sie ab dem 17. August bundesweit „Nur noch 60 Sekunden" Zeit hat (diese Spanne nutzt sie zusammen mit Nicolas Cage). Im Frühherbst freuen wir uns auf „Dancing in the Dark", in dem sie sich auf Antonio Banderas freut. Und zu guter Letzt: Im Sommer 2001 läuft „Tomb Raider" an, der Film zum Videospiel, mit der Schönen in der Rolle der Spitzen-Archäologin in Spitzenhöschen. Wir fangen jetzt schon an zu sparen, schließlich ist Kino ziemlich teuer. Doch für Jon Voights Tochter würden wir sogar unser letztes Hemd geben; wie auch Gerrit van Aaken und Sebastian Franz, jene Angelina-Aficionados, denen wir diesen exquisiten virtuellen Schrein für die begabte Schauspielerin zu verdanken haben.

Tauscht Brötchen gegen Chop Suey: Jerry Cotton
http://www.bastei.de/4.htm

Die Fangemeinde wird Augen machen, sogar regelrechte Schlitzaugen. Kein Zufall, sondern Absicht: Jerry Cotton, der legendäre G-Man, der seit 1954 durch bundesdeutsche Bahnhofskioske hetzt, um Verbrecher im Namen des FBI dingfest zu machen, wird demnächst seine Brötchen (pardon: sein Chop Suey) in China verdienen. Der rheinische Bastei-Verlag, eine der letzten Bastionen des Groschenromans, begegnet der kränkelnden Auflage mit Flucht ins Reich der Mitte. Griffen früher über 250.000 Leser zu den Heftchen mit dem charakteristischen roten Rahmen, sehen heute nur noch 100.000 rot. Dabei sind die Abenteuer des Superhelden, der Jaguar fährt (inzwischen ist der E-Type abgeschafft), Frauenherzen gewinnt und scharf schießt (auch hier wurde die Waffe gewechselt), als Satire nahezu unverzichtbar. Wie mögen demnächst Titel á la „Die Mörder von der Schönheitsfarm" oder „Ich stoppte seinen Amoklauf" heißen? „Es gibt Reis, Baby!"? Geht nicht, da war ein anderer schneller. „Liebesgrüße aus Shanghai"? Hm, da war doch was.... „Tödliche Essstäbchen?" Das ist selbst den Titelgestaltern zu platt. „Im Visier der Triaden"? Ganz schlecht, schließlich gibt es solche Organisationen laut offizieller Doktrin in China nicht. Wie auch aus ersichtlichen Gründen die Jagd auf Kommunisten ruhen muss. Wie wär's mit „Die Henker von Tianmen"?

Nicht nur für Taube und Tauben: SuziaFLY
http://www.camgirl.de

Zu spät gekommen! Für den 19. August war die Geburt von Klein-SuziaFLY terminiert, es sollte die erste Niederkunft sein, die live im Internet übertragen wird/wurde. Doch selbst wenn das Baby von Susan schon geboren worden ist, hat die Site dieses außergewöhnlichen Camgirls einiges zu bieten. Zunächst einmal eine Extra-Portion Bass zur Begrüßung, damit auch Gehörlose etwas davon haben. Das ist kein Scherz, sondern Realität: SuziaFLY ist das erste gehörlose Camgirl Deutschlands. Weswegen der Rest der Homepage auch nicht so sehr mit akustischen, wohl aber mit optischen Reizen zu gefallen weiß. Und damit sind nicht die Vorzüge des Camgirls gemeint.... Kleine Comicstrips erhöhen die Verweildauer, die Hauptrolle spielt Deafgirl, das taube Mädchen. Was keine politisch korrekte Bezeichnung ist, wie einem der erste Strip (selbstverständlich ist der Comic gemeint!) deutlich zeigt. Hier zanken sich eine weiße Taube und das Deafgirl, bevor ein fliegendes Herz Harmonie bringt. Movie Nummer zwei ist hochgradig aktuell, wenn auch inhaltlich nicht neu: Sei lieb zu Kampfhunden, dann sind sie auch lieb zu dir. Trotz dieser naiven Botschaft: Die etwas andere Seite eines Camgirls lohnt sich nicht nur für Voyeure.

Der Deutschen liebster Pole: Dariusz Michalczewski
http://www.dariusz-tiger.de

Beide hatten noch 'ne Rechnung offen, am 15. April war in Hannover Zahltag: Dariusz Michalczewski, der Deutschen liebster Pole (noch vor dem Papst), boxte gegen Graciano Rocchigiani, genannt „Rocky". Der Berliner mit der kessen, aber lädierten Schnauze kämpfte zum x-ten mal um seine „letzte Chance". Am Ende war er laut eigenem Bekunden „satt", vulgo: demoliert. Den Tiger aus Hamburg tangierte nämlich alles maximal peripher, er ließ sich von Rocky nicht aus der Ruhe bringen. Nicht? Da war doch was: Bei der Pressekonferenz im Vorfeld gifteten sich die beiden dermaßen an, dass selbst erfahrene Ringrichter Mühe hatten, die Kampfhähne zu trennen. „Dummer Pole" war noch das Harmloseste, was im Wortgefecht zu vernehmen war. Ob PR-gesteuert oder echte Feindschaft: unterhaltsam war das allemal. Jetzt hat der Tiger Zeit, seine Homepage auf Vordermann zu bringen, die zwar wesentliche Elemente beinhaltet, aber in vielerlei Hinsicht noch verbesserungswürdig ist. Sonst droht technischer K.o.

Homepage SuziaFLY

Das künstlerische Chamäleon: David Bowie
http://www.davidbowie.com

Der Mann ist ein Phänomen: Außer ihm und Madonna hat es kein Popstar über einen längeren Zeitraum geschafft, sein Image so grundsätzlich neu zu erfinden und zu definieren. David Bowie, der Sänger, Schauspieler und Multimedia-Artist mit der changierenden Augenfarbe (eins grün, eins blau), behält auch im Netz das Chamäleonartige, das seinen Werdegang kennzeichnet(e). Allein die Gestaltung der Site ist einen Web-Grammy wert, in der Tiefe des Raumes finden Fans und Neugierige etliches zum Anklicken. Sei es seine „Virtual World" mit Statements zur Zukunft (und Gegenwart) des Internet oder Soundschnipseln und Bildern en masse. Natürlich findet sich auch ein Link zur anderen offiziellen Seite des Planeten Bowie, wo Biografisches und Musikalisches sich die Waage halten. Wer Member des „BowieNets" werden möchte, bleibt auf Ebene eins: Hier finden sich alle relevanten Infos – leider nur auf Englisch. Höhepunkt der Website ist jedoch ein Trailer, der den Künstler in all seinen Facetten zeigt, untermalt von rollenden Drum'n'Bass-Klängen. Danach geht's ab ins BowieNet, sofern man Mitglied ist. Wir unterschreiben sofort – man sieht sich.

Zwei gute Gründe: Dolly Buster
http://www.dolly-buster.de

Bislang gab es zwei gute Gründe, um sich Dolly Buster anzuschauen – zum einen ihren lustigen Akzent, zum anderen ihr makelloses Outfit. Oder haben Sie an etwas anderes gedacht? Nun gut, auch Rudi Carrell hat einen lustigen Akzent und aufgebrezelte Diven sieht man auf jedem Event. Doch Dolly hat mehr zu bieten. Nicht unbedingt ihre Website, die unterscheidet sich nicht sonderlich von anderen 08/15-Sexanbietern. Wenn auch ihre digitalen Grußkarten einer gewissen Komik nicht entbehren, das Buch- und Videoangebot (u.a. mit den Oscar-verdächtigen „Lüsternen Lesben") wird auch anderswo ebenso unaufdringlich präsentiert. Vielmehr reüssiert die umtriebige Tschechin jetzt auch als Schriftstellerin: „Alles echt!" heißt der eindeutig zweideutige Titel ihres Erstlings, der vom Verlag Droemer Knaur herausgebracht wird. Was die Hochkultur anlockte: Eine Vorableseprobe gab es in der ZEIT, doch Voyeure jeglicher Couleur werden sich ob der abgedruckten Zeilen verwundert die Augen gerieben haben - der Ausschnitt behandelte lediglich Dollys Verhältnis zum Buddhismus. Sonst starrt man(n) eher in den Ausschnitt des Ex-Pornostars....

Staatsanwälte küsst man nicht: Ally McBeal
http://www.fox.com/allymcbeal
Frauen sind die besseren Männer. Das wissen wir spätestens, seit wir Ally McBeal verfallen sind. Die Serie um Anwälte in allen Lebenslagen, die überdies die After-Work-Clubs hier zu Lande populär gemacht hat, ist auch in Deutschland nach anfänglichen Startschwierigkeiten zum Kult geworden. Im Mittelpunkt steht die notorisch unglückliche, von Selbstzweifeln geplagte Ally McBeal (Calista Flockhart). Das dünne Wesen, neben der selbst Kate Moss wie die Vorsitzende der Weight Watchers wirkt, ist aber nicht der einzige Grund, um sich jeden Dienstag gegen 22.00 Uhr vor dem TV-Gerät einzufinden. Wichtig sind die Nebenfiguren, die allesamt mit viel Sorgfalt gezeichnet wurden und dank ihrer Spleens aufs Beste funktionieren. So wohnt Ally z.B. mit ihrer schärfsten Konkurrentin, einer Staatsanwältin (Lisa Nicole Carson) zusammen, und begegnet täglich ihrem Ex-Lover nebst Gattin – die beiden sind wie Ally gleichberechtigte Partner der Kanzlei „Cage, Fish & Partner". Deren neurotische Chefs riechen an Schuhen, befingern Kehllappen oder haben ferngesteuerte WC-Spülungen. Überhaupt das Klo: Selten ist ein Ort menschlicher Hinterlassenschaften so häufig im Fernsehen frequentiert worden wie hier. Da sich Frauen wie Männer diese eine Toilette teilen, sind erotische Verwicklungen absehbar. Für wahre Fans ist es Ehrensache, schon im Vorfeld einer jeden Staffel zu erahnen, wer demnächst mit wem Akten und Bett teilen wird. Ab sofort erhalten sie neuen Diskussionsstoff, denn VOX startete am 5. September mit neuen Folgen.

Homepage Ally McBeal

Jackie for President: Jackie Strike
http://www.jackiestrike.com

Die Dame ist smart und energisch, sieht gut aus und ist eloquent. Beste Voraussetzungen also, um sich für das höchste Amt der Vereinigten Staaten zu bewerben: Jackie Strike ist auf dem Weg ins Weiße Haus. Sie hat nur einen Nachteil: Sie ist nicht echt. Womit sich eine ernsthafte Kandidatur erledigt hat. Für die Webgemeinde sind die Reden der „Präsidentschaftskandidatin" jedoch ein ungeheurer Spaß, der umso verblüffender ist, da Idee und Konzeption aus deutscher Feder stammen: Die Hamburger Agentur Böttcher Hinrichs AG hat das virtuelle Gegenstück zu Al Gore und George Bush jr. entworfen. Besonderer Clou: Jackie Strike (allein die Namensgebung: göttlich!) verfügt über eine astreine Biografie, ihre Wahlkampfauftritte kann man sich online anschauen. Schon mit ihrer Domain http://www.Wahlkampf98.de sorgten die Norddeutschen im vergangenen Bundestagswahlkampf für Furore, mittels eines „Phrasendreschers" konnten die User sich Wahlkampfreden nach eigener Fasson zusammenstellen (lassen). Jackie hat es mittlerweile sogar in den Nachrichtenblock von CNN geschafft, die Agentur hat reagiert und eine „Jackie for President GmbH" gegründet. Wenn es nach der (Ab-)Stimmung im Internet geht, hat die Bewerberin ihre hübsche Nase vorn: über 300.000 Page-Impressions bis dato.

Multiple Persönlichkeit: Jennifer Lopez
http://www.jenniferlopez.com

Die amerikanische Schauspielerin Jennifer Lopez beglückt viele nicht allein durch ihre Leinwandpräsenz, sie macht auch akustisch eine gute Figur. Die hispanische Schönheit schuf mit ihrem Album „On the 6" eine Mischung aus Disco-Stampfern und Latino-Klängen, geklont in der Puff-Daddy-Hitfabrik. Der frischgebackene Lopez-Lover macht sich umgehend daran, die Popkarriere der süßen Jennifer zu forcieren. Mit Erfolg, wie die Single-Auskopplungen „If you had my love", „Waiting for tonight" und „Let's Get Loud", die gerade die Charts stürmt, belegen. Die besten Musik- und Videosequenzen des heißesten Karibik-Exports seit der Havanna-Zigarre, „Behind the Scenes" sowie jede Menge Infos und Bilder des Stars sind hier abrufbar. Glücklicher Puffy: So ein Goldstück ist selten.

Geld, Ruhm, totale Macht: Karl Nagel
http://www.karlnagel.de

Geld. Ruhm. Totale Macht. Wer nach so etwas strebt, ist eiskalt und opportunisch. Oder genial. Oder witzig. Extrem witzig. So wie Nagel. Der macht aus seinen Absichten keinen Hehl. So etwas hat er noch nie getan. „Arbeit ist Scheiße!": Unter diesem Motto trat Karl Nagel als Vorsitzender der APPD, der „Anarchistischen Pogo Partei Deutschlands", zur letzten Bundestagswahl an. Die Fünf-Prozent-Hürde konnte er damit zwar nicht nehmen, doch solche Kleinigkeiten können einen wie Nagel nicht aufhalten. Er strebt nach Höherem. Zum Beispiel träumt der erklärte und anerkannte Polizistenfreund davon, Hannover und die EXPO in Schutt und Asche zu legen. Was die Polizei nicht witzig findet und nervös macht. Was Nagel wiederum witzig findet. Denn der belässt es bei Absichtserklärungen und amüsiert sich königlich über den darauf folgenden plumpen Aktionismus der Behörden. Als Veteran der Chaostage hat er auf diesem Gebiet auch schon reichhaltige Erfahrungen gesammelt. Wie man anhand der beeindruckenden Fotogalerie des eigentlich freundlichen Herren sieht. Nicht erschrecken: Alle Bilder stellen ein und denselben Mann dar. Ja, ja, auch das 79er Foto, auf dem er wie ein verpickelter Informatikstudent aussieht. Oder die 84er Version, die ganzjährigen Karneval im Hause Nagel symbolisiert. Vier Jahre später war immer noch Fasching. Und heute? Topseriös im Anzug und mit Altersglatze. Von so einem würden wir glatt einen Gebrauchtwagen kaufen. Ach so: Das In-Schutt-und-Asche-legen der EXPO fällt aus. Mangels Besuchermassen....

Blattschuss: Katarina Witt im Taj Mahal
http://www.katarinawitt.de

Wer die Karriere der bedeutendsten Eisläuferin aller Zeiten verfolgt hat, kann sich heute nur noch verwundert die Augen reiben. Zum einen, weil diese überaus schöne und elegante Frau quasi als Synonym für Leistungswillen und Selbstbewusstsein steht – und zum anderen, weil sie allmählich zu verschwinden droht in der Fülle von Belanglosigkeiten, die ihr heutiges Leben in den USA prägen. Nach der Abwehr von insgesamt 23 Cookies erfährt man über ihre Auftritte im Taj Mahal in Atlantic City, eine „Kooperation" mit Pamela Anderson und ihre neue Show mit dem Titel „Dugena Summer Night on Ice". Nun wird sie auch noch ein Buch für den amerikanischen Markt schreiben – da wundert es nicht, dass ihr neuester „Related Link" direkt zum „Schlemmertopf by Scheurich" führt. Am besten, Sie schauen nur noch auf die Fotos und erinnern sich, fernab aller Playboy-Eskapaden, an Katarinas doppelten Rittberger.

Nach Schiffbruch am Strand: Leonardo DiCaprio
http://www.leonardodicaprio.com
Was für ein Name: Vorne der größte Erfinder aller Zeiten, im zweiten Teil klingt er nach Sommerferien mit viel „gelati" und „amore". Mit zuviel Liebe schienen ihn gerade seine weiblichen Fans nach dem Mega-Erfolg von „Titanic" erdrücken zu wollen, ein unangenehmer Aspekt des plötzlichen Starruhms. Auch die anderen negativen Folgen des Rummels um seine Person hat der blonde Beau am eigenen dünnen Leib erfahren müssen, angefangen von Drogengerüchten über Prügeleien in Nachtclubs bis hin zum Klatsch über die angebliche Liaison mit Virginie Ledoyen, dem weiblichen Co-Star im Film „The Beach". Dieser zwangsweise völlige Verzicht auf Privatsphäre hat den hochbegabten Mimen mürbe gemacht, über 20 Millionen Dollar Gage pro Film müssen als Schmerzensgeld herhalten. Darum sollte man lieber von seiner Arbeit als Schauspieler sprechen als etwaigem Tratsch nachzugehen. Reden wir darüber: Nach „The Beach", für den sich der deutschstämmige Darsteller extra viel Muskeln herangezüchtet hat, warten neue Aufgaben. Welche, steht hier. Genauso wie alle anderen Infos über Leo, garniert mit Galerien, Biografie und einem „Beach Game". Diese offizielle Homepage wird übrigens von seiner Mutter Irmelin betreut.

Homepage Mugshots

Busenfreundin: Lolo Ferrari
http://www.loloferrari.nu
Die Nachricht vom Tod des Busenwunders Lolo Ferarri kam für viele nicht überraschend: Schon immer wartete man auf den großen Knall, der die herausragenden Merkmale der Kunst-Blondine nebst Anhang in den Orbit befördern sollte. Der große Knall blieb aus, dennoch sorgte das plötzliche Ableben des Pornostars, an dem nach 22 Operationen so gut wie nichts mehr echt war, für vielerlei Spekulationen. „Miss Airbag" ging stets sehr selbstbewusst mit ihrem fal-

schen Leben im echten um. Die üppige „Schönheit" mit den silikongestärkten Brüsten, Lippen, Augen und was sonst noch so alles im Gesicht einer Korrektur bedurfte, machte – im Gegensatz zu manch ihrer „seriösen" Kolleginnen – keinen Hehl aus ihrer Künstlichkeit. Die inoffizielle Weltrekordhalterin mit 130 cm Umfang wollte sich sogar noch mehr in die Brust werfen und um weitere zehn Zentimeter aufstocken. Ihre Anhänger betrachteten sie als Busenfreundin, bevor sie in der Nacht vom 04. auf den 05. März aus bisher ungeklärter Ursache starb. Russ-Meyer-Fans aus aller Welt pilgern seitdem verstärkt zu ihrer Homepage.

Rasender Finne: Mika Häkkinen
http://www.mikahakkinen.net
Der Mann, der Schumi auch diese Saison das Leben in der Formel 1 schwer macht, ist derzeit omnipräsent. Die Rede ist von Mika Häkkinnen, dem rasenden Finnen. Der sonst so scheue Skandinavier ist werbetechnisch bislang erst einmal so richtig in Erscheinung getreten, als er sich mit Boris Becker zum Tennis verabredete – nachdem er ihn auf der Rennstrecke in seinem Mercedes abgehängt hatte. Nun wird der sonst so Schweigsame auf einmal richtig redselig: Für Schweppes darf er Faxen (und Fratzen) machen, die Telekom schoss ihn auf den Mond und – der vielleicht beste Spot – für Mercedes tat er's der A-Klasse gleich und legt sich auf die Seite, bzw. seiner Frau Erja zu Füßen. Dazu gibt's eine kostenlose Lektion in puncto Finnisch, die der blondeste aller Rennfahrer demnächst Ferrari & Co. auch auf der Piste wieder erteilen möchte. Auch die Homepage des schnellen Nordlichts kann sich sehen lassen, nur ein Update könnten die Seiten vertragen. Bis dahin schauen wir weiter Werbung.

Moos hamma: Rudolph Moshammer
http://www.moshammer.de
Ja geh, da schau her: Der Moshammer Rudolph hat sich von der Bussi-Bussi-Gesellschaft Münchens entfernt und sich ins Internet begeben. Zusammen mit seiner Lebensgefährtin Daisy, einem Yorkshire-Terrier, präsentiert der passionierte Rolls-Royce-Fahrer sich und seine Produktionen auf seinem Internetseiterl. Die Vorstellung seiner aktuellen CD, wo Daisy nach Leibeskräften ihr Innerstes nach außen bellt, fehlt zwar noch, aber ansonsten gibt es alles, was der BUNTE/GALA-verwöhnte Moshammer-Fan braucht: Seine Biografie, Daisys Biografie (kein Scherz!) und natürlich den Moshammer-Shop, wo es u.a. Daisy-Plüschpuppen zum Vorzugspreis von 169.90 DM zu erwerben gibt. Ein echter Moos-Hammer, sozusagen. Ja mei, so hammas gern – der Rudi hat sein Platzl im Netzerl g'funden!

Aktenkundig: Mugshots
http://www.mugshots.org
Hier waren spezielle Fotokünstler am Werk: Aus den Archiven der US-Polizei dringen Bilder an die Öffentlichkeit, die die Beteiligten auf der anderen Seite der Kamera lieber vermieden hätten. Die Rede ist von den unfreiwilligen Fotomodellen, die in Polizeigewahrsam genommen wurden und anschließend mit der berühmt-berüchtigten Nummer vor der Brust der Lächerlichkeit preisgegeben wurden. Mit dabei im Promi-Reigen: Hugh Grant (nach seiner Begegnung mit der „Göttlichen", der Prostituierten Divine Brown), O.J. Simpson (nach seiner spektakulären Verfolgungsjagd durch halb L.A.), Charles Manson (Anführer der „Family", die die Polanski-Gattin Sharon Tate ermordeten), Keanu Reeves (wg. Drogenbesitzes, 1993) oder – die Internetgemeinde lacht! – Bill Gates (anno 1977 aus nicht genannter Ursache in New Mexico verhaftet). Eine kleine aber feine Fotogalerie, gekrönt von einem Porträt von Al Pacino, der 1961 wegen unerlaubten Waffenbesitzes abgelichtet wurde.

Namenstag im Netz: Prince
http://www.npgonlineltd.com
Markenartikel sollten ihren Namen behalten. Nur in den seltensten Fällen verspricht ein neuer Name für ein eingeführtes Produkt Zuwachsraten: Dass „Raider" in „Twix" umbenannt wurde und der „VW Käfer" als „New Beetle" wie-

der auftauchte, sind geglückte Ausnahmen. Andere Versuche schlugen fehl. Also versucht man es mit Altbewährtem. So z.B. in Musikerkreisen: Prince heißt jetzt wieder Prince. Der kleine Mann aus Minneapolis hatte vor sieben Jahren aus juristischen Gründen seinen alten Markennamen abgelegt und erfolglos versucht, Zungenbrecher wie T.A.F.K.A.P. (The Artist Formerly Known As Prince) oder das unaussprechliche, gezeichnete „Symbol" zu etablieren. Alles vorbei, aus und vergessen. Theartistformelyknownasprinceandsymbolinthemeantimeandnowcalled- princeagain besann sich nicht nur namentlich auf seine erfolgreichen Wurzeln, er beging den Namenstag auch standesgemäß auf dem Stammsitz, den Paisley Park Studios, musikalisch begleitet von seinen engsten Vertrauten, der Band „New Power Generation". Auch die Netzgemeinde durfte mitfeiern, denn schließlich dauerte der Markenrelaunch rund eine Woche. Als „Belohnung" gab's die Veröffentlichung der ersten Single nach Wiedergeburt. Tiefsinniger Titel: „Cyber- single". Herzlichen Glückwunsch!

Homepage Players

Lob und Tadel: Players
http://www.players.de
Wo kommen eigentlich all die guten deutschen Nachwuchsschauspieler her? Und wo bleiben sie? Und wo sind die bereits Etablierten? Die Antwort lautet in zwei von drei Fällen: bei Players. Die Agentur betreut einen Großteil jener deutschen Schauspielprominenz, die gut und teuer ist. Ein Auszug aus dem Who's who: Benno Fürmann, Moritz Bleibtreu, Meret Becker, Katja Flint, Herbert Knaup, Jasmin Tabatabai, Christiane Paul, Mehmet Kurtulus, Jürgen Vogel, Til Schweiger, Ralph Herforth, Maria Schrader, Dani Levy, Jan-Josef Liefers, Marie Bäumer, Lea Mornar, Nina Hoss und Katharina Thalbach. Haben wir jemanden vergessen? Schauen Sie selbst nach. Das ist aber gar nicht so einfach: Gäste müssen sich ihren Weg durch den Darstellerdschungel selbst bahnen, Inhaltsangabe: Fehlanzeige. So klickt man vergebens nach den Lauterbachs, Georges, Króls, Makatschs, Lohmeyers oder Tarrachs der Nation. Warum man z.T. vor verschlossen Türen steht, bleibt unklar – wer weiß, welche Geheimnisse Players zu hüten hat.... Die Benutzerführung bleibt trotz des erstklassigen Designs (verantwortlich: mint interactive media) heikel: Hat man einen Star erspäht und seine Vita ausführlich studiert, scheint es keinen Weg zurück zur Suchmaschine zu geben. Es gibt zwar schlimmere Vorstellungen, als bis zum Sitzungsende mit Frau Paul, Herrn Schweiger oder Frau Bäumer vis-a-vis zu bleiben, doch ein wenig mehr Hilfe hätte man schon erwartet. Erst nach mehreren umständlichen Versuchen dämmert es einem, es einmal über das winzige Players-Logo links unten zu versuchen. Selbst außergewöhnlich gute Pages sind offenbar noch verbesserungswürdig.

Man-Strip: Robbie Williams
http://www.robbiewilliams.co.uk

Die Zeiten sind trist für echte Popstars, die Szene wird zumeist von Veteranen wie Madonna, David Bowie, Michael Jackson oder Prince/Symbol/TAFKAP/Prince beherrscht. Im letzten Jahrzehnt gab es im großen Buch des Pop eigentlich nur drei Neueinträge: George Michael, Kylie Minogue und Robbie Williams. Der Ex-Sänger der Boygroup „Take That" hat die Abnabelung von seinem Image als Teenie-Idol erfolgreich und mit Nachdruck betrieben: Drogen, Alkohol, Frauen, Übergewicht. In seinem Video „Rock DJ", der ersten Single-Auskopplung des Albums „Sing When You're Winning", zeigt sich der Fußballfan schlanker denn je – für manche Clip-Abspielstation zu schlank, denn der Sänger entblößt sich bis auf die Knochen. Wer so seine Haut zu Markte trägt, muss mit Widerstand rechnen. Der einzige Widerstand, der den Netizens auf Robbies Website entgegenschlägt, sind lange Downloadzeiten. Nimmt man diese auf sich, kommt man in den Genuss der ungeschnittenen Fassung, in der Mr. Williams den Man-Strip in einer neuen Dimension betreibt. Wer sich nicht um Haut und Haar schert, besucht solange die anderen Ebenen dieser erstklassig designten Site. Besonderer Clou ist der Wettbewerb „get lyrical", denn hier sind die Fans gefordert: Schreibt einen Song für Robbie, der Siegertext wird vom Meister persönlich intoniert!

Horror online: „The Plant" von Stephen King
http://www.stephenking.com

Stephen King hat als einer der ersten Autoren die Möglichkeiten des Internet erkannt und nutzt sie konsequent. So konsequent, dass er jetzt zum Schrecken seines eigenen Verlegers werden könnte: Der Horror-Meister aller Klassen hat soeben den ersten Teil seiner Schauerkomödie „The Plant" veröffentlicht – online. Und nur online! Dabei baut der Schriftsteller auf die Ehrlichkeit seiner Fans: Die User können sich die Geschichte für die lächerliche Gebühr von einem Dollar downloaden. Damit das Experiment Erfolg hat, müssen mindestens 75 % der Nutzer den Obolus entrichtet haben. Wie man sieht, hat King die Regeln des Internetmarketings kapiert: Wenn es schief geht, kann er die Geschichte immer noch in Buchform veröffentlichen, wenn's klappt, ist der vielfache Millionär um ein weiteres Vielfaches reicher. „Wir haben die Chance, zum schlimmsten Verleger-Alptraum zu werden", so der Bestseller-Autor halb im Scherz. Dass der Horror-Titan mit der veröffentlichten Story eine olle Kamelle vorlegt, die er bereits Anfang der 80er an ausgewählte Personen verteilte, wollen wir nicht verschweigen. Das doppelte Cleverle: für Aufgewärmtes frisches Geld.

Bruchlandung: Benjamin von Stuckrad-Barre
http://www.stuckradbarre.de

Hat er oder hat er nicht? Die Frage, ob Deutschlands Popautor Nummer eins mit Deutschlands Comedyqueen was hatte, beantwortet er selber mit einem entschiedenem „Möglicherweise". Nachzulesen in seinem neuen Buch „Blackbox", im Kapitel „Krankenakte Dankeanke". Pikanterie am Rande: Dieser Abschnitt fehlte in den Rezensionsexemplaren, die vorab die Kulturressorts erreichten. Angeblich, um die Kritik nicht allzu sehr auf diese Episode zu fokussieren. Was ja auch gelungen ist – nur, dass die Kritik sich jetzt auf dieses Kapitel und den Autor eingeschossen hat. Der muss so etwas schon geahnt haben, schließlich heißt es auf dem Backcover „Runter kommen sie alle – my art will go on". Auch die Website schwankt – analog zum Buch – zwischen Welt- und Kreisklasse. Das kommt sprichwörtlich in der Abteilung Merchandising, hier „Einkaufsregal" genannt, besonders zum Tragen. Denn, lieber BSB, ein kleiner Tipp am Rande: Die eigenen „Remix"-T-Shirts sehen schicker aus als das, was du letztens bei Christian Ulmen getragen hast – Polyester-Fummel im Disco-Palmen-Look! Und das bei einem passionierten Anzug-Träger wie dir! Was sagt eigentlich die aktuelle Nummer eins der Comedyqueen zum ganzen Rummel? Niels ruft: „Na ja, der Stucki eben."

Kassenansturm: The Perfect Storm
http://perfectstorm.warnerbros.com

Millionen von Fans tragen Trauer: George Clooney, der schönste Mann der Welt, der bislang hauptberuflich Kinderarzt in der Notaufnahme des County Hospitals in Chicago war, verlässt Hals über Kopf die Stadt am Michigan-See – und damit auch die Serie „Emergency Room". Doch die Depressionsphase beim Publikum hält sich in Grenzen, schließlich wird der smarte George sich nun verstärkt dem Filmbiz widmen. Passend: Die letzte ER-Folge mit Clooney auf der Besetzungsliste trug den Titel „Der Sturm" – so lautet auch der deutsche Titel des ersten Films von „Doktor Ross" aus der Post-ER-Phase. Im Original heißt der Blockbuster „The Perfect Strom", und wurde von Wolfgang Petersen in Szene gesetzt. Clooney spielt den Kapitän eines Fischkutters, der sich auf offener See plötzlich schier unvorstellbaren Naturgewalten ausgesetzt sieht: Einem einzigartigen Orkan, der alles verschlingt. Ergo: Wieder nichts mit einem Happyend für unseren Mann aus Kentucky! Vielleicht beim nächsten Mal, z.B. in der Coen-Verfilmung „O Brother, Where Art Thou?", die in Cannes Premiere feierte. Was man bei all der Clooney-Mania schnell übersieht: Die Webpage zu „The Perfect Storm" ist absolut erstklassig. Es blitzt und donnert, und zwischen dem Getöse stehen dem User jede Menge Infos rund um dieses 100-Millionen-Dollar-Projekt zur Verfügung. Das Gezeiten-Movie sprengte erwartungsgemäß sämtliche diesjährigen Dimensionen, an einen Untergang des Films wollte sowieso niemand recht glauben.

Homepage James Bond

Geschüttelt, nicht gerührt: James Bond
http://www.007.com

Bond, James Bond. Selten hat sich eine Filmfigur prägnanter eingeführt. Der smarte Agent im Geheimdienst Ihrer Majestät, inzwischen drei Mal von Frauenschwarm Pierce Brosnan verkörpert, darf das machen, was er am besten kann und am liebsten tut: Frauen betören und nebenbei die Welt retten. Die Welt ist nicht genug, so lautete der programmatische Titel des letzten actiongeladenen Streifens, in dem es der Womanizer mit drei wundervollen Grazien und einem Erzschurken zu tun bekam: Sophie Marceau, Denise Richards und Maria Grazia Cucinotta kümmerten sich um den Hormonhaushalt Bonds, Robert Carlyle („Trainspotting", „Ganz oder gar nicht") als Bösewicht beschäftigte seinen Adrenalinspiegel. Und der schnellte permanent in die Höhe: Zu Wasser, zu Lande und in der Luft kämpfte sich unser Mann aus London um den Globus, bis ins ferne Aserbaidschan. Das alles (und noch viel mehr) kann man jetzt prima im Netz nachlesen und – noch besser – sich auch anschauen.

Amerikanischer Alptraum: American Beauty
http://www.americanbeautymovie.com/german
Das diesjährige Oscar-Festival stand ganz im Zeichen von American Beauty. Der Film des britischen Theaterregisseurs (sic!) Sam Mendes beherrschte die Meinungsumfragen klar, wer den Film gesehen hat, versteht warum. Messerscharf analysiert Mendes die Befindlichkeiten des amerikanischen Mittelstandes und zeigt auf, dass etwas faul ist im Land der unbegrenzten Möglichkeiten. All die Oberflächlichkeiten, die in purem Statusdenken und einhergehender seelischer Erstarrung münden, brechen eines Tages beim biederen Angestellten Lester Burnham auf. Mit einem Befreiungsschlag agiert der Gepeinigte, dessen einziger Höhepunkt des Tages sonst die morgendliche Selbstbefriedigung darstellt: Er quittiert den Job, kauft sich von der üppigen Abfindung seinen Traumwagen, erwischt seine Frau beim Seitensprung und macht der nymphenhaften Freundin seiner aufmüpfigen Tochter den Hof. Der Lohn für so viel Nonkonformität: Die bittere Gesellschafts-Satire heimste sage und schreibe fünf Oscars ein. Kritiker wie Zuschauer zollten dem Film Respekt, über 2,5 Mio. Besucher haben das Scheitern des amerikanischen Traums allein in Deutschland schon gesehen.

Immer wieder sonntags: An Jedem Verdammten Sonntag
http://www.anygivensunday.net
Im Sport ist es wie im richtigen Leben: Wenn du gewinnst, hast du alles richtig gemacht. Bei Tony D'Amato (Al Pacino) läuft derzeit hingegen alles schief: Sein Team hat dreimal hintereinander verloren, die Spieler meutern, die Zuschauer bleiben weg und die Vereinsführung – in Gestalt der Präsidentin Christina Pagniacci (Cameron Diaz) – sitzt ihm im Nacken. Was wie die amerikanische Version der Werder-Bremen-Story klingt, ist vom Spezialisten für kontroverse Stoffe, Oliver Stone, zu einer Parabel auf den (US-)Profisport geworden. Knapp drei Stunden lang erzählt Stones Epos vom Aufstieg und Fall einer Footballmannschaft, der Miami Sharks. Immer wieder sonntags müssen die Gladiatoren der Neuzeit ihren inneren Schweinehund bekämpfen, um es sich und ihrem Trainer zu beweisen – und der liebt nichts mehr als Football.... Wie es sich für einen „richtigen" Stone-Film gehört, sind selbst die kleinsten Nebenrollen hochkarätig besetzt: Dennis Quaid, Ann-Margret, James Woods, LL Cool J, Matthew Modine und, und, und. Ebenso selbstverständlich: Der Soundtrack, auf dem sich Missy Elliott, Goodie Mob, Mobb Deep und LL Cool J himself ein Stelldichein geben. Nicht selbstverständlich: Die exzellente Website, die vor Gags und Gimmicks nur so strotzt. Angefangen von der Vorstellung der Charaktere (als Spiel organisiert) über den Regisseur, die Musik, die Produktion bis hin zu Video- und Audiosequenzen: einfach fabelhaft! Einer der wenigen Sportfilme, die man sich getrost anschauen kann, ob im Kino oder zuhause.

In der Kürze liegt die Würze: Atom Films
http://www.atomfilms.com
Hier wird das Genre des Kurzfilms atomisiert: Atom Films zeigt im Web Short Storys in Form von animierten und „realen" Filmen. Dort finden sich neben bereits Oscar-prämierten Werken auch die hoffnungsvollen Arbeiten ambitionierter Jungfilmer. Dran bleiben lohnt sich, auch wenn die Filmchen mitunter die 20-Minuten-Grenze locker überschreiten: alles eine Frage des Leistungsvermögens des eigenen PCs (und der Telefonrechnung). Was Sie hier sehen, sprengt in puncto Kreativität und Bandbreite alles bisher Dagewesene: Neben den „Daily Picks", wo die besten Neuheiten vorgestellt werden, gibt es Rankings und ein Download-Center, dank dessen man die Kleinodien herunterladen kann. Selbstverständlich darf eine Auflistung des Atom-Repertoires ebenso wenig fehlen wie eine sinnvolle Unterteilung in Animations- und Spielfilme (dort geht es im Übrigen auch etwas heftiger zur Sache). Durch die atomaren Seiten erfährt die Sparte des Kurzfilms, dem in Zeiten zunehmender Beliebtheit schon des Öfteren der Tod prognostiziert wurde, eine erfrischende Revitalisierung, die der Filmindustrie

so manches Nachwuchstalent bescheren wird. Schließlich liegt in der Kürze die Würze.

Kopfgeburt: Being John Malkovich

http://www.beingjohnmalkovich.com

„Es ist eine Story über New York, einen Puppenspieler, eine tragische Ehe, einen Chef, eine weitere Frau, einen Schauspieler, die Ausfahrtstraße nach New Jersey und einen Teller Lasagne." So weit Regisseur Spike Jonze, der Kopf hinter „Being John Malkovich", zur wohl absurdesten Komödie des Jahres. Der Filmemacher tat sich bisher vor allen Dingen als Clip-Schüler hervor, drehte er doch Videos u.a. für Fatboy Slim und die Beastie Boys. US-Starkritiker Roger Ebert hatte gar nicht so viele Daumen, um sie in die Höhe zu recken (sein übliches Votum), sondern bracht lediglich ein „Whoa!" zustande. Der Film – in dem es grob gesagt darum geht, dass ein erfolgloser Puppenspieler im siebeneinhalbten Stock (!) mit 1,57 m Höhe (!!) arbeitet und eines Tages einen Geheimgang entdeckt, der direkt in den Kopf des Schauspielers John Malkovich führt – lebt von seinen irrwitzigen Gags und den pointierten Dialogen. Zwiegespräche der Geschlechter bringen Dinge nur auf Umwegen auf den Punkt, wobei unklar bleibt, ob die Anstrengungen auf Seiten der Figuren oder des Betrachters liegen, der sich verschwitzt sein Zwerchfell massiert. Die englischsprachige Homepage des Films strotzt denn auch vor Aperçus und interessanten Randaspekten, wie beispielsweise einer ausführlichen Darstellung der Tradition des Puppenspiels. Die Dada-Komödie war der Independent-Hit dieses Jahres, demnächst auf Video oder DVD.

Hänsel & Gretel der 90er: Blair Witch Project

http://www.blairwitch.de

Im Jahre 1994 machten sich drei Studenten auf nach Burkitsville, Maryland, USA. Joshua Leonhard, Heather Donahue und Michael Williams wollten an diesem Ort der mystischen Sage der Blair-Hexe (engl. „witch") nachgehen. Der Mythologie zufolge soll im Februar 1785 Elly Kedrad der Hexerei beschuldigt und anschließend aus dem Ort verbannt worden sein. Man nahm an, dass die Frau den harten Winter in den Wäldern nicht überlebte. Knapp ein Jahr später verschwanden Kedrads Ankläger samt der Hälfte der Dorfbewohner auf ungeklärte Weise. Seitdem machte der Blair-Witch-Kult die Runde, den die drei Collegestudenten rund 200 Jahre nach seinem Entstehen aufklären wollten. Bewaffnet mit einer Digital- und einer 16-mm-Kamera zogen sie in die dunklen Wälder – und kehrten nie wieder. Ein Suchtrupp fand später die Kameras und einige Ausrüstungsgegenstände; das ausgewertete Filmmaterial bot den Betrachtern Schauerliches: Verwackelte Filmaufnahmen von den Dreien im Zustand größter Panik, Hilfe- und Entsetzensschreie und die Gewissheit, dass den Abenteurern ein Grauen erregendes Schicksal widerfuhr.... Noch nie war ein Independent-Film derart erfolgreich: Blair Witch Project hat noch nicht einmal 40.000 Dollar gekostet und mittlerweile fast das 4.000fache eingespielt. Das Besondere an dem Film ist nicht allein der Horroraspekt, sondern vielmehr die Tatsache, dass dieser Film allein durchs Internet „beworben" wurde. Die Regisseure Daniel Myrick und Eduardo Sanchez haben eine gefakete Dokumentation ins Netz geschleust, die sehr schnell an Eigendynamik gewann, zumal bereits die US-Site (www.blairwitch.com) ein Jahr vor Filmstart die User auf das kommende Ereignis aufmerksam machte. Der kleine Filmverleih Artisan darf sich zu seiner geglückten Einkaufspolitik gratulieren, denn schließlich hängte das „Blair Witch Project" bis auf „Star Wars" vergangenen Sommer alles an den US-Kinokassen ab. Auch bundesdeutsche Kinogänger gruselten sich standesgemäß.

Ich wollt, ich wär' (k)ein Huhn: Hennen rennen

http://www.chickenrun.de

Legebatterien sind Problemfälle: Die Hühner werden dort unter unwürdigen Bedingungen gehalten, und hauchen infolge von Dauerbelastung und mangelhafter Hygiene sehr schnell ihr erbärmliches Leben aus. Welches Federvieh dächte da nicht an Flucht, um dem Schicksal als Suppenhuhn zu entgehen? Auch Ginger und ihre gackernden Freundinnen schmieden solche Pläne, die Alternative zur Geflügelpastete heißt Rocky, der den Damen quasi in den Schoß fällt. Nach zahllosen ausgeklügelten und gescheiterten Fluchtversuchen soll ausgerechnet der bruchgelandete Zirkushahn den Hennen beim Rennen helfen. Die wollen schließlich das Entkommen von der Farm der bösen Mrs. Tweedy fliegend gestalten.... „Chicken run – Hennen rennen" ist der neuste Spaß aus den Aardman Studios, die schon mit den Wallace-&-Gromit-Filmen für Begeisterungsstürme sorgten. Die Oscar-prämierten Animateure um Nick Park verfügten endlich über das notwendige Budget, die Zeit und die Muße, um ihre irren Geschichten auf Spielfilmlänge zu strecken. Das Resultat endlosen Knetens ist das wohl witzigste Spektakel dieses Sommers; wer die Chance hat, sollte die Originalversion auf keinen Fall versäumen, schließlich lieh hier der patriotische Mel Gibson dem neurotischen Rocky seine Stimme. Die Hennen-Homepage ist alles andere als hühnerbrüstig, verfügt sie doch über zahlreiche Hintergrundinfos zur Produktion, über ein Mel-Gibson-Interview und dem Trailer zum Film. Seit dem 10.8. sitzen bundesweit die Zuschauer wie die Hühner auf der Stange und gackern vor Freude.

Homepage Die Cineastischen 4

Bernd Schuster hing am Glockenseil: Die Cineastischen 4
http://www.cine4.de
Stopp, halt, aus, Schnitt! Das Revival der 70er und 80er ist unvollständig, schließlich hat sich niemand intensiv mit trashigen Splattermovies befasst. Niemand? Falsch! In Köln leben „Die Cineastischen 4", die scheinbar nichts anderes tun, als Video zu gucken. Nicht irgendwelche Videos, sondern die Grauen erregendsten Machwerke der Filmgeschichte – sowohl hinsichtlich der filmischen Umsetzung, als auch in puncto Sujet. Hier wird lustvoll aus Genre-Highlights á la „Ein Zombie hing am Glockenseil", „Man-Eater" oder „Mondo Cannibale" zitiert. Die Klassiker der Moderne werden allerdings stets leicht derangiert wiedergegeben, jeder Film wird auf sein Spaßpotenzial abgeklopft. Da meint man beispielsweise, Bernd Schuster hätte im Glockenseil-Zombie mitgewirkt und Gattin Gaby habe stattdessen seinerzeit den Part des Spielmachers beim FC Barcelona ausgefüllt. Wer das nicht sonderlich abwegig findet, wird von den Schluckspechten an der Cinematheke auch darüber aufgeklärt, was Eugene Ionesco und „Kommissar"-Autor Herbert Reinecker eint. Ja, ja: Auch das Fernsehen bekommt sein Fett ab (Abt.: „Deutschdümelei"). Und während Derricks Harry Klein schon mal den Wagen holt, danken wir für das Auffüllen kulturhistorischer Lücken.

Alea iacta est: Cube
http://www.cube-film.de
Nachdem der Film „Cube" auf diversen Festivals Preise abgeräumt und sich mittlerweile einen Kultstatus in Kanada und Frankreich erarbeitet hat, ist das bizar-

re Werk nun auch in unsere Kinos gekommen. Über Thema und Stil des Films gibt die kongeniale Website einen augenfälligen Überblick, wer also auf innovative Psychothriller im Sciencefiction-Gewand steht und sich 90 Minuten voller visueller Spielereien, psychischem Wahnwitz und intelligenter Wendungen aussetzen möchte, der sollte das kubistische Spektakel auf keinen Fall versäumen – und außerdem im Netz vorbeischauen. Der Würfel ist hier perspektivisch eingerichtet. Auf seinem Weg findet man gelungene Soundinstallationen, Spiele und entsprechende Downloadmöglichkeiten. Aber was passiert eigentlich im Würfel? Eine kleine Gruppe völlig fremder Menschen findet sich inmitten eines Komplexes gespenstisch gleichartiger Würfel wieder. Niemand von ihnen hat eine Ahnung, wie und besonders warum sie dorthin gelangt sind. Die Gruppe muss auf der Suche nach einem Ausweg jedoch feststellen, dass in den Würfeln immer wieder hinterhältige tödliche Fallen auf sie warten. Als die Situation schließlich zu eskalieren droht, machen sie eine folgenreiche Entdeckung... Brillant in Szene gesetzt, erfüllt der Erstling von Vincenzo Natali alle Genre-Ansprüche und entlässt seine Besucher zwar verschreckt, aber um eine eindrucksvolle Erfahrung reicher. Die Würfel sind bereits gefallen: Demnächst auch in einem Programmkino in Ihrer Nähe.

Homepage Cube

In bester britischer Tradition: Circus
http://www.circus-der-film.de

Auch das aufregendste Leben wird eines Tages langweilig. Dann möchte man nur noch eins: seine Ruhe. Doch vor dem geruhsamen Dasein als Rentner, wenn möglich in sonnigen Südgefilden, haben die Götter den Schweiß der Arbeit gesetzt. Und sei diese noch so außergewöhnlich, so wie bei Leo und Lily. Die Beiden gehen einer nicht ganz alltäglichen Beschäftigung nach, die zudem noch abwechslungsreich und einträglich ist: Das glamouröse Paar wird unter der Berufsbezeichnung „Gangster" geführt. Da dieses Leben jedoch gewisse Risiken birgt, beschließen sie, einen Schlussstrich zu ziehen. Jedoch nicht ohne vorher die persönliche Bilanz ein wenig aufzupolieren: Um die Flucht nach vorn, in diesem Fall nach Kuba, antreten zu können, benötigen sie noch einen großen Coup, um die Basis für ein Leben in Luxus im real existierenden Zuckerrohr-Kommunismus zu schaffen. Einfacher gesagt als getan, denn die Konkurrenz schläft nicht. So müssen die beiden Hübschen ihren Gegnern immer einen Schritt voraus sein – ein schwieriges Unterfangen, in dessen Verlauf sich herausstellt, dass nach unzähligen Täuschungsmanövern und Tricks niemand mehr genau weiß, was wahr oder falsch ist. Rob Walker hat einen famosen Film in bester britischer Tradition gedreht. Und in „bester britischer Tradition" heißt, dass er dort anknüpft, wo Werke wie „Shallow Grave – Kleine Morde unter Freunden" oder „Bube, Dame, König, grAS" aufhörten: Gauner gegen Gauner, keiner scheint mehr durchzublicken, bevor am Ende alles mit einem Augenzwinkern aufgelöst wird. Oder auch nicht. Ob Leo (John Hannah; „Vier Hochzeiten und ein Todesfall", „Sie liebt ihn – sie liebt ihn nicht") und Lily (Famke Janssen; „Goldeneye", „X-Men") ihr Vorhaben in die Tat umsetzen, wird an dieser Stelle nicht verraten – das müssen Sie sich schon selbst anschauen. Einen kleinen Vorgeschmack liefert die nette englische Homepage zu „Circus" (http://www.circus-themovie.com), die nicht nur Details über Story und Darsteller verrät, sondern auch mit schöner Animation und einem ausführlichen Interview mit Hauptdarsteller Hannah glänzt. Noch besser: Die deutsche Site, ein kunstvoller Trip durch geflashte Welten.

Kino Kult Klassiker: Cult Film Classics
http://www.cyberm.de/film/index1.html
Es gibt jene magischen Momente, in denen die Zeit stehen zu bleiben scheint oder man sich wünscht, den Lauf der Zeit beeinflussen zu können. Solch zu Herzen gehende Augenblicke hat jeder schon einmal erlebt, höchstwahrscheinlich im Zusammenhang mit der Beendigung eines guten Buches oder – womit wir beim Thema wären – nach dem Genuss eines außergewöhnlichen Filmes. Cult Film Classics listet alle Filmperlen des vergangenen Jahrhunderts auf und ermöglicht so noch einmal eine Rückschau auf jene magischen Momente, in denen die Zeit stehen zu bleiben schien. Zeitlose Register mit Filmen, Schauspielern und Regisseuren lassen das Herz eines jeden Cineasten höher schlagen, mitunter stößt man auf wahre Schätze der Kinokultur. Zum Immer-wieder-ansehen!

Seemannsgarn: Friedhof der Namenlosen
http://www.friedhofdernamenlosen.de
Helgoland ist eine komische Insel: eine lange Felsnadel, spitz aufragend in der tosenden Nordsee. Ein mystischer Ort, bewohnt von sonderbaren Leuten. Die natürlich nichts besseres zu tun haben, als den Insel-Touristen mysteriöse Geschichten zu erzählen. Wie die vom Friedhof der Namenlosen. Der Legende zufolge liegen hier all die Namenlosen begraben, die das Meer einst an (Helgo-)Land gespült hat. Die schauerliche Mär erzählt von einem Fischer, dem eine Leiche ins Netz ging. Als er den Toten bergen wollte und in dessen Gesicht blickte, ließ er ihn fallen und kehrte verstört zur Insel zurück. Dort hob er auf dem Friedhof der Namenlosen ein Grab aus und ruderte nachts hinaus auf die See, um den Toten zu holen. Er kehrte nie wieder.... Die Geschichte wiederholt sich – Aufblende in die Gegenwart: Ein Rettungsschwimmer der Küstenwacht entdeckt auf einem Routineflug vor Helgoland eine Leiche im Wasser. Als er sie bergen will, widerfährt ihm das gleiche Schicksal wie einst dem Fischer. Und auch er ist am nächsten Morgen verschwunden.... Dies ist die internette Vorlage zu einem Film, der schon gedreht und hoffentlich bald gezeigt wird. Wenn es bei dem einen oder anderen zu einem Dejà-vu kommt, ist das weniger Zufall denn Absicht: Die Machart erinnert stark an das „Blair Witch Project". Zwischen Drehbuchrecherche und Entstehung dieser Internetpräsenz vergingen laut Auskunft der Initiatoren zwei Jahre. Die Macher selbst bleiben im Hintergrund, verschanzen sich hinter Pseudonymen wie „Wertfisch3" oder „Schnell, Gut und Billig". Nur der Name des Regisseurs bleibt kein Geheimnis: Alexander Eckert. Bei einer derartig professionell erstellten Werbeplattform müssten die Verleiher vor dem Büro der Wertfischer Schlange stehen.

Melancholischer Killer: Ghost Dog
http://www.ghostdog.de
Jim Jarmusch schafft es immer wieder, coole Filme zu machen. Wobei „cool" nicht unterkühlt meint, denn er haucht den Charakteren, die oftmals von einer absurden Situation in die nächste stolpern, so viel Leben ein, dass man mit ihnen leidet. Ob Johnny Depp als reisender Toter („Dead Man"), Tom Waits, Roberto Benigni und John Lurie als entflohene Sträflinge zurück ins Leben („Down By Law") oder ein Panoptikum, bestehend aus Taxifahrern, die auf verschiedenen Kontinenten eine Nacht auf Erden durchleben („Night On Earth"): Dem Regisseur

gelingt die anspruchsvolle Gratwanderung zwischen Melancholie und Humor stets vortrefflich. Und deswegen ist uns auch nicht bange, dass er die Killer-Geschichte von „Ghost Dog – Der Weg des Samurai" (mit Forest Whitaker in der Titelrolle) als Actionfilm inszeniert, sondern genauso melancholisch und voll warmen Humor erzählen wird. Ein weiterer Garant dürfte Kameramann Robby Müller sein, der fast alle Jarmusch-Filme kongenial ins Bild gesetzt hat. Übrigens: Der schwergewichtige Auftragsmörder im fernöstlichen Gewand hat in Deutschland einen beispiellosen Run auf das „Hagakure", die Samurai-Fibel, ausgelöst.

Macht Tote lebendig. Movie Mistakes
http://www.movie-mistakes.com

Wenn Richard Gere mit Julia Roberts kuschelt und sie ihm dabei die Schuhe auszieht, er diese in der nächsten Szene aber wieder anhat, dann hat irgendwer gepennt. Nicht die Kinozuschauer, die haben's nämlich gesehen, sondern die Person, die beim Film für die Kontinuität innerhalb der Szenenfolge zuständig ist. Sind die Uhren richtig gestellt, war die Zigarette zur Hälfte geraucht, hat der Schauspieler schon vom Burger abgebissen? So etwas will koordiniert sein, sonst sorgen spektakuläre Verfolgungsjagden, bei denen gleich dreimal die rechte hintere Radkappe verloren geht, unfreiwillig für Heiterkeit im Saal. Noch schlimmer: Der Wagen fährt auf dem rechten Vorder- und Hinterreifen in eine enge Gasse, und kommt auf der linken Spur wieder heraus. So etwas passiert selbst James Bond. Auch Drehbücher weisen viele unlogische Stellen auf: In „Nur noch 60 Sekunden" (mit Nicolas Cage und Angelina Jolie) wird nach einem 67er Chevy Mustang gefahndet – obwohl jeder weiß, dass die einzigen Mustang-Modelle von Ford gebaut wurden. Solchen und ähnlichen filmischen Ungereimtheiten widmet sich Movie-mistakes.com. Hier findet sich minutiös gelistet, was andere verbockt haben. Spitzenreiter ist der teuerste Film aller Zeiten: „Titanic" weist allein 96 Script-Lücken auf, hier macht man sogar Tote wieder lebendig. Ein Schicksal, das auch John Travolta und Samuel L. Jackson in „Pulp Fiction" ereilte: Die beiden Killer überlebten ein Attentat nur deswegen, weil die auf sie abgefeuerten Pistolenkugeln schon vorher deutlich sichtbar in der Wand steckten.

Magnolien aus Gold: Magnolia
http://www.magnolia-film.de

Paul Thomas Anderson heißt der junge Mann, der ganz Hollywood kirre macht. Nach seinem furiosen Debüt „Boogie Nights", wo er Glanz und Elend des Porno-Business treffend charakterisierte, hat sich der Regisseur in seinem neuen Film „Magnolia" jener Erzählstruktur gewidmet, die schon Werke wie „Short Cuts" oder „Pulp Fiction" groß machte. Mehrere Geschichten laufen innerhalb der Rahmenstory parallel ab, Menschen und Schicksale kreuzen die Wege. Mit dabei im Reigen: Tom Cruise, der dieses Jahr heißer Anwärter auf den Oscar-Thron als bester Nebendarsteller war, dann aber Michael Caine den Vortritt lassen musste. Die bezaubernde Julianne Moore gehört ebenso zum Ensemble wie William H. Macy, der sich zum erfolgreichen „Serientäter" in Sachen Nebenrolle gemausert hat. Das bizarre Ambiente des San Fernando Valley bildet die Kulisse und dient als Folie zur Präsentation menschlicher Abgründe. Das knapp dreistündige Epos gewann dieses Jahr den Goldenen Bären auf der Berlinale. Einer der schönsten Filme des Jahres, demnächst in einem Programmkino ihrer Wahl, der Lieblingsvideothek oder auf DVD.

Goldene Aussichten: 72nd Academy Awards
http://www.oscar.com

Eigentlich steht am Abend der Academy Awards immer nur einer im Mittelpunkt: Jenes kleine goldene Männchen nämlich, das die Sehnsüchte vieler im Saal auf sich vereint. Oscar heißt er, hat nichts mit dem gleichnamigen Helden aus Günter Grass' „Blechtrommel" zu tun (obwohl der Film schon Oscar-Weihen erfuhr), ist rund 25 cm hoch und ein paar Pfund schwer. Ansonsten dreht sich dieses Jahr für Jahr alles ums Sehen und Gesehenwerden. Die offizielle Website der Academy of Motion Picture Arts and Sciences liefert vorab schon erste Impressionen – vom ausgerollten Roten Teppich bis zur umfangreichen Namensliste derer, die

die frohe Botschaft verkünden. Damit Hollywoods Nacht der Nächte, die sich dieses Jahr zum 72-sten Mal näherte, auch angemessen begangen werden konnte, wurde im Vorfeld sogar die Kleiderordnung festgelegt. Ansonsten gibt's hier alle möglichen Statistiken rund um den Tanz ums goldene Kalb und natürlich die „Nominees". And the Oscar goes to… allein fünfmal an „American Beauty".

Die 1-Million-Dollar-Idee: Greenlight
http://www.projectgreenlight.com

Hollywood ruft zu einem ganz besonderen Kreativ-Wettbewerb auf: Angehende Filmemacher können im Rahmen des Greenlight-Projekts für ihr Werk eine Million Dollar einstreichen. Man muss lediglich dabei in Kauf nehmen, dass einem bei der Arbeit über die Schulter geschaut wird. Der Kabelsender HBO, die Produktionsgesellschaft Miramax Television und die Jungstars Matt Damon und Ben Affleck sind die Sponsoren bzw. Schirmherren dieses außergewöhnlichen Talentwettbewerbs. Angehende Regisseure erhalten unter dieser Adresse alle relevanten Facts, u.a. ist hier nachzulesen, dass man während der Dreharbeiten Gelegenheit hat, mit Szenegrößen wie Kevin Williamson (Drehbuchautor und Produzent der „Scream"-Trilogie), Robert Rodriguez („El Mariachi" bzw. „Desperado" und „From Dusk Til Dawn") und Kevin Smith („Clerks", „Chasing Amy", „Dogma") zu sprechen. Die Interviews und alle weiteren Arbeitsschritte sind Bestandteil einer Dokumentation, die in knapp zwei Jahren gesendet wird. Also haben alle etwas davon: der Jungregisseur kassiert das Preisgeld, realisiert seinen Film und wird eventuell berühmt, die Filmfirmen werden ein Vielfaches des ausgelobten Gage einnehmen und für Damon und Affleck (die mit ihrem ersten Wurf „Good Will Hunting" gleich einen Oscar kassierten) wird auch was abfallen.

Homepage Greenlight

Darth Maul und Fußmassagen: Pulp Phantom
http://www.pulpphantom.com

Die Filmgeschichte ist endlich um fehlende Kapitel erweitert worden: Pulp Phantom vereint verschiedene Highlights des populären Films zu einer wilden Mixtur, bei der garantiert kein Auge trocken bleibt. „Pulp Fiction" meets „Star Wars" – was sich wie der Fantasie eines wirren Nachwuchsfilmers entsprungen anhört, ist im Cyberspace Realität geworden und bildet eine organische Verbindung, der zu folgen sich absolut lohnt. Die Original-Filmzitate und Handlungsabläufe von Quentin Tarantinos Meisterwerk sind der gemeinsame Nenner, auf dem die Story fußt, wobei die handelnden Personen geringfügig verändert wurden: So begleitet man Vincent Vega in der Gestalt von Darth Maul und seinen Killer-Kollegen Boba Fett, pardon: Jules Winfield, zu einem Meeting, bei dem über Fußmassagen und die Gattin des Chefs (Amandala alias Mia Wallace) palavert wird. Man zappt sich von Episode zu Episode, neun Folgen sind bereits im Kasten. Natürlich muss man eine genaue Vorkenntnis der genannten Filme mitbringen, nur dann eröffnet sich einem das genuine Storyboard. Wer zudem den Text aus Pulp Fiction Wort für Wort mitsprechen kann (natürlich auf Englisch!), der gelangt wahrhaftig auf die dunkle Seite der Macht. Wir warten gespannt auf die zehnte Ausgabe des virtuellen Comic-Märchens, denn die neunte Staffel endet mit der legendären Tanz-Szene, bei der der User die Möglichkeit hat, Vincent und Mia zu sechs verschiedenen Krieg-der-Sterne-Melodien die gespreizten Finger wirbeln zu lassen.

Homepage Pulp Phantom

Hiebe und Triebe: Romeo Must Die
http://www.romeomustdie.net
Hollywood lässt es mal wieder krachen. Der Kracher diesmal: Romeo Must Die. Die Story: Asiatische und afroamerikanische Gangs bekriegen sich bis aufs Blut. Ausgerechnet Trish O' Day von der einen und Han Sing von der anderen Seite entwickeln inmitten des mörderischen Tohuwabohus mehr als nur Sympathie füreinander. Ob's gut geht? Sehen Sie selbst – die Lovestory, die vage an Shakespeares Liebesdrama „Romeo und Julia" erinnert, läuft noch in ausgewählten Kinos, ansonsten alsbald auf Video oder DVD. Was den Film außergewöhnlich macht, ist in erster Linie Jet Li. Der Star des Hongkong-Actionfilms ist der derzeit beste Martial-Arts-Künstler des Filmbiz; gegen ihn wirkt selbst ein Jackie Chan recht plump. Kostproben seiner tänzerisch leichten Kampfkunst lieferte er bereits in „Lethal Weapon 4" ab, nun schickt er sich an, den US-Markt zu erobern. Weiteres Highlight: Aaliyah. Die R'n'B-Lolita, die den männlichen Voyeuren schon im Video zum „Verrückten Professor" (Are you that somebody?) die Schweißperlen auf die Stirn trieb, geizt beim Umgarnen unseres schlagkräftigen Romeos nicht mit ihren Reizen. Wie auch die R.M.D.-Homepage nicht an Effekten spart, und überdies jede Menge Hintergrundinfos zum Movie über Hiebe und Triebe liefert.

Mehr als Durchschnitt: Der Schnitt
http://www.schnitt.com
Filmzeitschriften gibt es viele. Genau so viele transportieren den Mainstream. Cineasten, die abseits des Massengeschmacks nach Hirnfutter suchen, gehen zumeist leer aus. Der Schnitt bemüht sich, den einheitlichen Rahmen zu sprengen. Die auflagenstärkste Fachzeitschrift für Film in Deutschland wählt stets die

andere Perspektive und stellt den Film als Kunstform in den Mittelpunkt. Namhafte Kritiker (Georg Seeßlen, H.-C. Blumenberg, Fritz Göttler) beleben den Diskurs, man scheut sich nicht, auch abseitige Themen episch aufzuarbeiten. So finden sich Specials über Luis Buñuel und Andy Warhol neben Reportagen über den Pornofilm oder Beiträgen zu den Genrefilmen der 90er. Aktuelle Film- und Medienbesprechungen, bei denen dem Kommerzkino genau so viel Platz wie den ambitionierten Filmen eingeräumt wird, bilden die weiteren Schwerpunkte eines Heftes, das für Filmstudenten wie Filminteressierte gleichermaßen zur Pflichtlektüre wird. Die Printausgabe erscheint vierteljährlich, die Webpräsenz besteht rund um die Uhr.

Prominente Schreihälse: Scream 3
http://www.scream3.com

Alles begann mit einem Telefonanruf. Und der goldenen Regel „Geh niemals ans Telefon!" Schon gar nicht, wenn du a) weiblich, b) ein Teenager, c) amerikanische Staatsbürgerin und d) Akteurin in der Slasher-Trilogie „Scream" bist. Dann überlebst du nämlich noch nicht einmal die erste halbe Stunde des Films. So geschehen in den Teilen eins und zwei, in denen die prominenten Aktricen Drew Barrymore, Jada Pinkett-Smith und Sarah Michelle Gellar dem heimtückischen Messermörder zum Opfer fielen. Diesen Sommer folget Teil drei der Metzelorgie an amerikanischen Highschools, und wieder haben die Fans millionenfach mit den bleichen Totenkopfmasken die Kinos gestürmt. Die Regeln einer Trilogie nach Regisseur Wes Craven und Autor Kevin Williamson (der bei Screm 3 allerdings nur als Produzent fungierte): Zuerst werden die Regeln erklärt. Dann wird mit den Regeln gespielt. Und im Finale? Vergiss die Regeln! Obwohl: etwas Reguläres bleibt immer. So auch diesmal. Zum Beispiel, dass wiederum Neve Campbell, Courtney Cox und Neu-Gatte David Arquette mitspielen, und dass auch diesmal wieder viel Kunstblut über die Leinwand schwappt. Die amerikanische Site birst nahezu an Infos rund ums Gemetzel, internetter Gag am Rande sind die Links zu www.galeweathers.com und www.sunrisesucks.com.

Kopflos: Sleepy Hollow
http://www.sleepyhollow.de

Selten hat man eine kopflosere Filmkonzeption gesehen: In Sleepy Hollow rollen die Köpfe quasi im Minutentakt. Eine Mordserie erschüttert im ausgehenden 18. Jahrhundert den nordamerikanischen Marktflecken Sleepy Hollow. Inspektor Ichabod Crane, ein Vorläufer der Profiler heutiger Prägung, wird aufgrund seiner obskuren Ermittlungsmethoden zur Aufklärung der Fälle von New York hierhin strafversetzt und sieht dem mysteriösem Treiben der Dorfbewohner zu. Diese wollen ihm eine Legende auftischen, nach der ein kopfloser Reiter ruhelos umherstreift und sich für vergangene Missetaten blutig rächt. Kopfmensch Crane schenkt derlei Unfug natürlich keinen Glauben und verfolgt mittels seiner außergewöhnlichen detektivischen Fähigkeiten das ehrgeizige Ziel, dem Spuk ein Ende zu bereiten. Leichter gesagt als getan, denn der Rationalist erfährt zum ersten Mal in seinem Leben etwas Irrationales und verliebt sich Hals über Kopf in die Dorfschönheit Katrina Van Tessel. Wie sich Crane gegen den Enthaupteten behauptet, das schildert Regisseur Tim Burton („Mars Attacks!") in gewohnt souveräner Manier. Ihm zur Seite stehen dabei so exzellente Akteure wie Johnny Depp (Crane), Christina Ricci (Katrina) und Christopher Walken (Reiter), die „Sleepy Hollow – Köpfe werden rollen" zu einem absoluten Filmhighlight des Jahres machen. Wovon auch die exquisite, Flash-animierte Filmsite zeugt, die das Schauermärchen ankündigt(e).

Von Menschen und Mutanten: X-Men
http://www.x-men-derfilm.de

Ein ungewöhnlicher Film (für manche eine Reise in die Kindheit), eine innovative Werbekampagne, einer der talentiertesten Nachwuchsregisseure Hollywoods und ein Stoff, der Action, Spannung und phantastische Bilder verspricht – das alles ist X-Men. Da darf die Website nicht nachstehen: ein Flash-Ereignis von einmalig unterhaltender Qualität. Die X-Men waren für viele neben Spiderman und dem Silver Surfer „die" Comic-Serie ihrer Kindheit. Die Werbekampagne zum Film ist mit ihrer unaufdringlichen Omnipräsenz gelungen und weckt mit einem hintersinnigen Trailer Erwartungen. Regisseur Bryan Singer hat mit „Die üblichen Verdächtigen" einen der intelligentesten Kinofilme der 90er-Jahre gedreht und gilt seitdem als das Wunderkind seiner Zunft. Nicht zuletzt aber ist es der vielschichtige und für einen Comic seltsam differenzierte Stoff, der „X-Men" zu etwas Besonderem macht. Schon der Auftakt ist ungewöhnlich, denn wir werden Zeugen, wie ein kleiner Junge namens Erik in einem polnischen Konzentrationslager gewaltsam von seinen Eltern getrennt wird. Im Moment des absoluten mentalen Stresses geschieht etwas Unglaubliches: Unter dem eindringlichen Blick des Jungen beginnt Metall sich zu verbiegen. Viele Jahre später wird dieser Junge Teil einer Bewegung von besonderen Mutanten sein, die um ihre Rechte in einer Gesellschaft kämpfen, aus der sie weitestgehend ausgegrenzt sind. Diese Bewegung spaltet sich in zwei Lager: Auf der einen Seite stehen die Schützlinge um den gelähmten Professor Charles Xavier (Patrick Stewart), der eine integrierende Position inne hat und dessen Wahlspruch lautet: „Helft den Menschen, auch wenn sie euch verachten". Ihm gegenüber finden wir den mittlerweile erwachsenen Erik (Ian McKellen), der als Magneto der Menschheit den Krieg angesagt hat. „X-Men" ist ein Pamphlet geworden, um die Angst vor dem Unbekannten abzubauen und außerdem ein Film, der ein großes Problem der amerikanischen Gesellschaft thematisiert. Man kann schließlich die Kämpfe der Mutantengruppen ohne weiteres auch auf die schwarzen Bürgerrechtsbewegungen um Martin Luther King oder Malcolm X übertragen. Diese These wird auch davon untermauert, dass Stan Lee die „X-Men" 1963 ersann, als die Integrationsfragen in den USA besonders aufgeregt diskutiert wurden. Der düstere Filmspaß um Menschen und Mutanten ist seit Kurzem auf bundesdeutschen Leinwänden zu sehen, wer ihn sich jetzt anschaut, baut vor: Die X-Men sind als Trilogie konzipiert.

TRAVEL & ADVENTURE

Kunst am Bau: art'otels in Berlin, Dresden und Potsdam
http://www.artotel.de
Ein Hotelerlebnis der etwas anderen Art erwartet den Gast in den art'otels in Berlin, Dresden oder Potsdam. Hier trifft man gewiss nicht auf modisch überfrachtete Ausstattungen oder lieblos und funktional hergerichtete Räumlichkeiten, sondern ist vielmehr vom architektonischen und künstlerischen Werk zeitgenössischer Künstler und Designer umgeben. So hat jedes der drei Hotels seinen eigenen Stil, wovon man sich auch online überzeugen kann: Der Blick in den Rokoko-Room, den Speisesaal des Berliner Hotels oder des Foyers in Dresden geben einen verlockenden Vorgeschmack auf die exklusive Umgebung und Atmosphäre, die einen dort erwartet. Wer also beim nächsten Abstecher in eine der drei Kulturstädte sein Lager aufschlagen möchte, sollte es in einem art'otel tun. Man kann auf den Hotel-Pages online reservieren.

Hier ist der tasmanische Teufel los: Australien
http://www.australia.com
Dass Down Under noch mehr zu bieten hat als Olympischen Geist, Kängurus, Koala-Bären und Crocodile Dundees, davon zeugt die offizielle Australien-Homepage. Aborigines und Ayers Rock, Australian Open und Outbacks: Der fünfte Kontinent hat viele Attraktionen, hier sehen sie die andere(n) Seite(n) Australiens. Schöner Service: Sie können sich individuelle Routen zusammenstellen (lassen), um auf eigene Faust das riesige Land zu bereisen. Der Clou: Alle Sehenswürdigkeiten kann man sich vorab per Fotostrecke anschauen. Zahlreiche Links lassen kein thematisches Randgebiet aus, die Mehrzahl der Verbindungen führt aus gegebenem Anlass zu olympischen Pages. Weswegen auch auf dieser Website rund einen Monat lang der (tasmanische) Teufel los sein dürfte.

Schwerelos: Ballooning 2000
http://www.ballooning2000.de

Als die Ballon-Pioniere, die Brüder Montgolfiere, einst die Schwerelosigkeit auf-
zuheben schienen, ahnten Sie nicht, dass Sie einen der Trends für das 21.
Jahrhundert schufen. Ballonfahren (zum letzten Mal: Es heißt fahren und nicht
fliegen!) gehört zu den letzten Abenteuern der Menschheit. Zum Glück werden
Abenteuer immer erschwinglicher und häufiger in die Hände von Spezialisten gelegt. Zu denen zählen die Mitglieder der deutsch-französischen Fahrgemeinschaft
von Ballooning 2000. Die Montgolfieres der Neuzeit veranstalten Touren über die
Alpen, die Sahara oder die provenzalischen Landschaften Frankreichs. Dass alles zu Tarifen, die das Portemonnaie nur unmerklich belasten. Wer einmal in neue
Sphären vorstoßen möchte, darf an dieser Adresse nicht vorbeischweben.

Homepage Black Book

Budapest liegt nicht in Asien: Black Book
http://www.blackbookmag.com

Wer weiß schon, wie das Nightlife in Kairo, Amsterdam, Paris, Chicago oder Tokio
aussieht? Richtig, niemand. Falsch: fast niemand. Das schwarze Buch der
Nachtgestalten und ihrer Locations weiß Bescheid: Black Book engagiert sich
in „progressive urban culture" und listet Namen und Orte der lokalen Szene auf.
Ein paar Schönheitsfehler weist der Guide zwar noch auf – Budapest liegt z.B.
nicht in Asien, und hinter einigen Städten leuchtet bei Nachfrage noch ein nied-
liches „(coming) soon" – doch die Initiative allein ist schon lobenswert. Und
außerdem kann man sich z.B. zu Chicago oder Paris schon jede Menge Nightlife-
Tipps online geben lassen.

Das schönste Hotel der Republik: Brenner
http://www.brenners-park.de

Was den wenigsten bekannt ist, dass sich eines der schönsten Hotels der Welt
in Deutschland befindet, das sich seit Karl dem Großen mit der Bewirtung höchster Häupter bestens auskennt (Kenner behaupten sogar, dass wir das
Hotelwesen erfunden hätten). Brenner ist, nicht nur im Internet, eine Sache für
sich. Und nicht einmal teuer, wenn man es mit Hotels derselben Kategorie in
London, Paris oder Rom vergleicht. Im Internet präsentiert sich die Residenz in
Baden-Baden als nobles Haus mit Rundumblick: In vielen der großen Räume
kreist eine Kamera, gibt den Blick auf die Parkanlagen frei und zeigt, wie es in
einem der schönsten Hotels der Republik aussieht. Ein Wochenende ist preiswerter als ein Skateboard – Frühstück inklusive!

Meeresungeheuer: Freedom Ship

http://www.freedomship.com

Man weiß von Howard Hughes zu berichten, dass er einer der extrovertiertesten Multimillionäre der Nachkriegszeit war. Sein Faible für üppige Schauspielerinnen manifestierte sich nicht nur in der Kreation extraordinärer BHs, sein Drogenkonsum war legendär, doch das beherrschende Element in seinem Leben blieb die Konstruktion von Flugzeugen. Es blieb nicht nur bei den Hirngespinsten des eitlen Moguls, manche seiner Entwürfe wurden sogar realisiert (über die Flugtauglichkeit mancher Modelle breiten wir den Mantel des Schweigens). Der Howard Hughes der Neuzeit heißt Norman Dixon. Seine Vision ist eine schwimmende Stadt: 1,3 km lang, 220 Meter breit und 100 Meter hoch. Gegen dieses Meeresungeheuer wirkt die Queen Elizabeth II wie ein Quietschentchen in der Badewanne: 40.000 Bewohner sollen den Giganten der Meere mit Leben füllen, 15.000 Besatzungsmitglieder stehen zu ihren Diensten. Ein 28 qm großes Appartement soll schlappe 100.000 $ kosten, für eine 474-qm-Suite sind über sieben Millionen $ fällig. Zahlen, die schwindlig machen. Und Fragen aufwerfen: kein Trockendock der Welt verfügt über solche Kapazitäten und Ausmaße. Kann also der Bau eines solchen Titans auf hoher See erfolgen? Wer garantiert für die Sicherheit an Bord? Kann ein Schiff dieser Größe überhaupt die internationalen Sicherheitsbestimmungen einhalten? Antworten auf diese Fragen sucht man auf der Freedom-Ship-Homepage vergebens. Dafür erhält man einen Konstruktionsüberblick und wichtige Infos, wie z.B. die, dass schon rund 3.000 Interessenten sich eine Wohnung reservieren ließen und die Optionen für die über 400 Geschäfte an Deck auch schon vergeben sind: Chanel und McDonald's sind natürlich dabei. Ahoi!

Ski-Atlas: GoSki

http://www.goski.com

Wenn der Winter kommt, schlägt die Stunde alpiner Enthusiasten: GoSki ist ein Skigebiets-Guide, der weltweit die besten, größten, schönsten, populärsten, schneesichersten, billigsten, teuersten, mondänsten, exotischsten und unbekanntesten Skigebiete aufführt. Fehlte in der Aufzählung noch etwas? Wenn ja, dann haben Sie unter der angegebenen Adresse die Gelegenheit, Versäumtes aufzuarbeiten. Von A (Andorra) bis V (Venezuela, sic!) finden sich alle attraktiven Skiregionen der Welt versammelt. Mit Angaben zu Preisen, Geländedaten, Unterkünften, Anfahrtsbeschreibungen und Schneelage. Wer sich in diesem Winter die Bretter (egal ob Snowboard oder Ski) unterschnallen möchte, sollte sich anschnallen und diesem wirklich luxuriös gestaltetem Skigebietsführer einen Besuch abstatten.

Frostiger Empfang: Icehotel Jukkasjärvi

http://www.icehotel.com

Im hohen Norden, in Schweden nämlich, gibt es das Eishotel „Jukkasjärvi", was so viel wie „Begegnungsstätte" heißt. Unweit von Kiruna gelegen, wartet der Eispalast, der aus über 10.000 Tonnen Eis und 30.000 Tonnen Schnee gebaut worden ist, auf seine Besucher. Wer also richtig coole Ferien verbringen möchte, der sollte sich zunächst einmal die Homepage des Mega-Iglus anschauen, bevor er den Trip nach Skandinavien bucht. „Alter Schwede!" ist man hochachtungsvoll geneigt zu sagen, denn die Macher der Site gehen wirklich bis ins kleinste Detail, um die zahlende Kundschaft zu locken. Wer sich also einmal so richtig kalt machen lassen möchte, der sollte sich für die Seiten des Jukkasjärvi Eishotels erwärmen.

25 % weniger = 100 % Urlaub

http://www.ltur.de

Sofort buchen - sofort fliegen. Die zum TUI-Konzern gehörende L'TUR Tourismus AG benutzt ihre Werbung nicht nur als Schlagworte für Last-Minute-Urlaube. Für viele ist L'TUR mit seiner pink-schwarzen Corporate Identity vielmehr bereits zum Synonym für Spontantrips geworden. Und die Homepage macht es auch wirklich so einfach: So kann man sich das vielfältige Angebot bequem nach Zielgebiet,

Abflugort, Reisetermin oder auch nach dem Preis sortieren lassen und schnell per Online-Buchung seinen wohlverdienten Urlaub reservieren. Und damit man keine bösen Überraschungen während der Reise erlebt, listet L'TUR dem potenziellen Urlauber auch alle wichtigen Details haargenau auf. Ob es der Blick ins Hotelzimmer oder ein Kurzporträt der Fluggesellschaft ist, dem Surfer wird nichts vorenthalten. Natürlich auch der Preis nicht: Der liegt gewöhnlich 25 % unter dem ursprünglichen Angebot. Zudem rühmt sich der Tourismusriese mit der Versicherung, dass „L'TUR Ihnen gegenüber für absoluten Datenschutz bei Buchung mit Kreditkarte haftet". Vergessen Sie aber nicht, vor Reiseantritt wenigstens noch Ihren Computer auszuschalten....

Homepage Ski & More

Winterfreuden: Ski & More
http://www.skiandmore.com
Die Aussichten sind trübe, der Sommer, der keiner war, liegt hinter uns. Und was kommt dann? Richtig: Herbst und - Bingo! - Winter. Die Gelegenheit also, die Koffer zu packen und der tristen Tiefebene die ebenso kalte Schulter zu zeigen und sich in eisige Höhen aufzuschwingen, um dort entspannt abzuschwingen. Ski & More ist dabei hilfreich: Alle alpenländischen Skigebiete auf einen Klick, plus Norwegen und Kanada – inklusive der Rahmenbedingungen, sprich: Wetterservice, Schneehöhen und –zustände. Selbstverständlich verfügt der Guide auch über einen ansprechenden Hotelführer, gelistet wird nach Ländern, Regionen sowie Städten und Gemeinden. Die Unterkünfte sind in die entsprechenden Kategorien unterteilt, alle werden mit Telefon- und Faxnummern aufgeführt. Via WebCams kann man sich schon vorab von den Traumpisten überzeugen; jetzt heißt es, die Gelegenheit zu nutzen, denn alles, was derzeit bei uns als Regen niederfällt, kommt in den Bergen garantiert als weiße Pracht vom Himmel: Winterfreuden pur.

Nerz oder Ostfriesennerz?: Sylt-Links
http://www.syltlinks.de
Ans Meer? In die Berge? Prinzipiell ist diese Frage eine Sache des Charakters, nicht der Abwechslung. Denn wer am Strand steht, in die Ferne schaut und dem Himmel folgt, der sich über die Enden des Horizonts legt, die Hände in den Taschen, die Haare im Wind, wer das ferne Rufen der Möwen braucht, die salzige Luft, das umwehte Beige der Dünen, der lässt sich die Perspektive nicht von Bergen verstellen. Der packt die Daunenjacke ein und die wasserfesten Schuhe und fährt an die Nordsee. Wohin genau ist prinzipiell dann wieder eine Frage des Charakters, denn zwischen Sylt und Wangerooge liegt nicht nur das sturmum-

brauste Nordmeer, sondern nicht selten eine ungleich unterschiedlichere Sicht auf das Leben. Das ließe sich dann auf die Frage reduzieren: Nerz oder Ostfriesennerz? Wer Ersteres bevorzugt, den zieht es nach Sylt, keine Frage. Wo dieser wann (und ob überhaupt) zum Einsatz kommt, klärt sich im Internet – im Webverzeichnis für Sylter und Gäste, dem Zugang zu über 350 Internetseiten zum Thema Sylt.

TURBO·PAGES

Internette KApriolen: Ford KA
http://www.alles-ka.de
Der Ford KA, jenes kugelrunde Spaßgefährt für die Innenstadt, macht auch im Netz internette KApriolen. Für die sorgt in erster Linie KAsper. KAsper ist ein KAshüpfer (pardon: Grashüpfer), der durch die kunterbunte KA-Welt hüpft und von einer KAtastrophe in die nächste taumelt. Dem Rasenmäher soeben entronnen, prallt KAsper vor einen Baum und ist hin. Aber noch nicht weg: der flotte Wiesenbewohner ist die animierte Sitemap. Klingt komisch, ist aber so. Und so hüpft KAsper von „KArlsruhe" zur „Praxis Dr. KAlauers" und von da zur „KApelle". Das Ganze schön geflasht und mit der tollen Musik von Bandaloop unterlegt. Verantwortlich für den 1-(K)A-Webauftritt sind u.a. „Wundermann Cato Johnson" aus Frankfurt und Hans-Jörg Brehm, der die Zeichnungen beisteuerte. KAnn es sein, dass wir uns mehr solcher Webpräsenzen wünschen? Definitiv. KAlasse!

Quader, Schnecken, Muscheln: Autostadt
http://www.autostadt.de
Die Messe ist wirklich einzigartig: verkehrsgünstig im malerischen Niedersachsen gelegen, direkt an der A2. Man biegt von der Autobahn ab und erreicht ein Gelände, auf dem es vor futuristisch anmutenden Pavillons nur so wimmelt. Da gibt es für die Freunde Italiens den Pavillon in Quaderform, das tschechische Haus ist wie eine riesige Schnecke gestaltet, der spanische Beitrag kommt muschelförmig daher. Sämtliche Objekte lassen sich auf der hervorragend gestalteten Website einzeln anklicken, leuchten auf und zeigen somit virtuell, wo sich reell die Gebäude befinden. Herzstück des Areals ist das Kundencenter, das wie ein UFO an der Peripherie thront. Wer jetzt glaubt, er befände sich auf der EXPO in Hannover, den müssen wir enttäuschen – die Rede ist vielmehr von der Autostadt in Wolfsburg. Fans von Autos und Mobilem finden in der Autostadt Wolfsburg die Hersteller und Modelle derjenigen Firmen, die mit dem großen ortsansässigen Automobilhersteller liiert sind: Lamborghini, Skoda, Seat – und immer wieder VW. Der Webauftritt der „Beetles" ist wunderhübsch anzuschauen, ohne dass dadurch die Seitennavigation oder die Informationsdichte leiden. Perfekte 3D-Animationen im Netz und ein Panorama-Kino mit 360°-Leinwand als Clou der Ausstellung vor Ort werden sicherlich nicht nur PKW-Fans nach Wolfsburg locken.

Osterei mit Dach und Leselampe: BMW C-1
http://www.bmw-c1.de
Man spricht von IHM, ER ist da. Die Rede ist vom neuen BMW C1, dem ersten Scooter mit Dach. Folgt man der unglaublich cleveren grafischen Animation (natürlich Flash-unterstützt) auf der BMW-C1-Homepage, dann kann man sich wahrlich auf schönes Wetter in der Stadt freuen. Die Imagekampagne zum City-Flitzer auf zwei Rädern zeigt es: Die Zweibeiner bekommen wieder Lust aufs Zweiradfahren. Denn schließlich ist man einigermaßen wind- und wettergeschützt unter dem Dächlein, das trotz allem Windabweisendem noch genügend Luft für Fahrspaß lässt. Und zu den beschwingten Easy-Listening-Klängen dieser poppigen Page surft man dann gespannt noch weiter in die BMW-Motorrad- oder -autowelt. Übrigens: Das Osterei im Rollerformat verfügt sogar über eine Leselampe. Wie man allerdings lesen und dabei cruisen soll, vermögen wir nicht zu sagen.

Tanken 2000: BP Express
http://www.bpexpress.de
Der Weltraum: unendliche Weiten. Eintrag ins Logbuch des Raumschiffs BP Express, Sternenzeit Januar 2000, Captain Soundso: „Wir haben Kontakt!" Und zwar mit der Cyberspace-Station des Mineralölmultis BP. Die virtuelle Tankstelle bereitet einem auch ohne PKW viel Vergnügen. Was nicht allein daran liegt, dass man hier nicht auf erhöhte Benzinpreise achten muss, sondern weil man zu sphärischer Musik ungemein entspannt durch Raum und Zeit gleitet. Vorbei am Shop, wo es PCs und andere nützliche Sachen gibt, hin zur „Gamezone", wo attraktive Gewinne locken, bis zur „Space Station", die schwerelos durch den Orbit gleitet und demnächst zum Chatten oder Flirten einlädt. Ein kleiner Schritt für die Menschheit, aber ein ungemein wichtiger für BP, die anderen Konzernen zeigen, wo im 21. Jahrhundert die Musik spielt.

Dreirad für Erwachsene: Sparrow
http://www.estate-center.com/sparrow/index.html
Er sieht aus wie ein zerknautschtes, überdimensioniertes Überraschungs-Ei auf Rädern: der Sparrow. Dieses Auto ist „der" City-Flitzer aus den USA und wird elektrisch angetrieben. Man muss unweigerlich schmunzeln, wenn man diesen Wagen, der wie eine dreidimensionale Zeichnung der Toon-Fabrik Roger Rabbits daherkommt, zum ersten Mal erblickt. Ein Scheinwerfer, drei Räder – das Ganze erinnert stark an die Mini-Autos der 50er-Jahre (Messerschmitt Kabinenroller u.ä.), die Deutschland damals ein einzigartiges Straßenbild bescherten. Der Fahrspaß aus Übersee kommt nun auch nach Europa, unterstützt von einer großen Immobiliengesellschaft, unter deren Adresse der Sparrow auch „geparkt" ist. Designer Mike Corbin ist jedenfalls überzeugt, dass sein Auto den Sprung ins 21. Jahrhundert symbolisiert. Schauen Sie selbst einmal vorbei und lassen sich von dem quicken Fun-Cruiser inspirieren. Zukunftsweisend ist die Sparrow-Site auf alle Fälle, da es dort quietschbunt, aber umso durchdachter und hinsichtlich des Designs als auch der Navigation äußerst professionell zugeht.

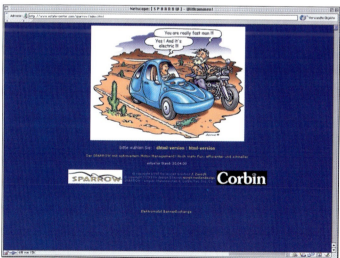

Homepage Sparrow

Trailerpark: Hymer City
http://www.hymercity.de
Auf die Idee hätten auch andere kommen können, doch Hymer war schneller: Deutschlands führender Wohnmobilhersteller hat extra für die EXPO in Sarstedt bei Hannover einen Trailerpark errichtet. Die mobilen Unterkünfte bilden eine stationäre Einheit, in der gestresste Messebesucher relaxen und in Ruhe arbeiten können – und überdies in der hoffnungslos überfüllten Niedersachsen-Metropole

noch ein Bett finden! Das Ganze gekrönt von formidablen Extraleistungen, wie z.B. einer Crew Spitzenköche, die sich ums leibliche Wohl der Hymer-Citizens kümmern. In der Servicewüste Deutschland wirkt diese ungemein entspannende und clevere Idee hoffentlich nachhaltig. Zur Nachahmung empfohlen!

History Repeating: Jaguar S-Type
http://www.jaguar.de
Geschichte wiederholt sich. Und doch verändert sich die Fortschreibung um Nuancen. Jaguar wiederholt derzeit (s)eine Erfolgsgeschichte: 1955 wurde das Modell „S-Type" etabliert, eine kompakte Sportlimousine mit luxuriöser Ausstattung. 1963 gewann die Baureihe des britischen Automobilherstellers die Tourenwagenmeisterschaft – mit einem nahezu serienmäßigen Modell! 1999 kehrte die Legende anlässlich des Genfer Autosalons zurück: formschön, luxuriös, elegant und kraftvoll. Brillante Technik, gepaart mit dynamischen Design, von all dem kann man sich unter dieser Adresse ein Bild machen. Nehmen Sie Einblick ins elegante Interieur und schauen Sie unter die Motorhaube, wo 3.0-Liter-V6- oder 4.0-Liter-V8-Motoren für die notwendige Power sorgen. 2000 ist Jaguar auf dem Sprung, den deutschen Markt zu erobern: Mit dem S-Type ist die These widerlegt, dass man Stil nicht kaufen kann.

Ohneg-Leichen: Leichenwagen.de
http://www.leichenwagen.de
Reichlich makaber: Unter dieser Adresse kann man – wie sollte es bei dem Domainnamen auch anders sein – Leichenwagen bestaunen. Die sonst eher ruhige Kundschaft solcher Gefährte (von „Beifahrern" wollen wir an dieser Stelle gar nicht reden) vermag sich (naturgegeben) nicht mehr so recht über Fahrkomfort u.ä. zu äußern, weswegen die Initiatoren von Leichenwagen.de nun ein Forum für Gleichgesinnte zwecks „(Er-)Fahrungsaustausch" bereit gestellt haben. Hier gibt's die schönsten Leichenwagen (ohne Leichen!) zu bestaunen, Bilder von diversen Treffen stolzer Leichenwagenbesitzer und natürlich einen Mini-Pressespiegel, da ein solches Hobby vom Medien-Boulevard natürlich dankbar aufgegriffen wird. Fazit: Eine Site ohneg-Leichen!

Oldies but Goldies: DT online: Oldtimer + Replica
http://www.oldtimer-replica.de
Oldies but Goldies: DT online macht einem schmerzlich bewusst, wie wenig originell größtenteils heutzutage Autos hergestellt werden. Angesichts der in Ehren ergrauten (aber alles andere als grauenhaften) Oldtimer, die gemächlich ins Bild schaukeln, überkommt selbst bekennende Anti-Autofetischisten leichte Wehmut: so ein Porsche 956 sieht halt klasse aus. Und erst die offene Limousine oder das arg betagte Ford-T-Modell (kürzlich zum „Car of the Century" gekürt)... Im Inneren der Site warten Händler- und Liebhaberadressen, die man flugs ansteuern sollte, bevor der graue (Straßen-)Alltag mit seinen schier endlosen Blechlawinen einen einholt. Bevor wir es vergessen: Die Animation dieser Webpage ist natürlich ebenso stilvoll und gelungen, wie es die vorgeführten Modelle sind. So wird man selbst zum Klassiker.

Es kann nur eine geben: Vespa
http://www.piaggio.com/web2000/vespa/start_e.htm
Die Innenstädte füllen sich. Unter anderem mit den schicken Cityflitzern, die neuerdings „Scooter" heißen. Obwohl viele fälschlicherweise die kleinen Motorroller als „Vespa" bezeichnen. Doch es kann nur eine geben: die Original-Vespa von Piaggio. In Italien gehören die Mini- Renner zum Stadtbild wie in Deutschland die ballonseidenen Trainingsanzüge. Im Süden Europas gehört die Helmpflicht zu den eher vernachlässigenswerten Dingen im Leben, man genießt den Fahrspaß lieber pur und buchstäblich oben ohne. Auch im Web nähert man sich der Vespa-Site ohne Helm und Nierengurt, denn die Page überzeugt durch hübsche Grafiken und eine Reihe interessanter Details, angefangen von der Erfolgsstory des flinken Fahrzeugs bis hin zum Piaggio-Archiv, in dem die Stars des Museums ver-

sammelt sind. Wie z.B. die Vespa „Siluro", eine wegweisende Designstudie von 1951, die eher an eine Benzin betriebene Zigarre erinnert, als an einen Roller. Dass die Seiten nur auf Englisch abzurufen sind, wird die Enthusiasten nicht von einem Besuch abhalten – den erledigt man zwischendurch, in der Vespa-Pause.

Von Göttern und cw-Werten: Pininfarina
http://www.pininfarina.it
Pininfarina: Ein Name, der Kennern der Automobilszene auf der Zunge zergeht. Der Design-Gott aus Italien hat schon Mitte der 60er durch sein unglaublich sportliches Karosseriedesign cw-Werte geschaffen, von denen Konstrukteure der Neuzeit nur träumen können. Apropos „Zeit". Nach dem erfolgreichen Umbau der Pininfarina-Homepage ist es an der Zeit, länger auf diesen (ebenfalls) wunderschön gestalteten Seiten zu verweilen. Auf Englisch (oder Italienisch) wird man durch einen Mikrokosmos modernen Industriedesigns geführt, die Pininfarina-Erfolgsstory wird bis in den letzten Winkel ausgeleuchtet. Dass der Meister aller Design-Klassen auch sonst sein Handwerk versteht, erkennt man allein am schnörkellosen Logo der Firma. Folgen Sie dem Verlauf der Kaderschmiede und lassen Sie sich von den beeindruckenden Werken Sergio Pininfarinas & Co überzeugen, dass es doch noch möglich ist, schöne Autos zu bauen. Oder zumindest zu tunen – welch' schnödes Wort für große Kunst.

Knöllchen: Strafzettel.de
http://www.strafzettel.de
Der Datenhighway kennt kein Tempolimit. Das unterscheidet ihn von bundesdeutschen Straßen und Autobahnen. Dort wird's teuer, wenn man geblitzt wird, im schlimmsten Fall droht der Führerscheinentzug. Was bei Ordnungswidrigkeiten und Verkehrsdelikten an Strafmaß auf die Sünder zukommen kann, das steht hier. Der Initiative eines findigen Rechtsanwalts aus Berlin, Götz Grunert, ist es zu danken, dass nun niemand mit Internetzugang mehr im Unklaren darüber gelassen wird, was einem blüht, sollte der Wagen falsch geparkt oder die Geschwindigkeitsbegrenzung überschritten worden sein. Da allein 95 % der Ordnungswidrigkeiten Verkehrsangelegenheiten sind, ist es naheliegend, den Sachverhalt zum Gegenstand eines Forums zu machen. Weiterhin finden sich Auskünfte und Gesetzesauszüge u.a. zu „Recht der Fahrerlaubnis", „Straßenverkehrs-Zivilrecht" oder „Alkohol im Straßenverkehr". Diese Homepage verdient keine Strafe, sondern nur Lob.

Mama Ferrari und Papa Porsche: Strathcarron
http://www.strathcarron.co.uk
Da haben die Macher dieser Website beim berühmtesten Geheimagenten der Welt aber haarscharf aufgepasst – und anschließend sehr präzise abgekupfert. Strathcarron heißt die Firma, die schicke Sportwagen vom schmalen Fließband lässt. Und der Vorspann zur Homepage ist eins zu eins dem James-Bond-Titel entlehnt: eine Frauensilhouette bewegt sich lasziv vor signalrotem Hintergrund, der alsbald verschwimmt und den Blick auf einen schnittigen Flitzer freigibt. Das Auto sieht aus wie eine geglückte Liaison von Mama Ferrari und Papa Porsche. Dass die Strathcarron-Konstrukteure sich ausgerechnet bei 007 bedienen, kommt nicht von ungefähr, schließlich sitzt die Firma in Bedfordshire. Und Briten können – das gehört zum kleinen Auto-Einmaleins – seit jeher elegante und sportive Wagen herstellen. Selbst der Soundtrack zum Kurzmovie könnte von John Barry stammen, doch auf die Dauer wird die Endlosschleife monoton. Bis dahin jedoch haben wir ob der Schlangengöttin im Feuerdesign schon Stielaugen bekommen – jetzt können wir uns den technischen Details in aller Ausführlichkeit widmen....

Taxi-Notruf: Taxi-Ad
http://www.taxi-ad.de
Die Werbewirtschaft boomt, doch nicht alle dürfen daran partizipieren. Werbung auf dem Dach von Taxis wäre eine feine Sache, wenn... ja wenn nicht Behörden und Lobbyisten eine clevere Initiative verhinderten. Dass Werbung für Zigaretten

und Alkohol limitiert wird, mag berechtigt sein, aber dass schicke Längstransparente auf den beigen Personenbeförderungsmitteln nicht gestattet sind, ist ein Witz. Ein schlechter, da viele mittelständische Taxiunternehmen vom Ruin bedroht sind und der Vorstoß von Taxi-Ad ihnen neue Einnahmequellen erschließen könnte. Die Werbebranche hat schon durch lautes Jubeln ihr O.k. zum Werbemedium Taxi gegeben, Hersteller für Konstruktion und Kunststoff-Tiefziehtechnik sind auch schon gefunden. Was fehlt, ist offenbar Publicity. So können wir nur die Trommel für eine gute Idee schlagen und nachdrücklich die Homepage von Taxi-Ad empfehlen: Neben der Ideen- und Verlaufsgeschichte lockt die Site auch mit einer netten Flash-Animation.

Homepage Taxi-Ad

Blech-Beautys: Auto und Technik Museum Sinsheim
http://www.technik-museum.de
Hier schlägt das Herz des Autofans schneller: Auf über 30.000 qm Ausstellungsfläche werden über 3.000 Exponate präsentiert. Die militärhistorische Halle und auch die Technik- und Simulationshallen sind aller Ehren wert, aber der Autofetischist fängt erst bei der größten europäischen Formel-1-Ausstellung an mit der Zunge zu schnalzen. Ein wunderschöner, digital-animierter Rundumschwenk zeigt das Eingangsportal und innerhalb des Hauses weisen einem die Zeichen spielend den Weg. „Dreamcars" heißt eine Rubrik, viel Schönheit auf einen Klick: Die Hollywood Cars aus den 50ern lassen aus nostalgischen Träumereien Realität werden. Auch hier wird per 360°-Panoramabild die Halle präsentiert, noch lohnenswerter als der Eingang. Es warten eine Vielzahl an chrom- und blechstarrenden Beauties auf ihre Bewunderer. Rarität: Hier gibt es das legendäre 1952er „Oldsmobile Rocket 98 Cabrio" zu bestaunen, von dem lediglich drei Stück gebaut wurden. Detaillierte Schilderungen und erstklassige Fotos laden zum Verweilen ein. Wer mehr als diese virtuelle Action haben möchte, der kann sich auf der Stelle über Preise, Öffnungszeiten, Anfahrtswege etc. informieren. Sinsheim ist auf jeden Fall eine Reise wert – und sei es „nur" im Internet.

Turboauftritt: VW New Beetle Turbonium
http://www.turbonium.com/flash/index.html
Der New Beetle von VW hat schon für genug Furore auf bundesdeutschen Straßen gesorgt. Solches soll nun auch weltweit erfolgen. Wenn der Webauftritt mit dem Titel „Turbonium" dafür der Maßstab ist, dann findet das Kerbtier auf vier Rädern reißenden Absatz. Bei Turbomium flasht es ganz gewaltig: Der Beetle von hinten, von vorn und von der Seite, präsentiert zu hektischen Drum'N'Bass-Klängen.

Verschiedene Icons bieten optionalen Zugang zu diversen Details des Käfers, die Begriffe ploppen regelrecht ins Bild – zunächst langsam, dann immer schneller werdend. Bevor es dem Surfer zu rasant wird, zieht er die Notbremse und schaut sich an, ob der New Beetle über ähnlich gelagerte Sicherheitsmerkmale verfügt. In der Rubrik „Safety" liegt das Auto beispielsweise unter dem Röntgengerät und gibt viel von seinem Innenleben preis – per Knopfdruck fahren sogar die Airbags aus! Sehr schön auch die Sparte „Television", in der man Einblicke ins „Making of..." der Beetle-Commercials nehmen kann oder sich das Werbefilmchen in voller Pracht und Schönheit (und Länge!) anschaut. Ein turbostarker Auftritt des Kultwagens aus Wolfsburg!

■ Big Brother

Hallo Taxi!: Live-Taxi von Berlin.de
http://www.berlin.de/livetaxi/index.html
Carsten & Karsten fahren Taxi – teils von Berufs wegen, teils aus Berufung. Wenn jemand „Hallo, Live-Taxi!" ruft, sind die rasenden Reporter zur Stelle. Um während der Fahrt Interviews zu führen. Carsten & Karsten sind nicht etwa Taxifahrer, sondern Passagiere, die anderen Passgieren gerne (verbal) auf die Pelle rücken. Die drängende Enge des Fonds wird genutzt, um Prominente, Semiprominente und Normalsterbliche zu befragen. So entlockt man Bambang Tanuwikarja Fernöstliches zum Thema Kung-Fu und Ur-Energie, Sängerin Ingrid Arthur klärt über den Unterschied zwischen New Yorkern und Berlinern auf (New Yorker kann man nicht essen – ein echter Brüller!), und man begleitet Hertha-Kapitän Michael Preetz auf dem Weg ins Trainingslager. Dass die Fragen der Mikro-Komiker natürlich alles andere als ernst gemeint sind, erfährt man, wenn man sich im üppigen Archiv umschaut. Der etwas andere Taxi-Service ist von berlin.de eingerichtet worden, anhand einer ständig aktualisierten Map kann man im Internet den jeweiligen Standort des Fahrzeugs ermitteln – und ob es belegt ist. Von Juni bis September kurvt der Van durch die Straßen von Berlin, wer möchte (und Glück hat), darf einsteigen. Man muss nicht unbedingt so prominent sein wie Mo Asumang oder die Big-Brother-Crew, die auch schon als Fahrgäste chauffiert wurden. Ein bisschen Witz, Charme und jede Menge Entertainmentpotenzial tun's auch.

Homepage Live-Taxi von berlin.de

Geniale Strategie: Verona bei Big Brother
http://www.bigbrotherhaus.de

Wie selbstreferenziell das Medium Fernsehen sein kann, demonstrierte RTL2, der Lieblingssender aller Intellektuellen, auf unnachahmliche Weise: Man lud Verona Feldbusch als Gast in die Fernseh-WG „Big Brother" ein. Hatte man bis dato mit der Voyeursshow schon Traumquoten erzielt, versprachen sich die Macher von Endemol & Co durch den Zuzug der brünetten Blondine einen weiteren Schub. Verona F., die Frau, die Dativ und Akkusativ gleichermaßen populär gemacht hat und auch sonst durch beharrliche Naivität glänzt, hatte ein Imagetief zu überwinden. Was lag näher, als an der Stätte einzukehren, die Fernsehfiguren wie sie erst möglich gemacht haben. Nach all den Naddels, Drews und Zlatkos der jüngsten TV-Vergangenheit (bezeichnenderweise alle von RTL2 entdeckt), war es nur folgerichtig, dass der Feldbusch-Faktor die Wohngemeinschaft verstärken durfte: Die Urmutter allen Fernsehstumpfsinns in der Dumpfbacken-WG – besser ging's nicht! Bohlens Ex zog ein, um Träume zu realisieren: Erst Verona unter der Dusche sehen und dann per Zuschauervotum aus dem Wohncontainer entfernen. MAZ ab!

Die totale Überwachung: Karges.de
http://www.karges.de

O.k., wir geben uns geschlagen: „Big Brother" ist nicht mehr aufzuhalten. Die Redaktion spaltet sich schon seit Wochen in Befürworter und Gegner des TV-Käfigs auf RTL2, und wie es aussieht, bildet sich (nicht nur hier) eine immer größer werdende Anzahl von BB-Fans heraus. Um auch der angewachsenen Schar von Sabrina-Süchtigen und Alex-Aficionados (wie die Neuen heißen, stand bei Redaktionsschluss noch nicht fest) gerecht zu werden, wollen wir eine Top-Adresse für große Brüder und kleine Schwestern nicht verschweigen: Bei karges.de kann man rund um die Uhr Big Brother gucken – via WebCams. 13 Kameras sind im Haus installiert, die Jürgen-Junkies werden so zu Regisseuren. Beigefügt sind reichlich Linksammlungen mit den besten Bildern – von Fans für Fans. Natürlich gibt es auch einen Querverweis auf die offizielle Big-Brother-Hausseite, doch die Karges-Page hat den entscheidenden Vorteil, dass man von allzu aufdringlicher Werbung verschont bleibt: keine Trailer, keine Cookies! Wer also die totale Überwachung haben will, der wird hier bestens bedient.

Big Mouse strikes again: Big Mother
http://www.latelounge.de/data/index.html

Wenn Naddel mit Guido W. in einer WG das Bett teilt, bringt das natürlich den potenten Dieter auf die Palme. Die Frauen-Beauftragte Angela M. versucht bislang vergeblich, Struktur in die zwölfköpfige Wohngemeinschaft zu bringen – der Versuch muss scheitern, da sich alle auf Schritt und Tritt beobachtet fühlen. Klingt bekannt, oder? RTL2, dem kleinen Bruder der großen Schwester RTL, bläst der Gegenwind nicht nur in Form von massiven Protesten vorgeblicher Tugendwächter ins Gesicht, man sieht sich zudem zunehmend mit witzigen Alternativen zur gehypten Real-Life-Soap „Big Brother" konfrontiert. Big Mother heißt sinnigerweise die Produktion, die der Hessische Rundfunk ins Rennen schickt: Die nach strengen Auswahlkriterien zusammengewürfelte Hausgemeinschaft besteht nur aus Mäusen, die – beobachtet von mehreren Web-Cams – ihr anstrengendes Tagwerk verrichten. Da kommt es zu den beschriebenen Konflikten, Schizo-Maus „Siegfried & Roy" hält sich aus allem raus und verschanzt sich auf dem Klo. Ab Februar 2000 waren die Mäuse zusammen, keine Zeitung, kein Fernsehen, kein Computer, keine Post – die totale Isolation für 100 Tage. Die Webgemeinde entschied via Chat über das Schicksal einzelner Mäuse, „Naddel zur Boa" hieße immer wieder gestellte Forderung. Keine Sorge: Die Verfütterung der ausgeschiedenen WG-Mitglieder an eine im Frankfurter Zoo beheimatetet Boa Constrictor wurde seitens der Late-Lounge-Redaktion ad acta gelegt. Wer einmal Mäuschen spielen mochte, konnte den Fortgang der „Peep-Show mit Grzimek-Touch" (DIE WELT) unter der Late-Lounge-Adresse (kleiner Tipp: Auf „Specials" klicken!) verfolgen.

George Orwell, Millenniumsversion: Big Brother
http://www.rtl2.de

Anm. d. Red.: Beim folgenden Text bitten wir um Nachsicht, schließlich ist er Anfang Dezember 1999 geschrieben worden. Zu diesem Zeitpunkt ahnte noch niemand etwas vom immensen Erfolg der Show. Hier irrte sich George Orwell: Die totale Überwachung gibt's erst im neuen Jahrtausend – zumindest in Deutschland. In den Niederlanden ist die von „Endemol" produzierte Show „Big Brother" schon jetzt ein Quotenhit. Die Produktion provoziert, denn es werden mehrere Kandidaten wochenlang in einem hermetisch abgeriegelten Camp aufeinander losgelassen. Was dieses Zusammenleben von einem Internat oder Fußballtrainingslager unterscheidet, sind die in jedem Raum installierten Kameras, die jeden Schritt und jede Intimität gnadenlos überwachen. Der Zuschauer sieht es anderntags im TV und kann nach geraumer Zeit über den Verbleib oder Ausschluss einzelner WG-Mitglieder entscheiden. Da sind moralische Bedenken schon angebracht, denn die Methoden des Daumen hoch oder runter wähnte man mit den römischen Cäsaren beerdigt. Am 15.12. startet RTL 2 eine Pilotsendung, in der sich die deutschen Kandidaten für den TV-Totalitarismus vorstellen und ausgewählt werden. Als Trostpflaster für die 100-Tage-Tortur, die ab März 2000 ausgestrahlt wird, winken immerhin 250.000 DM.

Homepage Big Bradda

Die unendliche Geschichte: Big Bradda
http://www.virtual-worlds.de/bigbradda

Keine Woche ohne Big Brother. Der Zuschauerzuspruch erreichte in der Woche, als Verona Feldbusch ein- und noch schneller wieder auszog, Höchstquoten, so dass die Produktionsfirma Endemol überlegte, nur noch Promis der totalen Überwachung zu unterziehen – allerdings nur für eine Woche. Wer die Voyeursshow hasst, gehört derzeit zur Minderheit und hat beim Smalltalk schlechte Karten. Argumente gegen die Containersendung liefert „Big Bradda", gesammelt werden sie von „Goddi". Der Big-Brother-Gegner bleibt – analog zur Show – Tag für Tag eng am Geschehen und liefert ätzende Kommentare zu Sendung und Belegschaft. Wir waren ja gleich dafür, schon am ersten Wochenende alle Kandidaten zu nominieren und mit gleicher Stimmzahl rauszuwählen. Doch worüber sollten wir dann schreiben?

Der Anfang vom Ende: Zlatko
http://www.zlatko-online.de

Der Mann, der die Nation in Atem hielt, wohnte für 40 Tage in Hürth bei Köln. Zlatko Trpkovski heißt der Held aller „Manu-raus!"-Fans, und war Angestellter bei „Big

Brother", der fleischgewordenen Langeweile. Der Schwabe mazedonischer Abstammung, mit dem Charme einer Müllpresse gesegnet und bekennender Shakespeare-Fan (Zladdi/Sladdi wird in Fachkreisen auch „The Brain" genannt), ist jetzt unter mehreren Adressen im Web zu erreichen. Samtliche Highlights der ansonsten an Höhepunkten armen Überwachungsshow sind dem stämmigen Bodybuilder zuzuschreiben, besonders die legendären Sätze, „wo Zlatko" zum Besten gab. Die Auftritte bei Raab, Schmidt & Co bildeten erst der Anfang einer TV-Karriere, die Feldbusch'sche Züge trägt und folgerichtig bei Veronas Ex-Haussender RTL2 ihre Fortsetzung erfuhr. Aber es kommt noch schlimmer, denn der Bildungsbürger dreht einen Film mit dem viel versprechenden Titel „Mr. Boogie". Supergut auch Zladdis Homepage, die ganz im Zeichen des Sprachtalents erstellt wurde. Kostprobe gefällig? „Die Familie geht dem Industrie-mechaniker ihm über alles."

■ Bundesliga 2000/2001

Frischer Wind aus östlicher Richtung: FC Energie Cottbus
http://www.fcenergie.de
Der frische Wind kommt aus östlicher Richtung: Die Bundesliga ist um einen Attraktion reicher – den FC Energie Cottbus. Vergangenes Jahr zählten die Lausitz-er noch zu den Abstiegskandidaten der Zweiten Liga, nur wenig verändert schaffte die Truppe von Trainer Eduard Geyer nun den Aufstieg in die Eliteklasse des deutschen Fußballs. Speziell in den Heimspielen werden die Mannen um den glatzköpfigen Regisseur Vasile Miriuta den Gegnern reihenweise das Fürchten lehren: Das „Stadion der Freundschaft" ist mit seinen neuerdings 21.500 Plätzen absolut bundesligatauglich und wird bei voller Besetzung zum regelrechten Hexenkessel. Durch den „zwölften Mann" derartig gedopt, konzentrieren die FCE-Kicker all ihre Energie auf einen Punkt: Attacke! Auch die Homepage des Bundesliga-Neulings verfügt über den nötigen Biss, um im Konzert der Großen mitspielen zu können. Hier gibt es keine versteckten Fouls, übersichtlich und gra-fisch nett animiert werden die Vereins-News so präsentiert, wie es sich der hin-gebungsvolle Energie-Fan wünscht: Informativ, ohne geschwätzig zu sein und op-tisch wirkungsvoll, ohne viele Schnörkel. Ganz im Stile des Fußballs, den Geyer seine Jungs spielen lässt: Kampf und Dynamik, gepaart mit einem Quäntchen Genialität und Spielkultur. So hält man die Klasse.

Kult: Kicker
http://www.kicker.de
Jedes Jahr dasselbe: Die Sommerpause ist für die Fußballfreunde viel zu lang, die Zeit zwischen den Spielzeiten wird nur durch das Erscheinen des Kicker-Sonderhefts zur jeweiligen neuen Saison verkürzt. Die fränkische Redaktion steht synonym für seriöse, kompetente und umfassende Berichterstattung in Sachen Bundesliga- und internationaler Fußball. Die Homepage des Fußball-Fachblatts quillt denn auch nahezu über vor Informationen. Dabei wird der Ersten Liga na-turgemäß der größte Stellenwert eingeräumt, ohne dass darüber die Zweite Bundesliga oder die Regionalligen vergessen würden. Ein „Newsflash" informiert über die brandaktuellsten Meldungen, Umfragen und ausgiebige Kommentare füllen die Seiten. Das Kernstück bilden jedoch die Mannschaftsporträts, das Online-Pendant zum Sonderheft. Spieler- und Teamfotos in bestechender Quali-tät, Vereinsembleme zum Downloaden und sämtlichen relevanten Daten. Der Clou: alles ist kostenlos! Doch die wahren Fans haben eh vor dem Kiosk über-nachtet, um das druckfrische Sonderheft zu ergattern.

Super-Mario: Mario Basler
http://www.mario-basler.de
Neben Stefan Effenberg hat der deutsche Fußball derzeit nur noch ein Enfant ter-rible zu bieten: Mario Basler. Der bekennende Alkohol- und Nikotinfreund, des-sen nächtliche Eskapaden schon die Combo „Uli und die Detektive" auf den Plan rief, verfügt als einer der wenigen Bundesligaprofis über eine professionell ge-

staltete Homepage. Was offenbar ausreicht, um ihn zum Webexperten werden zu lassen: Super-Mario begutachtete für die Zeitschrift „Tomorrow" die Pages der Bundesligisten. Der Wertung des genialen Fußballästheten können wir uns zwar nicht anschließen, aber das nur am Rande. Zurück zur Homepage: Die schwankt, wie Baslers Leistungen, zwischen Welt- und Kreisklasse. Besonders nett: Das interaktive Gewinnspiel, für das man sich allerdings registrieren lassen muss. Als Hauptpreis winkt ein Abendessen mit dem Star, was sicherlich unterhaltsam wird. Womit wir bei Baslers herausragendster Eigenschaft als Profi wären: Er ist immer für seine Fans da. Ob auf dem Platz oder im Web: Super-Mario macht eine gute Show.

Homepage Mit Picke

Traumthor: Mit Picke
http://www.mit-picke.de

Die Fans von RW Essen werden sich noch lange gedulden müssen, bevor ihr Club in die Bundesliga zurückkehrt. Einige RWE-Fans nehmen es mit Humor, wie die Homepage des Fußball-Satire-Magazins „Mit Picke" beweist. Hier kommen alle zum Zuge, Nachwuchstrainer ebenso wie gestandene Tresenkicker. Ein Newsletter versorgt nicht nur die Bundesliga-Diaspora mit harrsträubenden Neuigkeiten (Glatzkopf Collina wird neuer Bundestrainer!), man kann den Thor des Monats wählen und sogar selbst in die Tasten hauen, um Redakteur beim ersten Fachblatt für breiten Sport in und um Essen herum zu werden. Ein Traumtor, volley in den Winkel: mit Picke.

Klassenfeind: Moeller-raus.de
http://www.moeller-raus.de

Das Weichei der Nation hat sich entweder einen schlechten Imageberater zugelegt oder ist neuerdings von Beruf Gefahrensucher: Andy Möller hat bei Schalke 04 angeheuert. Sollte es tatsächlich noch Leute geben, die nichts vom Fußball wissen, hier ein Vergleich: Bruce Willis ist in „Stirb langsam 3" mit einem Schild durch Harlem gelaufen, auf dem „Ich hasse Nigger!" stand. So ähnlich ergeht es nun dem sensiblen Spielmacher, der vom Klassenfeind Borussia Dortmund zum SO4 wechselte. Der wohl spektakulärste Transfer des Sommers hat „auf Schalke" für hohe Wellen gesorgt, obwohl ein Großteil der königsblauen Anhängerschaft mittlerweile dem Wechsel aufgeschlossen und positiv gegenübersteht. Doch eine kleine, unbeugsame Schar hört nicht auf, der Heulsuse und den Vereinsbossen Widerstand zu leisten. Unter http://www.moeller-raus.de können all diejenigen Dampf ablassen, die eh immer zu kurz kommen. Das liest sich zuweilen sehr eintönig, Kraftausdrücke ersetzen dabei mitunter die

Hirntätigkeit. Doch es gibt auch differenzierte Äußerungen. Der Burgfrieden hält allerdings nur so lange, bis Schalke und/oder Möller schlecht spielt. Dann buhen ihn die Fans zurück zum BVB.

Maniac Monday: Team 95
http://www.ruhrpott-asi.de/team95/index.htm

Wer nicht unbedingt sehen möchte, wie überbezahlte Superstars einander Schien- und Wadenbeine malträtieren, begibt sich hinab in die Niederungen des Amateurfußballs. Dabei sind weniger die Bezirks- und Kreisligen gemeint (auch hier fließen Gelder!), sondern das kleine Völkchen derer, die Fußball nahezu undogmatisch betreiben: die Freizeitkicker. In den bunten Ligen tummelt sich alles was Rang und Namen hat: „Juventus Urin", „Härter BSE Siegburg", die großartigen „Great Balls of Fire" aus Bielefeld oder das Kombinat „ZSK Realpräsenz Autopilot Berlin". Die verfügen zwar alle über tolle Seiten (der Teamchef empfiehlt ZSK!), doch besonders angetan haben es uns die elf (und mehr!) Freunde aus dem Ruhrgebiet, das Team 95 aus Bochum. Webmaster Arnim Seibt versucht sich regelmäßig als verhinderter Sportjournalist, seine Verbalinjurien führen souverän die Tabelle vor denen der Handschs, Kerners, Beckmanns und Töpperwiens (oder wie solche Rum-Pfuscher noch heißen) an. Gnadenlos subjektiv wird die eigene Mannschaftsstärke überbewertet, die Gegner sind fast ausnahmslos unterlegen und gewinnen trotzdem. Die Kommentare der Rubrik „Ja gut" stehen denen der Matthäus', Effenbergs oder Kirstens dieser Welt in puncto verbaler Flachpässe in nichts nach, „ran"-Enthusiasten werden sich an der reichhaltigen Datenbank erfreuen. Hier wird eindeutig nicht für die Galerie gespielt, obwohl man in selbiger das Team von vorn und hinten betrachten kann. Spielimpressionen und ausführliche Saisonchroniken (zum Download) runden das beeindruckende Gesamtbild der Alternative zum trostlosen Montagskick auf DSF ab: Die zarteste Versuchung, seit es die Blutgrätsche gibt.

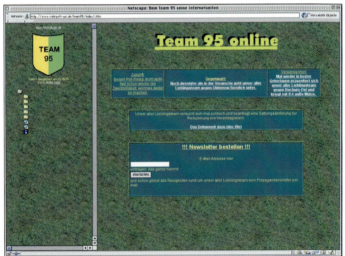

Homepage Team 95

Metall-Maradonas: Tipp-Kick
http://www.tipp-kick.de

Was mag bloß „eine Mischung aus Billard, Tischtennis und Blitzschach" sein. Die ZEIT weiß Antwort: Tipp-Kick! Die Handhabung des Tischfußballspiels erscheint leicht, die Regeln verständlich: Jeder Spieler erhält zwei Figuren, einen Torwart und einen Feldspieler. Ersterer hält seinen Kasten sauber, indem er sich nach links, rechts oder vorne wirft, Letzterer ist fürs Toreschießen verantwortlich. Die Figuren sind aus Metall und Plastik, die Spieler gibt's in verschiedenen Fußvarianten, so dass auch mit dem Innen- oder Außenspann Tore erzielt werden können. Vor jedem Schuss bekommt der Metall-Maradona eins aufs Dach: Mittels Knopfdruck auf den Kopf wird das Schussbein in Bewegung gesetzt, der Ball – eine kubistische Konstruktion, die durch Schwarzweißfärbung anzeigt, wer gerade am Zug ist – erfährt so maximale Beschleunigung. Nostalgiker erinnern sich wehmütig an die Zeiten, als die Tore noch komplett aus Plastik waren, die Spieler noch „mit Picke" schossen und der Rollrasen schon nach wenigen Matches „aufgeweicht" war. Doch auch das ist Geschichte: Heutzutage verfügen die Spieler (s.o.) über ausgefeilte Schusstechniken, es gibt Einwerfer, die Tore haben Metallpfosten (mit Plastik überzogen) und richtige Netze. Wenn's beim realen Verein nicht richtig läuft, kann der leidende Fan im Tipp-Kick-Paralleluniversum Satisfaktion üben: Die Männer aus Metall tragen die Trikots des jeweiligen Bundesligisten oder Nationalteams.

▓ Millenniumswechsel

Apokalypse Now: Nostradamus
http://www.alien.de/Nostradamus
Das Jahrtausend geht und die Propheizeiungen kehren wieder: Michel de Nostradamus hieß der Augur, der einst die Apokalypse voraussagte. Die Deutungen des Weissagers beschäftigten die Wissenschaft über Jahrhunderte, und gegen Ende unseres Jahrhunderts haben seine Untergangsvisionen (natürlich) Hochkonjunktur. Patrick Zumstein hat ein umfangreiches Archiv zu Nostradamus angelegt, in dem nicht nur Apokalyptiker nach Herzenslust stöbern können – so lange es noch geht....

Preis lass nach!: Gratis2000.de
http://www.gratis2000.de
Mal angenommen, die Welt geht doch nicht am 01.01.2000 unter. Wäre es da nicht schön, im nächsten Jahr billiger einzukaufen? Am besten ganz preiswert, nämlich kostenlos? Wenn Sie zweimal mit „ja" geantwortet haben, dann lesen Sie weiter: Für alle Laumänner und Preisbewusste haben wir nämlich einen ganz heißen Tipp – http://www.gratis2000.de. Diese Site ist der pure Preishammer, denn es fehlen größtenteils die Preisangaben – weil es keine gibt! Free- und Shareware zuhauf, coole Surftipps und geldwerte Gewinnspiele locken den Besucher in eine Welt, in der Preisnachlass das zentrale Thema ist. Tages- und Monatstipps wechseln in munterer Reihenfolge, allen ist das „Prinzip kostenlos" gemein. Wer seinem Geld also auch in Zukunft nicht böse ist, der kommt nicht umhin, hierher zu surfen. Übrigens: Dieser Tipp ist gratis!

Kontrolle ist besser: Jahr2000.de
http://www.jahr2000.de
Keine Datumsgrenze wird bzw. wurde mit solcher Spannung erwartet wie der Jahreswechsel 1999/2000. Die einen planen eine Riesenparty, die anderen prophezeien den Weltuntergang, der sich vielleicht durch den Ausfall zentraler Rechner oder Systeme manifestiert. Wie man sich schützen kann, wer für was haftbar gemacht werden kann und ob man ent- oder gespannt dem Millenniumswechsel entgegen blicken sollte, erfährt der User bangen oder festen Blickes unter dieser Adresse. Alle wichtigen Artikel und Meldungen sind hier in gebündelter Form abrufbar. „Y2K" lauten die magischen Zeichen, die das Computerproblem ganz lapidar umschreiben. Wir hoffen, dass wir im nächsten Jahr Bericht erstatten können, ob die Panikmache berechtigt war oder nicht. Bis dahin: „Prosit, Neujahr!" und bloß kein „Houston, wir haben ein Problem ...". PS: Und wie wir inzwischen wissen, war alles nur heiße Luft.

Wer schreibt, der bleibt: Millennium-Postbox
http://www.millennium-postbox.de
Dass die Post manchmal ewig lange braucht, um den Adressaten zu erreichen, ist ein alter Hut. Dass so etwas auch durchaus gewollt sein kann, ist neu. Um in den Genuss der Mitgliedschaft in der Millennium-Postbox zu kommen, müssen

Sie zwei Vorraussetzungen erfüllen: Sie müssen zum einen fest an den Fortbestand des Planeten Erde glauben, zumindest bis zum Jahr 2100, und zum anderen schon jetzt jemanden kennen, dem Sie dann schreiben möchten. Das können z.B. Ihre Urenkel sein oder die zukünftige Bundeskanzlerin. Ihren Brief geben Sie dann beim virtuellen Postamt, der Millennium-Postbox, auf. So sichern Sie sich ein Stück Unsterblichkeit; ein Ziel, nach dem schon so mancher vergeblich strebte. Näheres zum Verfahren erfahren Sie unter dieser Adresse.

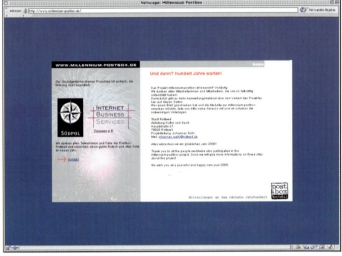

Homepage Millennium-Postbox

Korken knallen lassen: Sekt.de
http://www.sekt.de
Prosit, Neujahr! Um das kommende Jahr(tausend) „richtig" begehen (alternativ: begießen) zu können, bedarf es nur eines kurzen Ausflugs in wunderbare virtuelle Welten. Sekt.de heißt die Domain, die prickelnde Erlebnisse verspricht: Schaumweine jeglicher Couleur, nebst höchst spritzigen Informationen rund ums edle Getränk, finden sich hier versammelt und lassen keine Fragen bezüglich der korrekten Wahl eines angemessenen Getränks zu den Silvesterfeierlichkeiten offen. Zusätzlicher Service: Mehrere „Millenniumsmenüs", deren Rezepte unter der entsprechenden Rubrik aufzurufen sind. Sie haben die Wahl, ob Sie in Champagner- oder in Sektlaune die Datumsgrenze in Angriff nehmen wollen: Hauptsache, Sie sind beschwingt. Nach einem Besuch dieser Site sind Sie es bestimmt.

Alle Jahre wieder: Neujahrsspringen
http://www.skispringen.com
Alle Jahre wieder kommt nicht nur das Christuskind, sondern auch das traditionelle Neujahrsspringen im Rahmen der Vier-Schanzen-Tournee. Garmisch-Partenkirchen heißt der Austragungsort des dies-, respektive nächstjährigen Neujahrsspringens. Die bundesdeutschen Adler sind dank Martin Schmitt & Co. wieder dick im Geschäft, und so kann man sogar auf den Sieg eines Einheimischen bei der Weitenjagd hoffen. RTL hat sich erstmals die Übertragungsrechte gesichert und wird live von den Flugkünsten aller Beteiligter berichten. Massive Konkurrenz „droht" diese Saison von den Finnen und Österreichern, doch das Rennen, pardon: Springen, ist offen. Am besten, Sie stehen nach durchfeierter Silvesternacht zeitig genug auf und schauen sich das Spektakel an. Denn Nervenkitzel, das bewiesen die vergangenen Jahre, ist jedes Mal garantiert.

Auf der Flucht: TUF
http://www.tuf-y2k.com
Die Lösung für alle hysterischen Millenniumsproblemfälle lautet: Flucht! Und zwar direkt ins 21. Jahrhundert, denn die Zukunft hat im Internet schon längst be-

gonnen. TUF, hinter diesem Kürzel verbergen sich die „Trans Universal Flyers", die schon 1999 die Flucht nach vorn angetreten haben, und in den weiten Welten des virtuellen Raums sich ein Paralleluniversum der besonderen Art geschaffen haben: den Planeten Farczonia. Das liest sich einerseits wie „weit entfernte Zone", andererseits klingt es nach einem englischen Kraftausdruck für den vielen heißen Wind, der um das Jahr-2000-Problem gemacht wird. Wer also dem Riesenwirbel um Party und Rechenexempel entfliehen möchte, ist auf Farczonia genau richtig. Tickets kann man online erwerben. Das Ganze ist zwar nur ein Riesengag, aber ein klug durchdachter!

■ X-Mas

Willy hat den Bogen raus: Bogner
http://www.bogner.com
Weihnachtszeit – Reisezeit. Wer in den Skiurlaub fährt, sieht allenthalben auf den Pisten (und noch viel mehr beim Aprés-Ski) die schicken Bogner-Overalls und Ski-Accessoires. Selbst wer sich nicht in die luftigen Höhen der Alpen begeben möchte, muss nicht auf den optischen Genuss verzichten, denn dafür gibt es ja das Internet. Der Webauftritt von Willys Company verspricht Rasanz und Abwechslung. Besonders empfehlenswert ist die Rubrik „Fire & Ice". Hier können sich alpine Fans wie auch Videofreaks an den Künsten der Web-Artisten ergötzen. Untermalt von schnellen Rhythmen gleiten Snowboarder und Skiläufer geschmeidig über den Bildschirm, verziert wird das Ganze mit allerlei grafischen Gimmicks und netten Kurzanimationen. Selbstverständlich darf eine Auflistung der Bogner-Stores weltweit nicht fehlen; schließlich will man ja wissen, wo es das Outfit, in dem auch die deutschen Skiteams Jahr für Jahr an den Start gehen, zu erwerben gibt.

Manege frei: Circus Krone
http://www.circus-krone.de
„Eure Gunst – unser Streben": Knapper kann man die Welt der Artisten und Clowns kaum beschreiben. Der Leitspruch ist der Site des Circus Krone vorangestellt, dem wohl berühmtesten in Deutschland. Auch, weil jedes Jahr zur Weihnachtszeit sich hier Prominente versammeln, um für bedürftige Künstler und notleidende Kinder eine Gala aufzuführen – mit den Promis als Artisten. Zu sehen ist die Show traditionell zwischen Weihnachten und Neujahr im öffentlich-rechtlichen Fernsehen. Familiengeist, Tradition, Tierliebe und absolute Seriosität sind die Säulen, auf denen das erfolgreiche Unternehmen „Circus Krone" fußt. Leider war es zum Zeitpunkt der Recherche noch nicht möglich, einen Blick aufs diesjährige Programm der „Stars in der Manege" zu werfen. Doch auch dieses Jahr heißt es sicherlich: Herrrreinspaziert, Manege frei, die Show kann beginnen!

Sparsam: Dress for less
http://www.dress-for-less.de
Das Problem ist bekannt: Die liebe (und zuweilen bucklige) Verwandtschaft ist mit Geschenken bedacht worden und das Weihnachtsbudget ist fast vollständig aufgebraucht, aber man besitzt immer noch nicht die dem Festakt angemessene Bekleidung für die anstehenden Millenniumsfeierlichkeiten. Was tun? Ganz einfach: Man wendet sich an Dress for less, den Webstore, wo es auf Designerklamotten bis zu 70 Prozent Rabatt gibt. Sie haben richtig gelesen: Bis zu 70 % Preisnachlass (gemessen am empfohlenen VK) für Cerruti-, Alexander McQueen-, Armani-, Basile- oder BOSS-Anzüge, Tommy Hilfiger-Wear, Calvin Klein-Blusen, und Accessoires wie z.B. Versace-Badetücher. Diese ungemein anziehende Site sollte man aufsuchen, wenn man seinem Geld nicht böse ist. Manchmal ist eben weniger mehr: Weniger Geld für mehr Aussehen!

Es war einmal ...: Floribelle.com
http://www.floribelle.com
Altbekannt und beliebt ist die Tradition des Märchenerzählens. Nun ist es aber leider so, dass auch die Vielzahl der von den Gebrüdern Grimm erdachten

Geschichten irgendwann erzählt sind. „Wo bleiben die neuen Märchen?", fragt man sich da und dabei ist die Antwort doch so naheliegend: Floribelle.com hält Sie verborgen. Freunde verträumter Geschichten werden viel Freude an diesem Kleinod in der literarischen Web-Landschaft haben. Ob Sie die zahlreichen Metaphern ergründen, sich an den wunderschönen Illustrationen ergötzen oder einfach nur Spaß an einer guten Geschichte haben wollen, das sei ganz Ihrer Laune überlassen. So wird zumindest die Tradition des Märchenerzählens am heimischen Kamin (nicht nur) zur Weihnachtszeit aufrecht erhalten. Die Märchen sind da, fehlt nur noch der Kamin....

Blickfang: Pirelli-Kalender
http://www.pirelli.com/calendar/index.htm
Jahrein, jahraus gehört die Ausgabe des Pirelli-Kalenders zu den Highlights zum Jahreswechsel. Das Besondere daran ist das Besondere darin: Nur die Besten werden auserwählt, um das kommende Jahr zu verschönern. Das gilt für Models wie für Fotografen gleichermaßen. 1999 traf die Wahl Herb Ritts. Schade nur, dass die Millenniumsausgabe erst im nächsten Jahr das Licht der Internetöffentlichkeit erblicken wird, denn einen Nachteil hat dieses erotische Meisterwerk: Es kursiert nur in exklusiven Zirkeln. Wohl auch ein Grund, warum die Kalendergeschichte seit 1964 eine Erfolgsstory ohnegleichen ist. Der versöhnliche Abschluss: Das Jahr 2000 wurde von Annie Leibovitz ins Bild gesetzt. Wir sind gespannt, was uns demnächst erwartet!

It's a SONY: Playstation 2
http://www.playstation-europe.com
Am 3. September 1999 wurde sie in Tokio der Weltöffentlichkeit vorgestellt, zu Weihnachten lag sie zig tausendfach auf den Gabentischen: Die Rede ist von der Spielkonsole schlechthin, der Sony Playstation 2. Was die Game-Junkies elektrisierte, Laien aber auch interessieren dürfte, steht hier zu lesen bzw. harrt einem Proberide mit dem Joystick oder der Tastatur. Hier können Mami und Papi sich einmal selbst ein Bild von den Anforderungen machen, die an ihre Sprösslinge nach erfolgter Geschenkübergabe gestellt werden. Egal ob Formel 1, Fußball, Kingsley's Adventure oder Final Fantasy VIII – die Game-Sites laden zum Zocken ein. Und vielleicht rücken die Eltern das vermeintliche Geschenk gar nicht mehr heraus....

Nicht nur zur Weihnachtszeit: The Hunger-Site
http://www.thehungersite.com
Alle 3,6 Sekunden stirbt ein Mensch an Hunger und Unterernährung. Das sind rund 24.000 Menschen am Tag. Dreiviertel der Toten sind Kinder unter fünf Jahren. Eine Weltkarte zeigt auf der „Hunger-Site" durch schwarzumrändertes Blinken, wo gerade in diesem Augenblick ein Hungertoter mehr zu beklagen ist. Weihnachten ist die Zeit der Besinnung und Nächstenliebe. Dieser originären Bestimmung entsprechend sollte man sich der „Hunger-Site" zuwenden, die einem aufzeigt, was an Hilfsmitteln nötig ist, um gegen die Geißel Hunger vorzugehen. Um es zu verdeutlichen: Die Gruppe derjenigen, die darunter leiden, umfasst derzeit 800 Millionen(!) Menschen. Gesucht werden Sponsoren und Privatleute, die sich an der weltumspannenden Initiative beteiligen. Eine Tabelle klärt über bisher Geleistetes auf und weitere Details zeigen, wie jeder Einzelne sein Scherflein zur Bewältigung der Hungerkatastrophe beitragen kann. Bookmarken allein reicht nicht – jeder muss etwas tun. Was und wie, das steht hier.

Advent, Advent: Weihnachtsmann.com
http://www.weihnachtsmann.com
Dass der Weihnachtsmann eine Erfindung der Amerikaner ist („Santa Claus"), dürfte den wenigsten geläufig sein. Zu sehr hat uns der freundliche, rotgewandete Geselle auf seinem Rentierschlitten in den vergangenen rund 50 Jahren Freude bereitet und somit das Christkind auf Platz eins der weihnachtlichen Topten abgelöst. Wie es sich für einen florierenden Dienstleistungsbetrieb gehört, verfügt auch der weißbärtige Herr nun über eine Domain, nämlich

http://www.weihnachtsmann.com. Beim virtuellen Nikolaus kann man zwischen „Grüßen", „Wünschen", „Schenken", „Schmücken", „Singen" und „Lauschen" wählen, wobei „Lauschen" die interessanteste Kategorie darstellt. Hier kann man sich Glöckchenklang, Rentiergeschnaufe oder Tannenrauschen anhören. PS: Wer noch kein Gedicht auswendig gelernt hat, sollte sich unter „Wünsche" das Passende heraussuchen.

WORLD WILD WEB

Satanische Verse: Backmask
http://gruel.spc.uchicago.edu/Backmask/music.html
Ein Mysterium der Rock- und Popgeschichte ist das Rückwärtsabspielen von Platten. Dabei, so die Sage, sollen sich versteckte Botschaften decodieren lassen. Satanische Verse, sozusagen. Es gibt nun eine zentrale Anlaufstelle im Netz, wo man sich über Besagtes detailliert informieren kann: Unter der genannten Adresse werden mittels einer Maske (Backmask) diverse Songs rückwärts gespielt, um so geheime Mitteilungen zu entschlüsseln. Die Dechiffriermaschine erläutert denjenigen, die trotz mehrmaligen Hörens die Message nicht entziffern konnten, was sich hinter der eigentlichen Songaussage verbirgt. Dass das Ganze natürlich nicht allzu ernst gemeint ist, versteht sich von selbst. Dieser Forschungszweig ist übrigens dem Untergang geweiht, denn auf den modernen CDs lassen sich rückwärts abgespielt nur unzusammenhängende Digitalschnipsel vernehmen. Deswegen: Lesen Sie das – !tfahcstoB ehcsinatas eniek tsi seiD !tiekmaskremfuA erhI rüf knaD neleiV

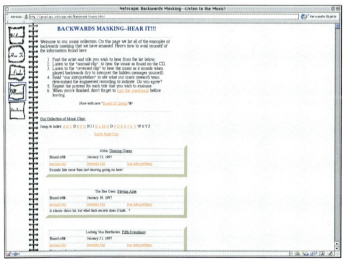

Homepage Backmask

Krumme Dinger: Bananenmuseum
http://www.b-a-m.de
Warum die Banane krumm ist, konnte auch in der Vergangenheit nicht hinreichend geklärt werden. Zeit also, sich ausführlicher mit der Problematik auseinander zu setzen. Zeit, um das Bananenmuseum aufzusuchen. Zu lateinamerikanischen Rhythmen swingt der Surfer sich in die Welt der gelben Frucht und geht auf Entdeckungsreise. So werden den Wissensdurstigen die schönsten Bananenaufkleber der Welt präsentiert und jeder, der etwas derartig Interessantes zu Hause hat, ist aufgefordert, dem Initiator der Website einen solchen Aufkleber zwecks Veröffentlichung zuzuschicken. So entsteht nach und nach eine imposante, einzigartige Sammlung. Abseits dieses „work in progress" gibt es die aktuellsten News und wie es sich für richtige Bananenbieger gehört, dürfen wert-

volle Tipps zu Literatur und Recherche nicht fehlen. Wer sich einmal legal auf krumme Dinger einlassen möchte, sollte einen Besuch dieser ungewöhnlichen Site nicht versäumen.

Scharfe Schnitten: Butterbrot.de
http://www.butterbrot.de
Eine Initiative der besonderen Art: Butterbrot.de weist auf einen Verdrängungs-krieg hin, der unter den Augen der Öffentlichkeit abläuft, aber kaum wahrge-nommen wird. Die Rede ist vom schamlosen Vormarsch der Brötchen, Baguettes und Sandwiches, gegenüber denen das gute alte Butterbrot keine Schnitte mehr bekommt. Doch die Initiatoren der Site wollen sich nicht so einfach die Butter vom Brot nehmen lassen und fordern die Webgemeinschaft auf, sich in puncto Engagement eine Scheibe abzuschneiden. Die Homepage zeigt, dass es sich dabei nicht um brotlose Kunst handelt: „Scharfe Schnitten" in der Fotogalerie, Erfahrungsberichte junger Adoptiveltern im „Butterbrot-Report", „Ein Heim für Butterbrote", die ein Zuhause suchen und jede Menge News für alle, die in Lohn und Brot stehen – und sich nicht unterbuttern lassen wollen.

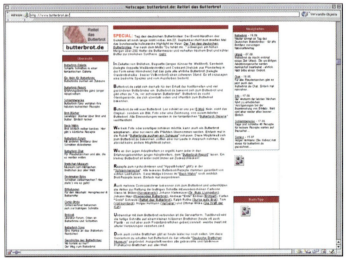

Homepage Butterbrot.de

Verklickert: Hier klicken Sie aus!
http://members.tripod.de/hommemachine/klick.html
Wie verklickern wir Ihnen, worum es auf diesen Seiten geht – ohne dabei die Pointe zu verraten? Hmmm, mal überlegen. Vielleicht so: Wenn Sie wissen wol-len, was Ihr Personalausweis mit Rom, Immobilien und Internet-Süchtigen zu tun hat, dann klicken Sie diese Webpage an. Oder so: Sie müssen volljährig sein, um diese Seiten aufzurufen, müssen sich einer Schönheitsoperation unterziehen und sollten Ihre Mutter besuchen. Neugierig geworden? Dann klicken Sie weiter...

Mehr als nur ein Missgeschick: Darwin Award
http://www.darwinawards.com/deutsch
Eigentlich gibt es nichts, wofür es nicht noch eine Trophäe oder einen Preis gä-be – jeder Trottel wird heute ausgezeichnet. Wer dies behauptet, weiß in vielen Fällen gar nicht, wie Recht er hat. Allerdings muss man, um den postum verlie-henen Darwin Award zu bekommen, mehr sein als nur ein gewöhnlicher Trottel. Die Auszeichnung wird an Menschen vergeben, die auf besonders dämliche Weise zu Tode kamen, wie beispielsweise die ältere Berlinerin, die ein Foto ei-ner rennenden Stierherde ganz spektakulär von vorne aufnehmen wollte und da-bei... ob der Schnappschuss gelang, ist unbekannt. Folgende Vorraussetzungen

müssen erfüllt sein, um in den illustren Kandidatenkreis für den Darwin Award aufgenommen zu werden: Zum einen muss die Geschichte sich auf ihren Wahrheitsgehalt hin überprüfen lassen. Sodann sollte es ein aktueller Fall sein. Drittens reicht es nicht aus, einfach ungeschickt zu sein, das kann jedem mal passieren. Es muss wirklich abgrundtiefe Dummheit vorliegen, daher sollten Bewerber mindestens 16 Jahre alt (gewesen) sein. Wer also in einem Safari-Park ein Picknick machen möchte und dann selbst zum Gegenstand eines solchen wird, der hat im Prinzip gute Chancen, den Award zu bekommen. Pietätlos? Vielleicht. Aber was soll's.

Fliegen grüßen die Sonne: Work well together
http://www.email.net/work-well-together.html
Der Blick in die Portokasse beweist es: Hier herrscht Ebbe. Ergo: Auch kein Geld da, um sich endlich den eigenen Lear-Jet zu leisten. Ist ja auch lästig, ständig nach dem Gala-Dinner im Weißen Haus vom Jetlag gepeinigt. Eine Bastelanleitung aus Übersee schafft Abhilfe: Hier kann man sich einen Stubenflieger basten. Buchstäblich, als Antrieb fungieren nämlich Stubenfliegen. Man nehme: ein Streichholz und vier Fliegen. Das Problem: Die Insekten sind per se Einzelgänger, man muss also erst eine Fliegenfalle konstruieren. Doch hat man die vier Pucks erst einmal zusammen, dann sollte man Schritt für Schritt die Ratschläge dieser wunderbaren Site befolgen – fertig ist das eigene Flugzeug! Nur mit der Steuerung könnte es ein wenig hapern.

Zum Scheiteln verurteilt: Fiese-scheitel.de
http://www.fiese-scheitel.de
Wir erzählen es Ihnen haarklein: Fiese-scheitel.de ist haarsträubend. Wir haben volles Verständnis für diejenigen, die sich beim Anblick diverser Lockenpracht die Haare raufen. Da findet man Reminiszenzen an die gute alte Zeit der 70er-Jahre, als Mann und Frau nur durch die Länge und Dichte der Kotletten voneinander zu unterscheiden waren – klick nach bei „Kultfrisuren"! Oder die 80er, die die berüchtigten „Vokuhilas" brachten: vorne kurz, hinten lang – extrem beliebt bei Bundesliga-Profis! (Es ist allerdings nur ein Gerücht, dass Wolfgang Rolff zum Ehrenvorsitzenden ernannt wurde...) Ganz ohne Haarspaltereien wird hier das Neueste, Skurrilste, Informativste und Unsinnigste zum Thema natürliche Kopfbedeckung präsentiert. Fiese Cover und Wochenscheitel wechseln einander ab, wer möchte, kann auch ein Phantombild bearbeiten: zum Scheiteln verurteilt.

Homepage fiese-scheitel.de

Rechtsprechung mit Links-Drall: Kuriose Gesetze
http://www.freunde.imperium.de/gansel/law.htm

„Das kann doch nicht sein, dass der Bürger, der sich gesetzmäßig verhält, sich als Idiot vorkommen muss." (Roman Herzog) Recht ist, Herr Ex-Bundespräsident, immer feste druff. Was Recht und was Unrecht ist, kann mittlerweile niemand mehr so genau sagen. Erst recht nicht in den Vereinigten Staaten, wo zunächst der Recht bekommt, der den besseren Anwalt stellt. Aber es gibt Sachverhalte, da ist die Rechtslage klar – und sei sie noch so absurd. Wie in den vorliegenden Fällen, dokumentiert und aufgelistet von einem, der den Paragrafen-Unsinn made in America einer breiten Öffentlichkeit vorstellt. So ist es in Alabama verboten, während der Autofahrt eine Augenbinde zu tragen. In Tennessee ist es illegal, aus einem fahrenden Auto heraus auf Wild zu schießen – es sei denn, es handelt sich dabei um Wale(!!!). In Natoma, Kansas, darf man keine Messer auf Männer in gestreiften Anzügen schleudern (der Gesetzestext wurde offenbar vom örtlichen Herrenausstatter verfasst); in Texas muss jeder Kriminelle seinem Opfer die Tat 24 Stunden vorher schriftlich ankündigen; der Staat Idaho verbietet seinen Bürgern das Tragen von Waffen – es sei denn, sie tragen sie offen mit sich herum. Taxifahrer in Massachusetts haben's besonders schwer, denn sie dürfen während der Dienstzeit auf den Vordersitzen keinen Sex mit den Passagieren ausüben. Apropos „Sex": Wer in einer Kleinstadt in Wisconsin Sex mit seiner Frau hat, darf diese beim Orgasmus nicht durch einen abgefeuerten Gewehrschuss stören (Frage: Ist das die Lizenz zum Fremdgehen?). Derlei Beispiele füllen amerikanische Aktenordner und diese Webseiten, die bei Imperium abrufbar sind. Einen noch? O.k.: In Tulsa, Oklahoma, darf eine Mineralwasserflasche nur unter Aufsicht eines staatlich geprüften Ingenieurs geöffnet werden. Alles was recht ist: zwerchfellerschütternd.

Homepage Kuriose Gesetze

Einmal Pommes-Schranke bitte: Frittenranch
http://www.frittenranch.de

Einer der coolsten Domainnamen kommt aus Dortmund-Dorstfeld. Unter http://www.frittenranch.de kann man all die Köstlichkeiten bewundern, die das Ruhrgebiet und seine Bewohner groß gemacht haben. Und das sind in erster, zweiter und auch dritter Linie Currywurst und Pommes Frites, im örtlichen Soziolekt auch gerne als „Phosphorstange mit Pommes-Schranke" umschrieben. Eine Grillstation heißt demzufolge im Kohlenpott auch nicht Grillstation, sondern Frittenranch. „Hast du großen Hunger Mensch, komm zu uns zur Frittenranch" – wenn das keine Poesie ist! Das Seiten-Design ist eher zu vernachlässigen, wichtig sind die Nährstoffe. Die lassen sich am besten am Mittagstisch erkunden, der multikulturell geprägt ist. Als Beilage: immer Pommes. Und wo bleibt die Wurst? Die restliche Speisekarte befindet sich im Aufbau, dass C-Wurst drauf steht, ist so sicher wie das Amen in der Kirche.

Gully-Vers-Reisen: Gulliversum
http://www.gulliversum.de

Gullydeckel fristen ein tristes Dasein: Sie werden mit Füßen getreten und kaum beachtet. Ein Zustand, den es gilt zu ändern. Dachte sich auch ein unbekannter Netizen, und hob die schweren Deckel aus Messing und Eisen aufs virtuelle Podest. Die Zusammenstellung ist ein „work in progress", die User sind aufgerufen, die schönsten Gully-Fotos einzureichen. So kann die Webgemeinde nun darüber staunen, dass reich verzierte Schachtabdeckungen in Veitshöchheim mitunter hübscher sind als abgewetzte Scheiben aus Ecuador. Oder dass die Deckel nicht unbedingt rund sein müssen, wie die goldene Abdichtung auf der Karlsburg beweist. Auch die Anzahl an Belüftungszugängen variiert, wie das Beispiel aus Istanbul zeigt. Ob rund oder eckig, ob mit Löchern, Litzen oder ohne Luftzufuhr: Die Ausgänge der Kanalisation liefern geradezu poetische Einblicke in die jeweiligen Kulturen Europas oder (Latein-)Amerikas – sozusagen Gully-Vers-Reisen.

Warum in der Werbung nur weibliche Gummibärchen existieren: Gummibären-Forschung
http://www.gummibaeren-forschung.de

Endlich widmet sich die Wissenschaft einem Thema, das der Menschheit wirklich unter den Nägeln brennt. Wetten, dass nicht einmal der blond gelockte Fernsehmoderator ahnt, welch hoch entwickelte Spezies er so ganz nebenbei in sich hineinstopft? Die Gummibären-Forschung leistet längst überfällige Aufklärung. Im Mittelpunkt stehen psychologische Studien rund um die kleinen, klebrigen Tütenbewohner. Neben einer Analyse von Gummibärenträumen, ihrer sexuellen Fantasien und komplexen Problemlösungsstrategien wird auch das Sozialverhalten der bunten Fruchtgummis unter Einfluss der Tütenzugehörigkeit untersucht. Um den Aufsatz „Implizites Gedächtnis bei Gummibärchen" hat sich eine regelrechte Forschungskontroverse entwickelt. Aber auch andere Disziplinen haben das Thema aufgegriffen, so die Biologie („Populationsentwicklung und Vermehrungsbiologie bei Gummibären"; „Neuere Forschungen zur Klasse Elastoursina"), die Medizin („Epilepsie und EEG bei Ursus elasticus vulgaris") sowie die Literatur- („Meilensteine der Gummidichtung") und die Sprachwissenschaft („Und sie kommunizieren doch: Sprachliche Varietäten bei Gummibären"). Ein erstes Fazit der bisherigen Untersuchungen findet man unter „Die ersten zwanzig Jahre: Eine selektive Zusammenfassung ausgewählter Befunde der Gummibärchenforschung". Zudem gibt es weiter führende Links zu Literaturhinweisen, zur Gummibärchen-Befreiungsfront und – demokratisch wie man nun einmal ist – zur Kritik an der Gummibärchen-Forschung.

D'r Zuch kütt: Kamelle.de
http://www.kamelle.de

Kamelle! Alaaf! Helau! Kurzum: d'r Zoch kütt – und zwar gewaltig! Karnevalisten und Freunden der fünften Jahreszeit wird bereits das Flash-Intro mit Karnevalsmusik und einem Prunkwagen das Herz höher schlagen lassen. Kamelle bietet alles, was der Jeck nach monatelanger Abstinenz rund ums närrische Treiben wissen möchte - und zwar am Beispiel von Bonn und Umgebung, womit auch die Narren in Mainz, Köln und Düsseldorf leben können. Neben dem Rückblick auf „Bonnfetti 2000" gibt's jede Menge Tipps, Spiele, Kostümvorschläge, ein Narren-Lexikon, Sprüche und stimmungsvolle Bilder. Wer nicht gerade in und um Bonn wohnt, der findet zudem eine umfangreiche Link-Liste zu allen anderen Karnevalshochburgen in Deutschland und Europa. Also, Pappnase aufgesetzt und rein ins Vergnügen! Im Karneval hat jeder Mann das Recht, so lächerlich zu sein, wie ihn seine Frau sonst macht, damit es am Ende der langen Session wieder heißt: „Nee, wat wor dat widder schön!"

Empfänger unbekannt: BottleMail
http://www.kids.recruit.co.jp/bmail-e/index.html

Da liegt man schön entspannt am Strand auf seiner einsamen Insel, und was schwimmt vorbei? Eine Flaschenpost! Da sitzt man schön gestresst am PC und überlegt sich krampfhaft einen unglaublich innovativen Satz für die „Coolen Websites" und auf was stößt man? Richtig: eine Flaschenpost! Die Japaner, seit jeher bekannt für absurde Ideen und ausgefallene Späße, spielen die Vorreiterrolle in puncto Versand von virtuellen Nachrichten, die keinen Empfänger kennen. Wer also testen möchte, wo seine blind versandte Message landet, der sollte sich die BottleMail-Seiten zu Gemüte führen. Entweder auf Japanisch oder Englisch erklären einem die dienstbaren Flaschengeister das etwas andere E-Mail-Programm. Also: Nachricht aufschreiben und ab damit in die (Flaschen-)Post. Der Rest bleibt dem Zufall überlassen.

Keine WC-Ente: Klotest.de
http://www.klotest.de

Was wir in unserem zivilisierten Leben so alles hinter uns lassen, ist häufig nicht mal eine Fußnote wert. Wo wir etwas hinterlassen, ist auch nicht wichtig. So dachten wir bisher. Doch die jüngste Vergangenheit belehrte uns eines Besseren, schließlich wechselte ein profanes stilles Örtchen für rund 24.000 DM den Besitzer. Und nur, weil eine Gewisse Verona F. an diesem Platz etwas hinterlassen hat. Zeit also, sich der Thematik empirisch zu nähern. Das Internet bietet breiten Raum für Feld(busch)forschungen dieser Art – was für die einen nach einer WC-Ente klingt, ist für andere das A und O der WC-Studien. Und so haben sie die Hosen heruntergelassen, die wackeren Tester von Klotest.de, um der Webgemeinde die stillen Örtchen in (kein Scherz!) Mittweida vorzuführen. Sie testen gründlich: Sauberkeit und Zustand der Gebäude sind als Kriterien ebenso wichtig wie die Geruchsbelästigung vor Ort. Besonderes Augen- und Ohrenmerk wird auf die Klospülung gerichtet, Dauer und Intensität sind hierbei die ausschlaggebenden Bewertungsmaßstäbe. Eine Fotogalerie der schönsten Aborte (ohne Benutzer!), diverse Klo-Links und die besten Klosprüche vervollständigen ein Gesamtbild, das zeigt, dass man den Klo-Spionen kein W für ein C vormachen kann.

Homepage Klotest.de

Little Shop of Errors: Der kleine Kolonialwarenladen
http://www.kolonialwarenladen.de

Ein Einkaufsparadies der besonderen Art ist der kleine Kolonialwarenladen. Den jüngeren Usern sei erklärt, dass mit Kolonialwaren früher die Exportgüter aus Übersee, aus den Kolonien halt, gemeint waren. Die wahre Ware heutzutage besteht aus unverzichtbaren Gegenständen des Alltags, wie z.B. einem Sack voll heißer Luft, mit dem man beim Small Talk glänzen kann, oder alten Schlüpfern, wobei Umfragen ergeben haben, dass diese Bekleidungsstücke nach Büchern und CDs im Internet *der* Verkaufsschlager sind. Wem das zu anrüchig erscheint, der kann sich ja unter „Anziehsachen" einzelne Komplementärsöckchen heraussuchen, das Gegenstück dazu liefert mit Sicherheit die eigene Waschmaschine. Die kleinen Kolonialwarenhändler machen's wie die Großen: Vom Logo, Design und Aufbau der Site hin bis zu den Verbrauchertipps gleicht die Homepage des absurden Shops denen x-beliebiger Supermärkte aufs Haar – es gibt sogar ein Warenkorbsystem. Wer also unbedingt eine Tube frisches Ebersperma, Sorte „Top Genetik" (Preis: 12.90 DM), erwerben möchte, der sollte eine Bestellung wagen. Die Quittung für derart unverschämt gute Angebote kommt postsendend elektronisch. Good buy!

Homepage Kuh.at

Testen Sie Ihren I-Kuh!: Kuh.at
http://www.kuh.at
Der absolute Rinderwahnsinn kommt aus Österreich: In der Alpenrepublik leben neben den Insassen auch zig Millionen Kühe. Weswegen sich eine kleine, aufrechte Schar von Cowboys aufgemacht hat, der großen weiten Welt von Muhtationen der besonderen Art zu kü(h)nden. Eine Kuh macht „Muh", viele Kühe machen Mühe: Das Engagement der Ösis in Sachen Kuhltur ist vorbildlich. Anders ausgedrückt: sehr kuhl! Da gibt es den Newsletter in Form eines „Kuhriers", die Intelligenz des Betrachters wird mittels „I-Kuh-Tests" abgefragt und die Fülle der „Kuhriosen Bilder" gehen auf keine Kuhhaut. Man müsste schon ein Hornochse sein, wenn man diese Site verpasste. Viehischer Spaß mit „Dummen Kühen" und eine sehr kuhlante Aufarbeitung dieses bislang zu Unrecht vernachlässigten Themas sind des Users Lohn für all die Kühe... pardon: Mühe.

Wort für Wort: Mediaboy
http://www.mediaboy.net
Wortspielchen der besonderen Art hält mediaboy.net parat: Ein Wort-Generator dreht einem das Wort im Munde, pardon: auf der Webpage, herum. So entstehen, optisch wie akustisch außergewöhnlich animiert, Satzreihen, die zwar dieselben Wörter in der derselben Reihenfolge haben, durch das Prinzip des „Einarmigen Banditen" aber vom User permanent neu „geschüttelt" werden können. Kleiner Tipp: Stellen Sie den Volume-Regler Ihrer Lautsprecher nicht zu hoch ein, sonst stürzen die Tonkaskaden bedrohlich laut auf Sie ein. Neben den Grafiken gibt es eine Vielzahl an Links zu geistesverwandten Pages und Pro-

jekten, inter-nette Videos und jede Menge zum Ausprobieren und Staunen. Sollten Sie allerdings erstaunt feststellen, dass der Mediaboy sich mittlerweile anderweitig beschäftigt, dann hat solcherlei Wahnsinn Methode. Hauptsache, es wird nicht langweilig!

Hinterm Mond leben: MoonShop
http://www.moonshop.com
Geht nicht gibt's nicht. So auch im Internet. Das WWW ist der Ort, an dem man buchstäblich alles kaufen kann. Wer das nicht glaubt, lebt hinterm Mond. Was ab sofort kein absurder Vorwurf mehr ist, sondern echte Virtualität. Die irdischen Vertreter der Mond-Botschaft („Lunar Embassy") bieten in ihrem MoonShop Grundstücke auf dem Mond feil. Wer also immer schon mal hinterm Mond leben wollte, erhält jetzt die Gelegenheit dazu. Es sind noch jede Menge Parzellen frei, man sollte nur das Fleckchen aussparen, auf dem Tommy Lee Jones liegt (demnächst „Space Cowboys" gucken, da erfahren Sie mehr dazu). Wer noch unsicher ist, kann sich alternativ zum Gebotenen in eine extraterristische Mailing-Liste eintragen lassen, um gegebenenfalls mit Außerirdischen in Kontakt zu treten. Das Porto für Post from Outer Space ist vergleichsweise günstig und liegt diesseits astronomischer Höhen.

Wissen, was drin steckt: Popel.de
http://www.popel.de
Eene mene mopel, du frisst Popel! Süß und saftig, eine Mark und achtzig. Eene mene meck – und du bist weg: Kindermund tut Wahrheit kund. Das Problem ist bekannt und menschlich, allzu menschlich. Folgende Szene: eine rote Ampel, mehrere haltende Fahrzeuge nebeneinander. Wer hat da nicht schon einmal nach links oder rechts geschaut, um nachzusehen, was der Nebenmann so treibt. Und siehe da, man betreibt Höhlenforschung! Was dabei an Extrakten zu Tage gefördert wird, wollen wir an dieser Stelle nicht näher erläutern. Die Kunst des Popelns als solche steht im Mittelpunkt der Homepage von http://www.popel.de. Und so etwas ist, glaubt man den Experten, gar nicht so einfach. Eine genaue Anleitung für ungeübte Popler findet sich - entsprechend bebildert - ebenso auf diesen Seiten, wie eine Top Ten jener Berufsgruppen, die am häufigsten oder wenigsten popeln. Zu Ersteren gehören Taxifahrer (Platz eins), Handballer (Platz vier), Universitätsstudenten (besonders jene, die einer streng religiösen Gemeinschaft angehören: Platz sieben) und Klatschkolumnisten (Platz zehn). Diejenigen, die die Finger davon lassen, werden von den Pianisten angeführt, gefolgt von Zahnärzten, Müllmännern (Platz sechs), Fernseh-Nachrichtensprechern (Platz sieben) bis hin zu den Chirurgen. Wofür der ganze Aufwand? Um ein popeliges Buch zu bewerben: „Das große Buch des Popelns", herausgegeben von der Achterbahn AG.

Evangelium, einmal anders: Praystation
http://www.praystation.de
Eine Site von denjenigen für diejenigen, denen nichts heilig ist: Praystation. Die Eleven, die unter dieser Adresse den Weg ans Licht gefunden haben, werden mit ketzerischem Spaß hoch zehn versorgt. Aber auch hier: Ohne Fleiß kein Preis. Und deswegen muss man sich zunächst, um der Erlösung willen, opfern. Die originellsten Opferstätten und Opferungsarten werden minutiös auf geführt und detailliert beschrieben. Das Neue Evangelium mit den knapp 15 (und mehr) Geboten ist in der 2.0-Version aufrufbar und das „Jüngste Gerücht" klärt über ebensolche auf – überhaupt nicht ernst (zu nehmen), humoristisch zuweilen holzschnittartig-hammermäßig und in vielerlei Hinsicht blasphemisch. Noch vor der Fertigstellung der „Klagemauer" lässt die Site nur den einen Rückschluss zu: Atheisten werden hier eindeutig bevorzugt!

Auf die Fresse: Schlaegerei.de
http://www.schlaegerei.de
Sie haben einen Intimfeind, dem Sie mal so richtig eins verpassen wollen? Kein Problem, jetzt gibt's die virtuelle Schlägerei. Einfach Ihren Namen und den des

Opfers in die entsprechenden Rubriken eintragen, eine böse Tat auswählen und schon geht es Ihrem Kontrahenten per E-Mail an den Kragen. Die Palette der Pein reicht von „Einen Maschendrahtzaun am Knallerbsenstrauch pflanzen" über „Schönheitsoperation schenken" (sehr subtil!) bis hin zum Jahreszeit gemäßen „Einen Satz heiße Ohren verpassen". Auf diese Weise kann sich jeder abreagieren, ohne dass der Gegner ernsthaft Schaden nimmt. Denn, so weiß es auch der Initiator der Site: Gewalt löst keine Probleme. Deswegen hat man auch die Möglichkeit der virtuellen Versöhnung. Vielleicht durch ein gemailtes „Sich Asche aufs Haupt streuen".

Ei der Daus!: Weichei.de
http://www.weichei.de

Gehören Sie auch zu den Turnbeutelvergessern, Motivsockenträgern, Hamsterbefreiern, Eierliköralkoholikern, Falschatmern, Hundehaufenentsorgungstütenbenutzern, Insgeheimrülpsern, Kurzstreckenstraßenbahnfahrern, Pauschaltouristen oder Im-Tanzcafe-Piccolo-Spendierern, kurz: zu den Weicheiern? Wenn ja, dann ist dies Website genau das Richtige für Sie. Hier bekommen Sie erklärt, was ein Weichei ist, was ein Weichei auszeichnet, wie man zum Weichei wird, wer ein Weichei ist oder welche(r) Prominente(n) Weichei des Monats ist (sind). Im April waren das übrigens die Herren Vorstände der Deutschen und der Dresdner Bank, deren Fusionsplanung sich als Herumeierei entpuppte. Das Gelbe vom Ei ist das Begriffslexikon, das endlich einmal darüber aufklärt, wer oder was denn nun ein „Softie" etc. ist. Der Weichei-Shop gibt sich ganz basisdemokratisch, man lässt die potenziellen Käufer darüber entscheiden, ob es demnächst Weichei-T-Shirts oder -Buttons zu erstehen gibt: Weicheiiger geht's nimmer. Also doch nur etwas für Hochbettuntenlieger, Zehenzwischenraumtrockner, Werbungswegzapper, Autoscooter-Zurückschieber, Warmduscher und Toilettenverstopfer.

Protestnote: Whitehouseprotests.com
http://www.whitehouseprotests.com

Wer dem großen weißen Vater im großen Weißen Haus in Washington einmal so richtig die Meinung sagen möchte, der ist nicht allein. Solange die Proteste nicht rassistischer oder verfassungsfeindlicher Natur sind, kann man sogar eine Agentur für den geregelten Protest buchen: Whitehouseprotests.com erledigt alles für einen, so dass man noch nicht einmal in die Hauptstadt der USA jetten muss, um vor dem Zaun des Regierungssitzes zu demonstrieren. Die Initiatoren fertigen Banner mit der jeweiligen Botschaft an Onkel Bill (und/oder Tante Hillary) an und stellen sich dann für eine Stunde vors Weiße Haus, um dem Unmut einzelner (Gruppen) Luft zu machen. Wahlweise 110 oder 195 $ kostet das Unterfangen, so genannte „Novelty Banners" (mit Grußbotschaften á la „Bill, wann heiratest du mich?") sind vergleichsweise günstiger zu haben. Der WDR-Sender „Eins Live" hatte im Februar nach den besten Sprüchen für Clinton & Co. gefahndet, das Resultat wurde publik gemacht: Ein empörter Hörer aus Duisburg forderte „Claudia! Du bist dran mit Müll raustragen!" – natürlich ins Englische übersetzt, damit der Präsident auch offenen Auges deutschen Nöten entgegentreten konnte.

URL · INDEX